THE
INNOVATOR'S
SOLUTION

创新者的解答

[美] 克莱顿·克里斯坦森
(Clayton M. Christensen)
[加] 迈克尔·雷纳
(Michael E. Raynor)
著

李瑜偲 林伟 郑欢
译

颠覆式创新的增长秘诀

CREATING AND SUSTAINING
SUCCESSFUL GROWTH

中信出版集团 | 北京

图书在版编目（CIP）数据

创新者的解答：珍藏版 /（美）克莱顿·克里斯坦森,（加）迈克尔·雷纳著；李瑜偲, 林伟, 郑欢译. --3版. -- 北京：中信出版社, 2020.7（2025.4重印）
书名原文: The Innovator's Solution
ISBN 978-7-5217-1821-8

Ⅰ.①创… Ⅱ.①克…②迈…③李…④林…⑤郑… Ⅲ.①企业管理—研究 Ⅳ.①F272

中国版本图书馆CIP数据核字(2020)第068590号

The Innovator's Solution by Clayton M. Christensen and Michael E. Raynor
Original work copyright © 2003 Harvard Business School Publishing Corporation
Published by arrangement with Harvard Business Review Press
Unauthorized duplication or distribution of this work constitutes copyright infringement
Simplified Chinese translation copyright © 2020 by CITIC Press Corporation
ALL RIGHTS RESERVED
本书仅限中国大陆地区销售发行

创新者的解答（珍藏版）

著　　者：[美]克莱顿·克里斯坦森　[加]迈克尔·雷纳
译　　者：李瑜偲　林伟　郑欢
出版发行：中信出版集团股份有限公司
　　　　　（北京市朝阳区东三环北路27号嘉铭中心　邮编 100020）
承 印 者：北京通州皇家印刷厂

开　　本：880mm×1230mm　1/32　印　张：10.75　字　数：240千字
版　　次：2020年7月第3版　　　　　印　次：2025年4月第13次印刷
京权图字：01-2009-2406
书　　号：ISBN 978-7-5217-1821-8
定　　价：69.00元

版权所有·侵权必究
如有印刷、装订问题，本公司负责调换。
服务热线：400-600-8099
投稿邮箱：author@citicpub.com

目 录

第一章　被迫增长的企业　……… 001
　　企业为什么很难做到持续增长　……… 010
　　创意塑造的过程　……… 012
　　预测创新业务的成败　……… 016
　　本书概览　……… 022

第二章　如何战胜最强的竞争对手　……… 025
　　破坏性创新模型　……… 028
　　小型钢铁厂如何颠覆大型钢铁企业　……… 031
　　延续性创新策略　……… 036
　　"破坏"是一个相对的术语　……… 038
　　破坏性业务是企业的宝贵资产　……… 039
　　"零消费"策略和低端市场策略　……… 040
　　检验破坏性潜力的三块试金石　……… 046
　　各公司的破坏性创新策略　……… 053

第三章 用户希望购买什么样的产品 067

市场细分：了解产品的使用情境 070

盛田昭夫：为产品寻找立足点 075

黑莓手机如何持续创新 076

影响市场策略的四大因素 082

客户不会轻易改变"任务" 090

第四章 我们的产品适合哪些用户 093

新市场破坏性创新模式 097

困难重重的"零消费市场"竞争 106

用破坏性渠道做产品推广 111

第五章 选择正确的生产架构 117

内部开发还是外包 120

产品架构：交互式和模块化 121

性能缺失：大企业占据竞争优势 123

性能过剩：分散的竞争者脱颖而出 124

从交互式向模块化演进 126

"再度整合"的驱动因素 129

产品架构策略 131

在不同时期选择不同策略 135

第六章　如何避免货品化 137

货品化和反货品化 140
死亡旋涡：核心竞争力和投资回报率 148
品牌力量的转移 153
汽车业的财富增长点 155
高利润守恒定律 157

第七章　你的组织是否有能力实现破坏性增长 161

组织能力：资源、流程和价值观 163
能力的转移 173
寻找正确的组织结构 175
创建新能力 180
收购后的组织能力 185
组织犯错的代价 187

第八章　策略开发流程的管理 191

谋划型策略和应急型策略 194
策略过滤器：资源分配流程 196
英特尔的策略管理 198
策略并非一成不变 200
从应急型策略转向谋划型策略 201
三大杠杆：成本、业务和管理 204

第九章 钱能载舟，亦能覆舟 ……… 211

资金导致的死亡螺旋 ……… 215
基于投资的增长困境 ……… 220
财务数据衡量的是过去 ……… 222
持续增长：创建投资规划蓝图 ……… 224
良好的创业资本也会变质 ……… 235

第十章 高管在领导新增长业务时所扮演的角色 ……… 237

破坏性增长引擎 ……… 239
跨界管理延续性和破坏性创新 ……… 240
高管干涉的重要性 ……… 243
企业创始人和职业经理人的差异 ……… 247
创造增长引擎 ……… 250

后记 传递接力棒 ……… 255
致谢 ……… 263
注释 ……… 269

第一章

被迫
增长的企业

金融市场的巨大压力会永远迫使企业家保持强劲的势头推动企业获得增长。我们到底有没有可能跑赢市场这根无形的鞭子？那些让投资者眼前一亮的创新行为在推动企业增长的同时是否也引发了令投资者无法承受的风险？有没有一条能协助企业家逃离这个困境的出路？

本书围绕如何在企业内创造新的增长点而展开。对任何一家企业来说，增长都是至关重要的，因为每家企业都要靠利润的增长为股东创造价值。但是，大量的有力证据表明，一旦一家企业的核心业务成熟了，随着企业的成长，势必产生对新的平台的追求，随之而来的就是这种追求可能导致的巨大风险。每十家企业中大约只有一家能够维持良好的增长势头，从而能在之后的很多年里一直回馈股东高于平均增长水平的回报率。[1]但更常见的情况是，太多的企业为了发展而付出诸多努力反而逐渐被拖垮。因此，大多数企业高管都处在两头不讨好的位置：公平的市场竞争要求他们推动企业发展，却没有告诉他们应该如何发展，而盲目追求发展的结果甚至比原地踏步更糟糕。

让我们来看看AT&T公司（美国电话电报公司）的案例吧。1984年，AT&T公司按照政府规定分拆了其本地电话业务，转型为长途通信服务提供商。签订分割协议后，AT&T公司便可以投资新的业务，因此公司的整个管理层几乎都立即着手寻求增加收入的途径，以期从新的增长中获取更大的股东价值。

第一次类似的尝试源于当时对计算机系统和电话网络日趋集中的普遍认知。AT&T公司首次尝试建立自己的计算机部门，以求在这两大领域的交界点谋得一席之地，但这个尝试使其承担了每年亏损2亿美元的后果。AT&T公司在一项业务上反复攻坚却始终无从下手，更糟糕的是，它不但没有及时退场，反而在1991年投入更大的赌注：以74亿美元的价格收购当时的世界第五大计算机制造商NCR公司。事实证明这笔钱不过是首付而已，之后，AT&T公司为了完成收购又支付了20亿美元。1996年，AT&T公司最终放弃这一增长愿景，以34亿美元的价格出售了NCR公司，仅收回投资本金的1/3。

然而，公司的增长不能就此止步。即使遭遇了收购NCR公司的惨败，AT&T公司仍未停止寻找更接近其核心技术的发展机会。AT&T公司看到其名下拆分出来的几家本地电话公司在无线电话服务方面取得了成功，便于1994年以116亿美元的价格购买了麦考蜂窝通信公司（McCaw Cellular），当时该公司是美国最大的移动运营商，这次AT&T公司砸下150亿美元，构建了其自身的无线业务。随之而来的却是华尔街分析师的抱怨，他们不知道该如何对高速增长的无线业务和增长率低下的有线通信公司进行捆绑估值。AT&T公司由此决定在2000年单独将无线业务包装上市，当时该业务的市值为106亿美元，仅相当于AT&T公司在这轮冒险投资中所付资金成本的2/3。

这次回到原点的行动并没有阻挡AT&T公司前行的脚步。1998年，AT&T公司又启动了一项新的战略行动，全面进军并改造本地电话业务，使之与宽带技术相结合。在这次行动中，AT&T公司还以1 120亿美元的总价收购了TCI公司和Media

One公司，自此成为美国最大的有线电视运营商。然而接下来的悲剧来得比任何人预见的都要早，事实证明，该计划的实施和相应的集成工作遭遇了无法克服的技术难题。2000年，AT&T公司忍痛以720亿美元的价格将其有线电视资产出售给美国最大的有线系统公司康卡斯特（Comcast）。[2]

短短十来年，AT&T公司浪费了大约500亿美元，也付出了惨痛的代价——股东价值受损，而造成这一后果的原因竟是公司想要通过业务增长提升股东价值。

令人叹息的是，AT&T公司并非个案。我们来看看卡博特公司（Cabot）的经历。卡博特公司是全球主要的炭黑制造商，炭黑这种化合物被应用于多种产品的生产，主要用于轮胎的生产。该公司的这项业务长期以来非常强大，但是其核心市场并没有显著扩张。为了实现增长，提升股东价值，20世纪80年代早期，卡博特公司的领导层针对高级材料领域实施了几次野心勃勃的增长计划，收购了多家看上去很有潜力的特种金属和高科技制陶企业。这一系列收购行动帮卡博特公司打造了一个运营平台，公司将为该平台注入新的加工程序和材料技术，它们均来自公司内部研究所及麻省理工学院赞助项目。

华尔街金融人士对此表现得热情高涨，认为这些投资能推动卡博特公司的增长，公司股价也一扫实施增长计划之前的疲软状态，一度飙升300%。但是，当卡博特公司在这次投资中遭受的损失开始拖了其整体收益的后腿时，华尔街金融人士也毫不留情地纷纷抛售股票。1988—1991年，在美国股市整体健康稳定增长的大环境中，卡博特公司的股价下跌了一大半。20世纪90年代早期，在促进收入增长的压力之下，卡博特公司的董事会决定采取新的管理模式，叫停新业务，重新聚焦于核心业务。公司利润率因此得以回升，这引发了华尔街的新一轮热潮，其股价直接翻番。当然，新的管理团队又遇到了老问题，这一次的巨大转变给他们带来的麻烦不亚于他们的前任所遭遇的：他们必须在不乐观的前景下为成熟的业务绝望地寻找增长机会。[3]

在核心业务成熟之后尝试创造新的增长平台，类似的企业案例不胜枚举，它们的经历反映了同样的问题：当核心业务趋向成熟，投资者就会有新的增长诉求，作为回应，企业高管会提出貌似合理的战略方案并付诸实施。尽管他们不惜重金，却没能实现预期的高增长，于是失望的投资者纷纷抛售股票，高管被解雇，新的管理团队把一切恢复原样，即延续原先的有盈利能力但是增长缓慢的核心业务，华尔街又因此对他们褒奖有加。[4]

正处于扩张期的企业也承受了各种各样的增长压力。即使它们把脚下的轮子踩得飞快，仍然有人嫌慢，理由是：投资者有一种极端倾向，就是喜欢把未来的愿景（不考虑是否乐观）折合成当前企业的股票市值。因此，即使企业的核心业务正在蓬勃发展，管理者还必须使企业的增长速度超过股东的预期，唯有如此，将来企业才能为股东创造超过市场平均水平并且是经过风险调整后的市场平均水平的回报率。股价的涨跌往往不是简单地受到业务增长方向的影响（即正增长或负增长），在很大程度上也受企业的盈利状况和现金流量变化率中"无法预测部分"的影响。也就是说，一家企业计划业务增长5%，实际上也确保了5%的增长率；另一家企业的目标是业务增长25%，实际增长率也达到了25%。这两家企业对投资者的回报率都只是经过风险调整后的市场平均水平。[5]企业的增长率必须跟上市场的增长水平，否则股价就会下跌；企业的增长率必须超越社会舆论对其预测的数值，才能使其股价大幅上涨。这是一个沉重的、无法摆脱的负担，这个重担压在了每个执着于提升股东价值的企业高管头上。[6]

实际情况比这更加糟糕。精打细算的投资者不仅将企业现有业务所能产生的增长率换算成企业的股价，同时还期待管理层在未来创造新的、尚待建立的业务线，并将这些对未来的预期也贴现在当前股价中。通常，资本市场对前景未知的新业务下赌注时，都是根据企业既往的业绩表现来做决定的。如果一家企业的历史表现给投资者留下了深刻的印象，投资者就会相信其新业务具有无穷的发展潜力，这一点通常会体现在其股价上，股价的构成比例中有相当大的一部分基于该企业未来的增长率。如果一家企业在创建新增长业务的过程中付出的努力始终没有得到回报，那么它的股票市值则主要受控于其现有业务所能生成的预估现金流。

表1.1是一家咨询公司从《财富》500强企业中选定一些企业后所做的股价分析。该报告描述了2002年8月21日当天每家企业的股票价值比例，也就是由现有资产所生成的现金流构成的股票价值和由投资者投资新业务所产生的预估现金流构成的股票价值之间的比值。[7]在表1.1中，高居榜首的是戴尔公司，其未来投资增长率在当前股价中所占的比值最高。戴尔的当日股价为每股28.05美元，其中仅有22%反映了其现有资产实力。也就是说，其78%的股票价值比例直接反映出投资者对戴尔公司未来新资产的盈利能力的信心。榜上还有强生公司和家得宝公司，在它们的股票价值中，两家分别有66%和37%的比例属于投资者对其未来投资和增长率的预估价值。这些企业都身陷高股价的数字泥潭不能自拔。而与之形成鲜明对比的是通用汽

车公司,通用汽车公司当日股票价值比例中仅有5%来自投资者对其未来投资的预期估值。虽然这体现出其前任管理团队在创新业务方面的表现令人心寒,但也意味着当前管理团队只要表现得稍微好一点儿,公司股价就能一飞冲天。

表1.1 2002年8月21日,目标公司基于新投资的预期回报所构成的股价比例

《财富》500强排名	公司名称	每股股价（美元）	新投资所占比例	现有资产所占比例
53	戴尔	28.05	78	22
47	强生	56.20	66	34
35	宝洁	90.76	62	38
6	通用电气	32.80	60	40
77	洛克希德·马丁	62.16	59	41
1	沃尔玛	53.88	50	50
65	英特尔	19.15	49	51
49	辉瑞制药	34.92	48	52
9	IBM	81.93	46	54
24	默克	53.80	44	56
92	思科	15.00	42	58
18	家得宝	33.86	37	63
16	波音	28.36	30	70
11	威瑞森通信	31.80	21	79
22	克罗格	22.20	13	87

（基于新投资和现有资产生成的价值比例（%））

(续表)

《财富》500强排名	公司名称	每股股价（美元）	基于新投资和现有资产生成的价值比例（%）	
			新投资所占比例	现有资产所占比例
32	西尔斯	36.94	8	92
37	美国在线时代华纳	35.00	8	92
3	通用汽车	49.40	5	95
81	菲利普石油	35.00	3	97

资料来源：CSFB/HOLT 报告；德勤咨询公司分析。

在追求增长的过程中，最令人望而却步的风险可能就在于：稍有失利，再获成功的机会就会非常渺茫。这个论点来自一份非常著名的研究报告《失速点》(*Stall Points*)，这份报告由著名的"公司战略委员会"发布于1998年。[8] 该报告研究了1955—1995年《财富》500强排行榜上的172家企业，结论是只有5%的企业能够维持真正意义上的跟上了通货膨胀步伐的增长率，在整个研究期间，它们的增长率超过了6%。而剩下的95%的企业的增长率达到某一固定点时，就停滞不前了，而这个点甚至还没有达到国民总收入（GNI）[①]的增长水平。所有的增长市场最终都会达到饱和与成熟，因此我们很容易理解它们为什么会停滞。真正令人惶恐的是，在这些增长率达到失速点的企业当中，只有4%能成功地再次启动增长引擎，哪怕这个增长率只比国民总收入多出

---

① 此处原文为GNP（Gross National Product），即国民生产总值。1993年，联合国将GNP改称为GNI（Gross National Income），即国民总收入。——编者注

可怜的1%。大量事实证明，一旦企业的增长停滞，它们几乎不可能东山再起。

对那些陷入停滞的企业来说，资本市场是十分残酷的。在这些企业中，大约有28%的企业失去了超过75%的市场资本总额。41%的企业眼睁睁地看着自己的市值在停滞期下跌了50%~75%，还有26%的企业的市值缩水了约25%~50%。剩余的5%的企业则比较幸运，仅失去了少于25%的资本总额。这种情况当然会使管理层压力倍增，他们必须想办法重新启动增长引擎，并迅速达到这一目的，但这种求快心理往往使成功愈加遥不可及，企业管理者无法摆脱增长的十字架。如果以史为鉴的话，可以说胜算低得惊人。[9]

企业为什么很难做到持续增长

为什么创造增长和保持增长这么难？一个被广泛认同的答案是"管理层没有为企业带来新增长"。这里暗含的意思是，如果让更有能力、更有远见的人来坐这个位置，必有胜算。如果增长失败只是个案，那么这种靠换人解决问题的方法或许不失为一计良策。然而，不断有研究结果表明，在所有公开上市的企业当中，大约有90%的企业无法维持多年增长的状态，也无法一直创造高于市场平均水平的股东价值。[10]除非我们相信企业的管理人才库就像奇妙的沃比根湖①，其中90%的管理者的资质都低于平均水

---

① 沃比根湖，美国某电台节目中的一个单元，用来介绍一个名为"沃比根湖"的假想的小镇中发生的趣事。不过在听过几次节目后，听众就会知道，尽管小镇中趣事层出不穷，但是那里的居民也没有聪明到哪儿去。——译者注

平,否则我们就得找到一个基本的解释,以说明为什么大多数优秀的管理者没法儿搞定持续增长的问题。

曾经风光的企业没有能力维持可持续增长状态的第二个理由是,它们的管理者刻意规避风险。而这一假说也被事实无情地驳倒了。在那些坐拥亿万资产的企业当中,高管们恰恰喜欢把赌注下在业务创新上:IBM(国际商业机器公司)把全部资本赌在360大型主机上,他们赢了;杜邦公司花费4亿美元投建工厂生产凯夫拉轮胎帘布,以失败告终;康宁公司投入几十亿美元建立光纤业务线,大获全胜。21世纪初,为了集中投资光电通信业务,康宁公司大规模出售旗下的其他业务,结果遭到迎头痛击。事实证明,许多未能给企业创造持续性增长的企业高管,其实都相当具有冒险精神。

关于"为什么启动或重启增长引擎会如此艰难"这个问题,还有一个广泛为大众所接受的解释:创新业务无法被预测。当然,在我们看来,这个解释并非滴水不漏。很多人相信,成功的可能性仅仅指一种可能性,并且这种可能性通常很低。许多极具洞察力的管理思想家都接受一种假定,那就是创新增长的风险极高且无法被预测,企业高管必须借助他们的聪明才智,才能控制这种不确定性。类似的建议包括广纳众议、引进硅谷模式、快速失败、催生选择压力,这些都号称解决"创新成功的不可预见性"的可行途径。[11] 创投行业的布局结构也从另一个侧面证明了我们对于"无法预测创新成败"的普遍认知。业内最著名的说法就是:投资10次(当然都是很有把握获得成功的投资)得有两次彻底失败,还有6次是险些失败,只剩两次能顺利成功。而投资者就靠着这两次成功来实现整个投资组合的回报收入。在这种"创新莫测"

第一章 被迫增长的企业

论的影响下，很少有人试着去开启黑匣子，了解创新业务的创建过程。

我们认为，大部分企业增长受阻的真正原因不是创新成功的可能性非常低。虽然从历史结果来看，这些结果都是随机的，但是我们相信这都是因为人们没有真正懂得创新业务的创建过程。本书试图揭开黑匣子，探寻创新业务成败的原因。

为了说明了解这一过程的重要性，请先看下面两组数字：

1，2，3，4，5，6
75，28，41，26，38，64

在这两组数字中，在你看来，哪组是随机数字，哪组是可以预测的？第一组看上去很有规律，后面两个数字应该是7和8。但如果我们告诉你，第一组数字是彩票中奖号码，而第二组数字是从密歇根州的苏圣玛丽经过安大略湖到达威斯康星州的萨克森这一段观景旅程中，位于密歇根州的北部边缘上半岛的公路号码，你又会怎么选择？相信按照已经给出的公路号码顺序，你能够轻松说出接下来的数字是2和122——在地图上就能找到。这个测试告诉我们：你不能只看一个结果就对事情下结论，不论其过程创造出的结果能否带来可以预测的未来成果，你必须了解其过程本身。

创意塑造的过程

什么因素有助于我们预测创新的过程？我们并不需要研究如

何预测个人行为,只需要了解哪些力量会影响创建新业务的人,哪些力量会左右管理者的决策。

单枪匹马的员工很难完整地将创新业务的理念加工成型。一个概念或者一个愿景,不管它组织得多么严密,在实际的实施过程中肯定少不了被修正和再塑造,而且这些改变往往是大幅度的。在这之后,概念或愿景才能被引入实际业务,获得投资。在这个过程中,它会遭遇一系列可以被预测的外力影响。虽然管理者的想法因人而异,难以捉摸,但是他们在行动决策、进度控制、对产品特性的影响及执行公司计划上,都承受着相同的作用力。[12] 如果能够了解和控制好这些作用力,就能提高创新的可预见性。

这些外力对业务计划中的理念有很强的塑造作用,在针对BIG（Big Idea Group）公司的一项案例研究中,我们可以看到这些外力是如何影响理念的。[13] 在和一家市值达几十亿美元的玩具公司高管的交流中,BIG公司注意到了高管的抱怨——市场上已经多年未见振奋人心的玩具创意,BIG公司当时针对这一问题（或者说这个机会）所采取的行动足以载入史册。

BIG公司邀请所有富有玩具创意的人（包括母亲、小孩、退休人员等任何有想法的人）来参加公司在美国各地举办的"创意集市"。公司委托信任的咨询机构派出专家组成评审小组,客人们则把自己的创意展示给评审小组。一旦发现优秀的创意,BIG公司就会从发明者那里购买版权,经过几个月的雕琢,将这个创意改造成可行的计划,制造出可供销售的玩具样品。然后BIG公司就会将新创意授权给一家玩具公司,再利用自己的渠道进行生产和销售。BIG公司在寻找创意、开发产品和进行市场布局方面的表现尤为突出,已经成功地运作了一系列令人眼前一亮的高增长产品。

为什么潜力巨大的新产品有机会在BIG公司的系统里不断开花结果，而在那家大型玩具公司里却难觅踪影呢？在课堂讨论过程中，学生们常常认为玩具公司的产品开发人员没有创新能力，或者是大公司的高管过于保守、惧怕风险。如果依据这个结论，那么公司只需要找到能够跳出传统框架去思考的更有创新能力的管理者即可。但是管理人才换了一拨又一拨，却没有一个人能够打破这种明显缺乏创意的僵局。这又是为什么呢？

答案就藏在创意塑造的过程中。在每家企业的创新过程中，中层管理者都扮演着十分重要的角色，他们要负责把尚未成熟的创意培育成为羽翼丰满的业务计划，这样才能从高管处赢得企业投资。在不断涌现的各种新创意中，中层管理者要选择他所支持的创意并上报至高层，而对那些落选的创意就只能任其凋零。正是基于这个原因，对中层管理者的招聘总是被放在企业招聘计划的第一位，它是企业用人计划的重中之重。中层管理者的工作就是沙里淘金，找出好想法，然后打磨塑造这些创意，确保它能获得高管的青睐，从而赢得资金支持。

那么中层管理者是怎样筛选和塑造新创意的呢？他们往往不会拼尽全力去支持那些市场前景尚不明朗的新产品，因为如果打不开市场，企业就会白白浪费数百万美元的投资。这样的运营系统要求中层管理者在支持一个计划时，必须针对每个创意的目标市场规模和增长潜力给出可靠的数据。重点客户的建议和反馈也能产生重大影响。但是如果连产品都没有完全被开发出来，这些证据又从何而来呢？一般来说，这只能从已有的类似产品的客户群和成功的市场经验中挖掘。

创意的塑造过程也受到个人因素的影响。那些经常提交新创意，但在实施过程中却屡屡失败的管理者，往往在职业升迁上也会受到压制。事实上，如果这些野心勃勃的管理者感觉一个计划可能得不到高层的青睐，那么他们连是否申报它都会犹豫不决。如果他们看好的创意被他们的上司否定了，他们的判断力也会被怀疑，从而影响他们在高管心中的形象，而这是他们非常在意的。此外，企业的管理开发程序不允许有才华的管理者在同一个位置上滞留多年，他们会被派到新岗位以增强自身的技能并丰富自身的经验。这就意味着中层管理者如果想要获得良好的业内口碑，让人们看到他的工作成绩，就只能支持那些能在他们任期内成功获得回报的创新计划。

中层管理者要负责筛选和包装创意，使之成为能够得到资金支持的业务计划。换句话说，这个过程就是把计划塑造成和过去的成功案例相似的方案，其中市场前景不明朗的创意会被摒弃。但是对寻求增长的管理者来说，真正的问题在于，明日令人兴奋的"蓝色海洋"在今日可能只是一片荒漠。

这就是为什么BIG公司和其他大型玩具公司的高管虽然身处同一个市场，但看待事物的眼光却迥然不同。不仅是玩具行业，在所有具有一定规模的企业中，经过塑造和包装之后被提交给上级审批的创意计划，绝对不同于沉没在底层的创意。

对追求令人兴奋的创新增长的企业来说，核心的问题不是出在缺少好创意，而是出在创意的塑造过程。为了迎合现有的用户，那些极具潜力的创新想法被无情地改造。我们相信，很多原本可以启动破坏性创新业务的好点子，都在这个刻板的包装塑造过程中被磨去了棱角，变成了毫无特色的业务计划。如果管理者能够理解这些影响因素，学会在做决策时驾驭这些力量，就有可能在创新业务领域不断获得前所未有的成功。[14]

预测创新业务的成败

创新业务虽然前途莫测、过程复杂，但是想要对其做出预测，也并非堂吉诃德式的空想。一个研究完善的理论（其实就是陈述清楚什么样的因可能产生什么样的果，以及为什么会有这样的因果关系）能够帮助我们把预想带进现实。管理层往往低估了管理理论的价值，只是因为它们在字面上是和"理论化"相关，而不是和"实际"相关的。事实上，理论是可以指导实践的。例如，地心引力确实是一个理论，而且是一个有用的理论，基于这个理论，我们可以预测，我们在悬崖上踏错一步就可能身坠谷底。[15]

尽管多数管理者不认为自己受理论驱动，但在实际生活中，他们对理论的需求却如饥似渴。每当制订计划或实施行动时，他们都会以头脑中既有的思维模式为基础，相信自己的行动能达到预期的效果。[16] 问题在于，这些管理者很少意识到自己正在应用的理论的存在，并且由于所处环境的局限，他们经常会使用错误的理论。正因为缺少严谨可靠的因果理论，创新业务的成功率才会这么低。

为了帮助高管们了解如何在各种管理类图书和文章（也包括本书）中选择能满足自己当前需求的内容，让他们在这些理论的帮助下成功创建业务，我们将在下文中举例说明如何建立和应用正确的理论。我们还会反复回到案例中，证明错误的理论会扼杀企业的创新，而健全的理论能搬走企业发展道路上的绊脚石。[17]

理论是如何建立的

多个学科的学者曾研究了如何奠定各自学科坚实的理论基础,学者们似乎都认为理论的建立要经过三个阶段。第一个阶段是描述我们想要了解的现象。从物理学角度来看,这个现象可能是高能粒子的动向。在建立新业务的过程中,令人感兴趣的现象是创新者为取得成功而采取的行动,以及这些行动产生的结果。如果研究者缺乏耐心,仅仅看过一两个成功案例就认定自己了解一切,从而得出结论,那么错误理论就形成了。

在充分了解这个现象的特征之后,研究者就进入第二个阶段——将现象进行分类。例如,医学上根据糖尿病特征的不同,可以将其分为 I 型糖尿病和 II 型糖尿病。两种类型的病因均包含遗传和环境影响两个因素。在企业的多元化经营过程中,基于整合方式的不同,也可分为垂直整合和水平整合。分类工作就是为了在复杂的现象中找到重要的差别,并对其加以强调。

在第三个阶段,研究者会提出一个理论,并且说明该理论产生的原因,以及为什么这个原因会导致当前结果产生。与此同时,根据分类标准和当时的情况,这个理论还必须说明同样的机制产生其他不同的结果的可能性及原因。理论建立的过程相当烦琐,研究者和管理者必须一直在这三个步骤中循环往复,提升他们的预测能力,直到他们能够预知在什么情况下采取什么样的行动会产生什么样的结果。[18]

正确分类

要做到正确分类,中间环节是构建实用理论的关键。为什么呢？假设你去就医，在你描述自己的症状之前，医生就塞给你一张处方，告诉你："这种药，吃两片，明天早上再打电话告诉我你的情况。"

你会问："你怎么知道这药对我有效？我还没告诉你我的毛病出在哪儿呢。"

医师回答："怎么会没效果？我最近的两个病人的病都是靠这个药治好的。"

没有一个精神正常的病人会接受这样的治疗。但是在现实生活中，很多学者、顾问及管理者却常常用类似的态度来处理问题。如果某种方法在一些"优秀"的企业收到了成效，他们就会矢志不渝地建议其他企业采用同样的"处方"。创新成功的概率之所以这么低，重要的原因之一就是很多制定创新战略和管理战略的人忽略了分类工作。他们观察了一些成功的企业，然后就写出一本书来建议其他企业的管理者做同样的事情以开启成功之门，完全没有考虑到在某种情况下他们所中意的解决方案可能是个坏主意。[19]

例如，30年前，很多作者宣称IBM大获成功的制胜法宝是垂直整合。但是在20世纪90年代末，很多文章指出"拒绝整合"恰恰是思科、戴尔等外包巨头获得成功的关键。那些鼓吹"最佳实践"的作者和前文提到的医生没什么两样。研究者需要解决的关键问题是："在什么条件下，整合策略能形成竞争优势？什么时候采用合作伙伴策略和外包策略看上去胜算更大？"

在定义正确或相近的条件分类时，建立理论的学者常常面临重重挑战，因此他们很少即刻定义条件。在早期研究中，他们往往把观察到的现象按其本身的"属性"分类。在这种情况下，他们所提出的因果关系其实只是属性和结果的相互关系，而非真正的因果关系。在理论建立的早期阶段，他们也只能做到这个程度。

再看看人类飞行史上的例子吧。最早的研究者能够观察到拥有羽毛和翅膀与飞行之间具有密切的关系。但是当人们按照"最佳实践"的原则，为自己的双臂绑上羽翼，从悬崖上跳下后，无论人们怎样努力拍打羽翼，飞行都以失败告终。显然，并不是有羽翼就能飞行，他们根本没有弄懂动物飞行的特定原理。直到伯努利（Bernoulli）的流体力学研究阐明了这个原理，人们根据它制造了可悬浮的机翼后，人类的飞行梦想才得以实现。然而，仅仅了解这个原理本身，还不足以使我们拥有飞行的能力。我们必须通过后续严谨的实验，在各种条件下对其进行评估，才能准确定义这些原理在哪些情况下能够起作用，在哪些情况下得不到人们期望的结果。

当研究者应用了相应的原理而无法成功飞行时，研究者就必须谨慎分析原因：到底是在什么样的环境中出现了什么不可预知的结果导致飞行失败的。一旦将飞行条件按照不同的类别归类，飞行家就可以在不同的类别里找到与自己对应的情况，也就可以根据自身当时的条件预测出自己是否具备飞行的能力。他们也可以进行科学技术开发，在适宜的条件下飞行。同时，当环境发生变化时，飞行家们也能很快做出判断，并相应地修改飞行方式。对原理（什么东西通过什么方式导致了什么结果，原因又是什么）的了解使飞行具备了可能性，而对不同条件分类的了解则带来了对飞行的可预测性。[20]

飞行研究人员是如何判断和界定不同条件的呢？只要飞行条件的改变不需要飞行员改变飞行方式，这个分界就无关紧要。只有那些使得飞行技术发生改变并使飞机成功飞行的分界，才是关键分界。

在管理学研究中,类似的突破性进展也大大提高了创新业务的可预测性。打破了思维枷锁的研究者能够超越那些具有关联性的论调,比如"大企业在创新方面往往反应迟缓",或者"在我们的研究案例中,成功企业的CEO(首席执行官)都是从内部晋升的"。他们能在第一时间突破表象,找到根本的成因机制。只有这样,那些上下求索的提问者才能得到一个超越"羽翼思维定式"的答案,而不是简单地复制成功企业的部分属性。只有当研究者发现"同样的起因能产生超出其预想的不同结果——变异"时,他们才算是真正迈入了"建立可预测性"的门槛。这就促使研究者去分辨变异产生的条件,从而了解为什么在相同的机制下会产生不同的结果。

我们怎样才能判断什么是正确的分类呢？以航空领域为例,只有当两种条件的分界足以使决策者做出根本性的改变,促使他使用完全不同的管理技术来适应不同条件下的飞行需求时,这样的分界才能算得上是明确的分界。如果在两种不同条件下,不同的原因产生的是相同的结果,那么从获得可预测性的角度来看,这两种不同条件实际上没有本质区别。

管理者需要确定自己当前"处于"什么条件,当然也必须清楚知道他们"不处于"什么条件。界定出全部条件及互相排斥的条件之后,就可以预测结果了：我们能说出什么原因导致什么结果,以及为什么该原因会导致这样的结果；还能预测因果关系随着条件的改变有可能发生怎样的变化。建立在条件分类基础上的理论很容易为企业所采用,因为管理者是在各种条件下而不是在各种属性里工作和生活的。[21]

当管理者问"这个理论适用于我所在的行业吗"或"这个理论是不是既适用于服务业也适用于制造业"时,他们是真的想深入了解各种情况。我们在研究中发现,以不同行业为基础进行分类,或是以制造业与服务业的区别为基础进行分类,很难建立有效、可靠的理论基础。例如,《创新者的窘境》一书中就有这样的例子:有一种方法曾帮助磁盘驱动器和计算机行业的新兴企业成功超越了业内领头羊;应用这种方法也曾使挖掘机、钢铁、零售、摩托车、会计软件、电机控制设备等行业的新秀成功影响了业内老大的牢固地位。实际上,真正关键的条件不在于你处于哪个行业。[22] 换句话说,存在这样一种机制(也叫资源分配流程),当领先企业应用了这种机制之后,一旦它们拥有了适应其商业模式的创新成果,就能在激烈的市场角逐中胜出。而正是这同一种机制,使它们在和破坏性创新者的对战中铩羽而归——结果其产品、盈利模式及客户群都不再有吸引力。

只有当一个理论不但能说明什么样的行为能引领我们走向成功,并且能指出随着企业环境的变化,这样的行为结果会产生何种改变时,我们才能充分相信这一理论。[23] 这就是为什么创新的结果往往具有不确定性:不负责任的分类方法制造出一些"放之四海而皆准"的建议,而这些建议在很多情况下会导致错误的结果。[24] 只有因势而为、对应思考,才能增强"可预测性"。

那些创建增长型业务的成功企业家具有令我们羡慕的出色的直觉。当他们将其应用于确定因果关系时,他们仍是依据"因势而为"的理论基础做出判断的。这些理论并不是一直存在的,而是人们在前人一系列的经验和教训中总结得来的。

如果有人能够掌握我们称为"直觉"的理论知识,那么我们希望其他人也能够掌握它。这就是我们写作本书的目的。我们希望用优异的研究成果去帮助那些正在开创新的增长型业务的管理者，让他们学会因势而为，从而得到想要的结果。对阅读本书并不断思考的读者来说，我们希望他们的思考过程能丰富他们的理论基础，最终使其也成为他们的部分"直觉"。

本书定位的主要读者是那些必须维持企业活力与健康度的高管。与此同时，我们也相信这些理论对独立创业者、初创企业者及风险投资者来说同样具有价值。简洁起见，本书中"产品"一词涵盖了企业生产的成品或提供的服务，因为本书中的概念既适用于制造业，也适用于服务业。

本书概览

《创新者的窘境》一书阐述了一个理论，解释了在特定条件下，采取利润最大化的资源整合行为为何导致原本运营良好的公司惨遭失败。《创新者的解答》一书则相应地总结出一系列理论，目的是帮助那些需要开创新增长业务的管理者获得可以预测的成功——使之成为"破坏者"而不是"被破坏者"，并从根本上打败那些运作良好、底盘稳健的竞争对手。为了能够有把握地获得成功，"破坏者"必须先成为优秀的理论家。当他们把新业务塑造成破坏性业务时，他们必须安排好每个关键流程和决策，使之适应破坏性增长环境。

鉴于"建立成功的增长型业务"这个话题的涵盖面实在太广，本书仅重点讨论所有管理者在创新增长过程中必须面对的9个重要决策——这些决策代表了驱动创新成功走出黑匣子的关键行动。本书的每一章都会提出一个专门的理论，管理者可以有选择地使用它，从而大幅增加胜算。这些理论中的一部分来自我们自身的学术研究，还有一些来自前辈学者的智慧结晶。我们借鉴了很多学者的成果，他们的理论包括"基于不同条件而进行分类的因果关系"，大大增强了业务创建过程的可预测性。正因为有了他们缜密严谨的工作成果，我们才能充分相信管理者能够在做决策的过程中自如地应用这些理论，并且在确定他们所处的环境条件之后对其预测结果的可用性和可靠性充满信心。

以下列明了本书各章的重点。

- 第二章：我们如何战胜最强大的竞争对手？什么样的策略会导致我们被竞争对手击败？什么样的策略能帮助我们获得优势？
- 第三章：我们应该开发什么样的产品？对于当前产品做出哪些改进能让客户对它追捧有加？什么样的改变会被客户漠视？
- 第四章：哪些初期客户能转化为坚实的客户基础，以帮助企业成功发展业务？
- 第五章：在设计、生产、销售和分销产品的过程中，哪些工作是必须在企业内部完成的，哪些是可以依赖合作伙伴和供应商的？
- 第六章：怎样确保在拥有可观利润的同时还拥有强大的竞争优势？怎样判断产品即将货品化[1]？如何保有丰厚的利润？

---

[1] 货品化（Commoditization），即在产品的生命周期中，高利润的新产品逐渐由于竞争加剧及成本趋低而变成大众化且利润微薄的产品。——译者注

- 第七章：对创新业务来说，最佳的组织结构是怎样的？哪些组织部门和管理者应该投身于创新并对其成败负责？
- 第八章：我们如何保证成功策略的细节无懈可击？什么时候应重点考虑策略的灵活性，什么时候灵活处事会导致失败？
- 第九章：哪种资金有助于我们成功，哪种资金会使我们走上绝路？在业务发展的不同阶段，哪些资金能给我们提供最有力的帮助？
- 第十章：在维持业务增长的过程中，CEO扮演的是什么角色？什么时候CEO该放手，什么时候CEO该挺身而出？

我们在这些章节中处理的问题都非常重要，但是并不代表它们就涵盖了新增长型业务启动过程中的方方面面。我们只能做到陈述重点，因此，我们虽然不可能杜绝新增长型业务创建过程中的全部风险，但是至少可以帮助管理者在大方向上保持正确性。

第二章

如何战胜最强的竞争对手

破坏是一种理论：它是一种因果关系概念模型，能够更好地预测在不同竞争条件下可能产生的结果。本章提到的"不对称动机"是一种自然的经济影响力，它不断影响着商务人士。历史经验表明，一旦进攻者驾驭了这种力量，行业巨头就会被打落马下，因为采用了破坏性策略的企业能够预测到竞争对手会采取利益最大化的措施：迎合最重要的客户，投资于利润最丰厚的领域。在一个"利益至上"的世界，破坏性创新策略是最有胜算的一副牌。

然而，并不是所有创新理念都能被塑造成破坏性策略，因为它有可能缺少必要条件。在这种情况下，先入者已经掌握最佳机会。有时候，后来者只是碰巧抓住了巨头们打盹儿的机会，通过延续性创新策略获得了成功。但是这种情况很少见。破坏性创新并不能确保成功，它只是一个重要因素。在创造新增长业务的过程中，企业还需要克服很多困难。接下来我们会对此进行阐述。

长期以来，管理者都在寻找预测竞争结果的方法。有些人会研究"参战"企业的属性，认为资源丰富的大企业能击败小的竞争对手。有趣的是，尽管事实一再证明"资源多少和竞争结果并无太大关系"，那些资源丰富的大企业的CEO还是经常将他们的策略建立在这一理论基础之上。

也有些人会考虑到变革的属性：实施延续式创新的时候，成熟的领先企业更能强化它们的领先地位，但是和新兴企业相比，它们过于保守、效率低下，很难成功发起具有突破性的创新。[1]就像前文所说的，这些基于属性进行的分类很难保证预测结果的准确性。

从对创新这个主题所做的长期研究中，我们找到了另外一个途径，来判断什么时候适合采用延续性创新策略，什么时候新兴企业的策略更容易获胜。《创新者的窘境》一书根据创新所发生的客观环境定义了两种不同类型的创新——延续性创新和破坏性创新。在延续性创新环境中，当需要制造出更好的产品，找到更优质的客户，卖出更高的价格时，我们发现领先企业总是能更胜一筹。在破坏性创新环境中，当面临挑战，需要将一种更简单、更便利、更廉价的产品商品化，销售给新客户群或低端客户群时，新兴企业往往更容易获胜。这就是我们常见的领先企业被打垮的现象。当然，这里面隐含的意思是，新兴公司打垮业界巨鳄的最佳方法就是使用破坏性创新策略。

其实，技术或业务构想本身很少是延续性或者破坏性的，它们的破坏性影响往往是在管理者打造计划、实施战略的过程中被融入企业策略当中的。成功创建新增长业务的人都知道，不管是从直觉还是从其他外部因素来判断，破坏性策略都大大提高了企业在竞争中取胜的概率。

本章主要从"破坏者"和"被破坏者"的角度检视破坏性创新模型，帮助追求业务增长的创建者打造必胜策略，推动他们进入胜算极大的破坏性战役中。不管我们是否期待，破坏性行为总是存在的，本章也将帮助已经确立稳固地位的大企业抓住破坏性增长的机会，而不是任由他人宰割。

破坏性创新模型

《创新者的窘境》一书曾定义破坏性创新的三个关键要素，如图2.1所示。首先，所有市场都有一个提升的空间，能够为客户所利用或承受（在图2.1中以缓慢上升的虚线表示）。例如，汽车制造商不断为我们生产新的改良的引擎，但是我们不可能用到它所有的功能，交通堵塞、限速、安全等因素都会限制我们对其性能的使用程度。

为了简化图表，我们把客户对改良产品的性能使用程度表示为一条单实线（图2.1右侧曲线）。实际上，客户就分布在这条曲线的中线周围，市场上会有很多这样的实线或递升线。在中线上面或递升线上端的客户永远不会满意产品当前的表现，而在中线下面或递升线下端的客户则很容易满足于一丁点儿改进。[2]图2.1中的虚线就代表了刚好能满足客户需求的性能。

其次，创新企业生产出新的改良产品时，都会给市场画出一条完全不同的轨迹线。而技术进步的速度（图2.1中左侧较高的那条实线）总是会超越相应级别的客户的使用需求。因此，企业生产的那些定位于主流客户需求的产品，其性能实际上有可能超出这些客户的使用需求。出现这种情况的原因在于，企业为了满足高端市场的客户需求，会不断地生产更好、更赚钱的产品。

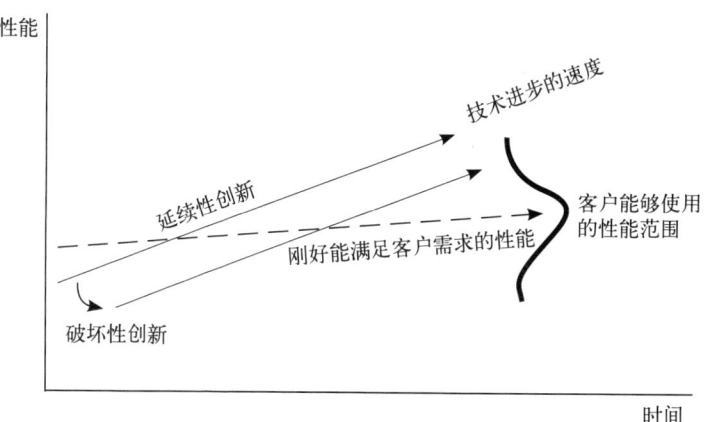

图2.1 破坏性创新模型

让我们回顾一下1983年人们第一次使用个人计算机进行文字处理时的情景吧。打字员们经常得停下来等英特尔286处理器赶上他们打字的进度。这种情况处于图2.1所示的左侧虚线下方，也就是说技术的发展不够充分。但是今天的处理器的运行速度已经超越了主流客户的使用需求——虽说还是有很多更高端的客户在期待更高速的芯片问世。

最后，这个模型的第三个关键要素是延续性创新和破坏性创新的区别。延续性创新定位于要求更高的客户，目的是为其提供超越当前市场水平的更好的产品。有些延续性创新来自优秀企业煞费苦心、年复一年的持续性改进。另一类延续性创新则来自具有突破性的、能压倒竞争对手的产品。创新技术的难易程度并不重要，问题在于，在进行延续性创新的战役里，获胜的几乎总是处于领先地位的竞争者。因为这样的策略要求企业为最优质的客户生产出高利润的产品，而处于领先地位的大企业往往有足够的动力和充足的资源来打赢这一仗。

与之相反的是，破坏性创新者不会去尝试为现有市场的客户提供更好的产品。他们更倾向于通过引入稍逊一筹的产品或服务来破坏和重新定义当前市场。破坏性创新技术的好处在于简单、便捷、成本低，从而能迎合低端客户的需求，这一点是显而易见的。[3]

破坏性创新产品一旦在新市场或低端市场站稳脚跟，就会开始启动其自身的改良周期。因为技术进步的步伐总是远远超过客户的实际使用需求，那些当前"不够成熟"的技术反而在通过改良后，恰好能切合更高级别客户的实际需求。这样一来，破坏性创新者就走上了一条最终打败先行者的道路。对于想要创立新增长业务的创新者来说，这个区别十分重要。业内领头羊往往能通过延续性创新来赢得市场，但是在破坏性创新的战斗中，胜者多是新手。[4]

破坏性创新往往导致领先企业遭受瘫痪性打击。由于领先企业的资源分配流程往往是为了延续性创新而设计完善的，因此它们从本质上来说是无法响应破坏性创新的。它们的目光总是看着高端市场，几乎从未考虑保卫新市场或低端市场的阵营，而后者恰恰是对破坏性创新者极具吸引力的。我们称这种现象为"不对称动机"。这是延续性创新者陷入窘境的核心原因，也是延续性创新者寻求解决方案的破冰之始。

小型钢铁厂如何颠覆大型钢铁企业

《创新者的窘境》一书提及的小型钢铁厂对大型综合性钢铁企业的破坏之举的经典案例，让我们了解了为什么一旦新产品或新业务被塑造成破坏性创新后就能轻易打败业界龙头企业。

从历史经验来看，全球几乎所有的钢铁都产自大型综合性钢铁企业，它们包揽了从铁矿冶炼到产品铸造的全部生产程序。新建大型综合性钢铁企业的成本约为 80 亿美元。而小型钢铁厂是用电弧炉（一种直径约 20 米、高约 10 米的圆筒形熔炉）熔炼废弃钢铁的。由于小型钢铁厂能用这种小型熔炉以较低成本生产钢材，它们就无须购置大型熔炉去大规模生产轧钢和最终成型品——这也是它们被称为"小型钢铁厂"的由来。最重要的是，小型钢铁厂能通过直接的技术控制，进而以低于大型钢铁企业 20% 的成本生产同质产品。

你也许觉得，毕竟钢铁是一种商品，即使是大型钢铁企业，也可以像小型钢铁厂一样直接采用低成本的技术来生产钢铁。然而，在 2 000 家大型钢铁企业中，没有一家成功投资于这种低成本技术，即使小型钢铁厂的产量达到了北美钢铁产量的一半，并且在其他地区的市场中也实现了较高的市场占有率。[5]

为什么这种理所当然的事情在大型综合性钢铁企业内行不通呢？小型钢铁厂最开始是在20世纪60年代中期突破技术桎梏的。因为它们是在电弧炉里熔炼化学成分复杂的边角废料，所以产品质量很差，它们的产品只能被卖到钢筋混凝土市场作为钢筋使用。钢筋这种产品对钢铁质量的要求比较低，所以成了低质量产品的理想市场。

当小型钢铁厂进军钢筋市场时，大型综合性钢铁企业则很乐意看小型钢铁厂在这个市场中厮杀。由于成本结构和获得投资机会的不同，"破坏者"和"被破坏者"看待钢筋市场的角度也截然相反。对大型综合性钢铁企业来说，钢筋的毛利率一直徘徊在可怜的7%左右，并且这类产品的整体比例只占钢铁行业总量的4%。在钢铁市场的所有等级当中，这是最没有投资价值的市场。因此，当小型钢铁厂在钢筋市场站稳脚跟后，大型钢铁企业却选择重组钢筋生产线，去开发利润更高的产品。

与大型钢铁企业相反，小型钢铁厂正因为拥有了20%的成本优势，所以在这一市场的竞争中享有更高的利润。到1979年，最后一家大型钢铁企业也被小型钢铁厂驱逐出钢筋市场。历史价格数据显示，当时的钢筋价格已经暴跌20%。小型钢铁厂与大型钢铁企业打价格战时，小型钢铁厂仍可以从中获利。但是当小型钢铁厂开始自相残杀，即使是获胜的一方，也会发现自己几乎没有获利。[6] 更糟的是，当它们尝试通过提高生产效率来谋求利润时，它们却发现削减成本只能让它们维持生存，根本无法得到丰厚的利润。[7]

不过，小型钢铁厂很快打起了高端市场的主意，它们看清楚高端市场的状况后，都松了一口气。只要它们能想办法生产出更大、更好的钢铁产品（如角钢、条钢和棒钢），它们就能赚得盆满钵满，因为在这个级别的市场中，大型综合性钢铁企业的利润率在12%左右——几乎是它们在钢筋市场利润率的2倍（如图2.2所示）。同时，这一领域的市场规模也是钢筋市场的2倍，大约占钢铁产品总体市场的8%。当小型钢铁厂能够生产出更大、更好的产品以冲击这一级别的市场时，大型钢铁企业再次将条钢和棒钢业务

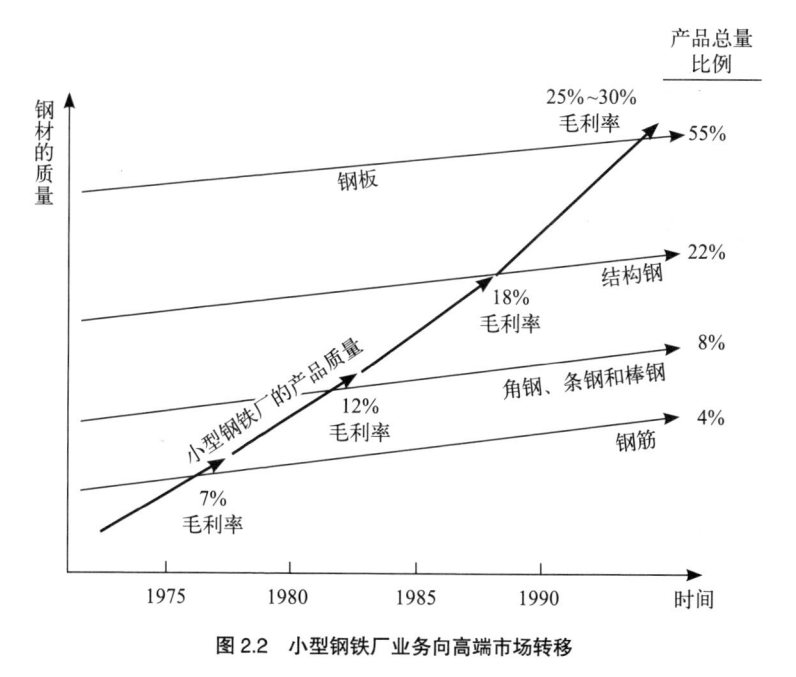

图2.2 小型钢铁厂业务向高端市场转移

资料来源：美国钢铁协会；钢铁公司主管访谈。请注意，图中"总量比例"合计不到100%，是因为还有其他钢铁产品种类尚未被计入。

第二章 如何战胜最强的竞争对手　　033

拱手相让。和利润更高的产品相比，这也变成了一个狗咬狗的大集市。而对小型钢铁厂来说，和低利润的钢筋市场相比，这是一个极具诱惑力的机会。于是，当小型钢铁厂提高产能开始生产角钢、条钢和棒钢时，大型综合性钢铁企业便逐渐关闭生产线，或者重组生产线，生产利润更高的产品。有了20%的成本优势，小型钢铁厂在和大型钢铁企业竞争时就能享有丰厚的利润。直到1984年，小型钢铁厂又成功把大型钢铁企业逐出条钢和棒钢市场，前者又陷入过去的轮回：小型钢铁厂相互竞争，条钢和棒钢价格下跌20%，利润不再丰厚。此时它们又将何去何从？

答案显而易见：继续向更高端的结构钢市场迈进。这一市场的毛利率是振奋人心的18%，同时其市场容量是条钢和棒钢业务的3倍之多。绝大多数行业技术专家都认为小型钢铁厂是不可能轧出结构钢的。结构钢主要用于搭建建筑和桥梁结构，对规格、质量要求都很高，过去只有大型综合性钢铁企业的轧钢设备才能生产它，小型钢铁厂根本没有实力投建同样的设备。然而，令技术专家们万万没有想到的是，为了生存，小型钢铁厂有充足的动力迎难而上，毕竟这是它们唯一能够赢利的通道。在从角钢市场向工字钢市场冲锋的过程中，小型钢铁厂开启了绝顶聪明的创新——例如Chaparral钢铁公司用连铸机生产出来的狗骨形钢材，是超乎想象的技术突破。虽然你无法预测小型钢铁厂会开发哪些创新技术，但是你一定知道小型钢铁厂解决问题的强大动力——需求是创造之母。

在进军结构钢市场之初，小型钢铁厂最多只能轧出6英寸[①]

[①] 1英寸等于2.54厘米。——编者注

长的结构钢，这种结构钢只能用于建造活动屋底层的支撑架。于是，在小型钢铁厂冲击低端结构钢市场时，巨头们又一次高高兴兴地摆脱了这项业务。和其他值得集中投资扩大产量的高利润产品相比，该领域又成了一片红海。对小型钢铁厂来说，情况正相反，和过去从钢筋和角钢市场挣得的利润相比，该产品的利润空间极具吸引力。在小型钢铁厂扩张产能、生产结构钢时，大型钢铁企业关闭了结构钢生产线，集中投资于利润更高的钢板产品。小型钢铁厂又凭借20%的成本优势开始享受高利润，直到20世纪90年代中期，它们把最后一家大型钢铁企业逐出市场后，价格战再次打响。不可否认，价格战的胜利换来的是利润的折损。

小型钢铁厂中的佼佼者Nucor公司成功进军钢板市场后，这个循环再度被启动。Nucor公司的市值已经超过美国最大的大型综合性钢铁企业——美国钢铁公司（US Steel）。在本书写作过程中，业界巨头伯利恒钢铁公司（Bethlehem Steel）正好宣布破产。

我们的本意不是罗列一段钢铁企业管理层的失败史，而是记录理性的管理者面临的创新困境，即是否应该通过投资以维护利润最少的低端业务市场，维系那些朝三暮四、锱铢必较的低端客户群体？还是应该投资于高端市场，强化其在更高利润级别市场中的地位，向客户销售更优质的产品，获得更大的回报？

各类企业高管都会面临这个困境，无论他们是属于保守型、活跃型、分析型还是行动型。在无序的世界，他们的行为可能是无法预测的，但是在业界巨头的高管职位上，他们承受着强大的可预测的压力，这些压力使得他们在遭遇自下而上的挑战时选择了逃跑，而不是血战到底。因此，将业务构想包装成破坏性创新成为打击市场领先者的有效策略。当竞争者想要逃跑而不是迎战时，

第二章　如何战胜最强的竞争对手

破坏性策略就开始发挥作用了。

在每个行业、每家企业中都存在一种潜在力量，驱使管理完善的大企业向高端市场挺进。不管后来者是否采取破坏性策略，领先者都会受这股力量的驱动，朝可预知的方向发展。这种现象不仅仅存在于技术型公司，如微电子、软件、光电或生化公司。实际上，这本书中提到的"技术"是指在任何企业中，把劳动、材料、资本、能量、信息等转化成高价值产品的生产流程。如果想要实现可预测的增长，仅仅区分"高端技术"和"低端技术"是不行的。每家企业都有技术，因此每家企业都要受这些基本的力量影响。

延续性创新策略

我们必须强调，我们不是在打击人们追求延续性创新的积极性。有多部富有洞见的著作指出了相关的管理技巧，助力公司在延续性创新中脱颖而出，做出了重要贡献。[8] 总有那么一些企业在早期进入新的领域时，很快就变得鹤立鸡群——比其他同行更果断地进行延续性创新，这也是它们能成功向更高端市场发起破坏性挑战的关键。但是这也成为困境之源：和破坏性创新相比，延续性创新如此重要且具有吸引力，那些致力于进行延续性创新的优秀企业往往忽略了破坏性创新带来的威胁与机会，等它们发现这一点时，游戏已经结束。

本质上来说，延续性创新是一个更好的"捕鼠器"。采用延续性创新策略建立一家新企业并不见得是个坏主意：专注的企业有时候能够比大企业更快研发出新产品，因为大企业的运营存在很多矛盾，容易分散注意力，产品面又太广，反而拖慢了新产品的研发速度。然而，破坏性创新理论认为，一旦研发出高端产品并通过验证，那些已经进入延续性创新轨道的企业家就应该把这项技术卖给跟在他们身后的领先企业。如果执行顺利，这种"始终走在延续性创新前端并将创新成果迅速向下销售"的做法能够为企业带来可观的经济回报。这种做法在医疗健康行业屡见不鲜，例如，20世纪90年代，擅长利用这种机制的思科公司就曾将多项延续性创新产品的研发工作——通过权益资本而不是现金收购的方式——"外包"出去。

然而，延续性创新策略并不适用于打造新增长业务。如果你打算在既有市场上销售更好的产品，与先入者抢夺高端客户资源，那么你的竞争对手往往会选择反击，而不是逃避。[9]即使这个"后来者"是财雄势大的企业，情况依然如此。

例如，相对于机电收银机来说，电子收银机是比较激进的技术创新，但仍然属于延续性创新，掌控机电收银机市场的是NCR（国家收银机公司）。NCR公司在20世纪70年代彻底错过了新技术革新——这简直是一场悲剧，它的产品销量几乎跌到了零。电子收银机如此出众，以至于人们完全找不出再去购买机电收银机的理由。然而，NCR公司靠着售后服务的收入又支撑了一年，当它最终推出了自产的电子收银机时，凭借着先前机电收银机时代积累的大规模的销售终端，它再一次成为市场霸主，其市场份额不输当年。[10]20世纪七八十年代，IBM和柯达公司在高速复印机领域和施乐公司的对战则是另一个经典案例。IBM和柯达公司都比施乐公司强大，但是它们在延续性创新的竞争中却输给了施乐公司。最终打败施乐公司的是佳能公司——佳能公司获胜的原因正是它采用了破坏性创新策略，发展出桌面复印机业务。

无独有偶，RCA公司（美国无线电公司）、通用电气公司、AT&T公司等业内巨头都在大型主机领域的延续性创新之战中输给了IBM，虽然它们在竞争中投入了大量资源，却没能伤及IBM的皮毛。最后打败IBM的不是这些和IBM在延续性创新之战中一较高下的大企业，而是那些采用了破坏性创新策略的小型计算机厂商。空中客车公司进入商务航空领域时，需要迎头痛击波音公司，但是这需要依靠来自欧洲政府机构的大笔补助。在未来的航空领域，最有增长价值的应该是那些采用破坏性创新策略的企业，例如巴西航空工业公司（Embraer）、庞巴迪集团（Bombardier's Canadair），它们的区间喷气机业务正野心勃勃、自下而上地挑战着高端市场。[11]

"破坏"是一个相对的术语

同样一个理念，对一家企业来说是破坏性的，对另一家企业来说却有可能是延续性的。在延续性创新的战场上，先入者有压倒性优势；而在破坏性创新中，则有后来者居上的传统。因此，我们推荐一个严格的规则：如果你的产品或业务理念对某些先入者来说是破坏性创新策略，但是对其他人来说可能只是延续性的改良时，那么你应该退回到计划阶段。你需要找出一个能在目标市场对所有先入对手给予破坏性打击的机会，否则你连试都不要去试。如果你的尝试对于一个重要的先入者来说不过是延续性创新而已，那么你就是在打一场必输之仗。

以互联网为例，整个20世纪90年代后期，投资者因为相信它们的"破坏"潜力，而把数十亿美元砸向网络公司。很多网络公司惨遭失败的一个重要原因是，对很多公司来说，互联网只是针对其业务模式的一种延续性创新。以戴尔公司为例，在互联网出现之前，戴尔公司就已经通过电话和邮购方式向用户销售电脑，它就是低端市场的破坏性创新者，并且一直处于上升通道。戴尔的电话销售人才库里满是训练有素的业务员，他们知道如何与客户交流，协助客户确定各种组件配置，然后亲自将这些信息输入戴尔的订单执行系统。

对戴尔来说，互联网是一项延续性技术，它使得戴尔的核心业务流程运作得更顺畅，帮助戴尔在原有结构的基础上赚取了更多的利润。但是对康柏公司而言，通过互联网向客户直接销售产品的做法无疑是破坏性创新策略，因为康柏公司原本的成本结构和业务流程都是面向店内零售的分销模式。

从破坏性创新理论的角度来看，如果没有戴尔公司［以及捷威（Gateway）公司］，基于互联网的新生电脑零售商也能打败康柏公司这样的竞争对手。但是因为互联网保有了强者的实力，所以这些新生企业无法强大起来。

破坏性业务是企业的宝贵资产

能降低产品价格，同时还能生成可观利润的破坏性创新业务模式，是企业在低端市场获胜的法宝，该业务模式绝对是企业赖以发展的宝贵资产。当这个业务模式被引入更高端的市场后，以低成本生产出高质量、高价格的产品就会导致这一领域市场的价格大跌。只要"破坏者"还在继续挺进，并和高成本的"被破坏者"争抢利润，价格就会不断探底。而如果一家企业尝试把高成本的业务模式带入低端市场，进行微利销售，即使其收入增加了，也达不到企业的盈利底线，因为增加的收入都消耗在了管理成本中。这就是先入者如果想要创造破坏性增长，就必须具备独立的业务体系的原因，这个业务体系的成本结构能给未来上行的市场趋势留出足够的利润空间。

为了维持高额的利润和健康的股价，优秀的管理者一定会向高利润的高端市场挺进，甩掉低端市场的低利润产品。逆水行舟，不进则退，企业如果在原地踏步，就会陷入无差异化竞争的泥潭，和成本结构相似、产品档次相当的竞争者互相残杀。[12]

这实质上就意味着每家企业必须在各行其是的同时准备好"搞破坏"。这就是创新者的窘境，同时也是创新者开拓的起点。破坏并不能保证成功，但是一定有助于成功：《创新者的窘境》一书指出，企业采用破坏性创新策略能将其增长业务的成功概率从6%提高到37%。[13] 因为领先企业的行为模式已经显而易见，所以高管们如果要建立创新增长业务，就应该瞄准先入者已经忽视或放弃的产品和市场。历史上许多利润极高的增长业务都是从破坏性创新开始的。

"零消费"策略和低端市场策略

为了使表达简单易懂，《创新者的窘境》一书以二维的方式展现了破坏性创新的原理图。实际上，破坏性创新分两种情况，所以最好是能在原理图上加上第三个维度的轴线来描述（如图2.3所示）。纵向和横向坐标轴还是和以前一样，纵向坐标轴表示产品性能，横向坐标轴代表时间。第三根轴线则表示新客户和新的消费环境。

原始的维度（时间和性能）定义了特定的应用市场，即客户购买和使用产品或服务。用几何学术语来表达，这个应用市场及客户都处在消费和竞争平面上。我们在《创新者的窘境》一书中称其为"价值网络"。所谓价值网络，就是企业的生存环境，企业会在其间建立属于自己的成本结构和运营流程，并且和供应商及合作伙伴合作，服务于某一类客户并从中获利。在价值网络中，每家企业的竞争策略、成本结构和市场客户定位都决定了它对创新抱有什么样的价值观。这些观念又反过来决定了这些企业在选择破坏性创新和延续性创新时面临怎样的机遇和风险。[14]

图2.3中左下角第三条向外延伸的轴线代表着新竞争和新消费

延续性创新策略
把更好的产品引入现有市场

低端市场破坏性创新
以低成本业务模式为被"过度服务"的客户解决问题

新市场破坏性创新
打破零消费

产品性能

不同的性能衡量标准

零消费客户和零消费市场

时间

时间

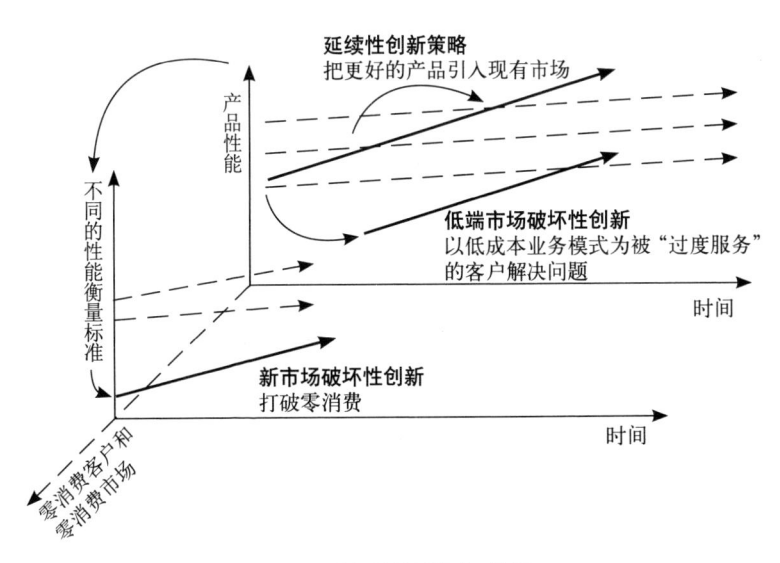

图2.3　破坏性创新模式三维图

环境，也就是新价值网络。这里面既包含目前缺乏资金和使用能力的新客户，也包含能够应用这一产品的其他市场环境，即只要能够改良产品的简洁度、便携性并降低产品成本，就能产生这样的新市场环境。在每一个新价值网络中，纵轴可代表在新环境（对新环境的评判标准与对原有价值网络的评判标准是不同的）中的产品性能。

在这个破坏性原理图里，沿着第三根轴线，不同的价值网络可能出现在距离原有价值网络远近不一的维度当中。在接下来的讨论中，我们会把能创造新价值网络（也就是位于第三条轴线上的价值网络）的破坏性创新策略称为"新市场破坏策略"。与之相区别的是"低端市场破坏策略"，也就是在原有价值网络中针对那些被"过度服务"的客户和低利润产品而采取的破坏性创新策略。

新市场破坏策略

新市场破坏策略也可被称为"零消费"策略，新市场上的破坏性产品本身从价格上来说就十分易于被接受，而且便于使用，因此，它们很轻松就创造了一代全新的使用人群。个人电脑公司和索尼公司合作生产的第一代便携式晶体管收音机就是新市场破坏性创新产品，它们的客户全都是新客户——这些客户从未购买或使用过它们之前的产品或服务。佳能公司的桌面复印机也是这样一种新市场破坏性产品，人们能够用这种复印机便捷地在办公室的一角自行复印文件，不用再跑到公司总部的高速复印机旁请专业技术人员代为操作。佳能公司把复印变得如此简单之后，人们便开始用其产品复印更多的东西。"新市场破坏者"面临的挑战不是攻克市场领先者，而是如何使新的价值网络摆脱"零消费"

的状态。

虽然面向新市场的破坏性产品一开始要在它们独有的价值网络中面对没有消费者的局面,但是一旦这些产品的性能得以提升,它们最终还是会吸引原有价值网络中的客户——从低端客户开始,把客户逐渐吸引到新的价值网络中来。破坏性创新从不正面进攻主流市场,更多的是将主流价值网络中的客户拉到新的价值网络中,因为这部分客户会发现使用新产品更便利。

正因为在新市场中进行破坏性推广面临的只是拉动消费的问题,所以这不会让领先企业感到痛苦或引起警惕,等破坏性创新走到终极阶段,它们才发现为时已晚。事实上,破坏性创新者开始从原始价值网络的低端市场拉走客户时,领先企业还会因此感觉良好,因为它们自身也会通过延续性创新不断向高端市场转移,正想甩掉被破坏性创新者偷走的这部分低利润市场。[15]

低端市场破坏策略

我们把根植于原始或主流价值网络中的低端市场的破坏策略称为"低端市场破坏策略"。例如,小型钢铁厂的破坏性增长、折扣零售及韩国汽车制造商以低价进入北美市场的策略,都是纯正的低端市场破坏策略。它们没有创造新的市场,只是利用低成本业务模式,包揽了大公司的高端客户看不上的那部分市场。虽然低端市场破坏策略有别于新市场破坏策略,但它们都给先入者带来了无尽的烦恼。新市场破坏策略使先入者忽略了攻击者,低端市场破坏策略则使先入者落荒而逃。

零售业中出现过多次低端市场破坏性创新。[16] 例如,大型百货公司的业务模式需要保证公司库存每年周转3次,其成本结构要求其毛利率必须达到40%才有钱可赚。因此，它们每年周转3次库存，每次赚取40%的毛利，这样它们的年度ROCII（库存资本投资回报）能达到120%。在20世纪60年代，折扣零售商（如沃尔玛和凯马特）开始攻击百货公司的低端市场，从民族品牌的耐用消费品开始，例如颜料、硬件、厨具、玩具及运动器材——这些都是大家耳熟能详的常用品，放在那里就能卖出去，无须销售人员在旁边推销。让百货公司里训练有素的销售人员来为这个客户群体提供服务，实在是大材小用。而折扣商在这一项业务中的毛利率平均能达到23%，他们的仓储政策和运营流程使得其库存年周转可达5次，因此其年度ROCII能达到将近120%。折扣商不需要面对低利润，他们的业务模式能帮助他们通过特殊的程式赚取可观的利润。[17]

先入者面对"低端市场破坏者"时，很难做到岿然不动。还是以百货公司为例，百货公司的高管在面对折扣商在名牌耐用消费品的低端市场发起的进攻时，该如何选择？折扣商不浪费一点儿资源，把地板和台架上的空间全部利用起来。百货公司的高管也可以选择把更多的空间分配给利润更高的、更流行的商品，这类商品的毛利率一般都超过50%，按照百货公司每年3次库存周转的业务模式来计算，这么做能赚取的年度ROCII为150%。

百货公司也可以选择在名牌耐用消费品市场上打一场保卫战，但折扣商在这一领域占有20%的价格优势。百货公司在这个水平上和折扣商竞争势必会损失20%的收入，这样一来，年库存周转3次实现的年度ROCII降低到只有60%。光是这一点就足以吓跑所有百货公司，因此百货公司将这个等级的市场拱手让给了跃跃欲试的折扣商。[18]

很多破坏行为都是双向混合的,既有对新市场的开发,又有对低端市场的突破,如图2.3中第三条轴线上的实线所示。西南航空公司就是一个真正意义上的"混合型破坏者",它起初的目标客户是不坐飞机的旅客——这些人倾向于开车或乘坐长途大巴,但是与此同时西南航空公司也吸引了主流航空公司价值网络中的低端客户。嘉信理财公司(Charles Schwab)也是一个"混合型破坏者",它以交易手续费打折的方式从大型券商手中抢走了客户,同时也让从未接触过股票的人(例如学生)加入股民行列,创造了新市场。[19]

图2.4列出了历史上成功的"破坏者",它们从一开始就准确定位于新市场和低端市场的实线。本章最后一部分简要列举了图中所有的破坏性企业或破坏性产品。当然这些只是不完全统计,它们在图表中的位置也是近似值。不过,我们通过这个统计结果要传达的理念是:破坏性创新是增长的源泉。例如,索尼公司、日本钢铁公司、丰田公司、本田公司、佳能公司等日本公司在20世纪60—80年代盛极一时,而进入20世纪90年代,日本就没有出现过破坏性创新企业,这在很大程度上解释了日本经济为什么停滞。很多极具影响力的公司都是通过破坏性创新成长起来的,但是日本的经济结构却抑制了新的破坏性增长潮流,部分原因是它们会威胁到那些过去成长起来的大企业。[20]

图2.4同时也显示,破坏性创新策略是一种长期有效的持续性力量,即上一代"破坏者"到后来可能沦为"被破坏者"。例如,福特公司的T型车掀起了汽车工业波澜壮阔的第一波破坏性创新浪潮;丰田公司、日产公司及本田公司紧随其后掀起了第二波浪潮;韩国的汽车厂商现代公司和起亚公司在21世纪初又引领了第三

波浪潮。AT&T公司的有线长途业务动摇了西联公司的地位，如今却被无线长途业务"追杀"。橡胶生产商如道氏公司、杜邦公司和通用电气公司在颠覆钢铁市场的同时，它们的低端客户也不断落入西蒙公司这样的混合聚烯烃厂商的囊中。

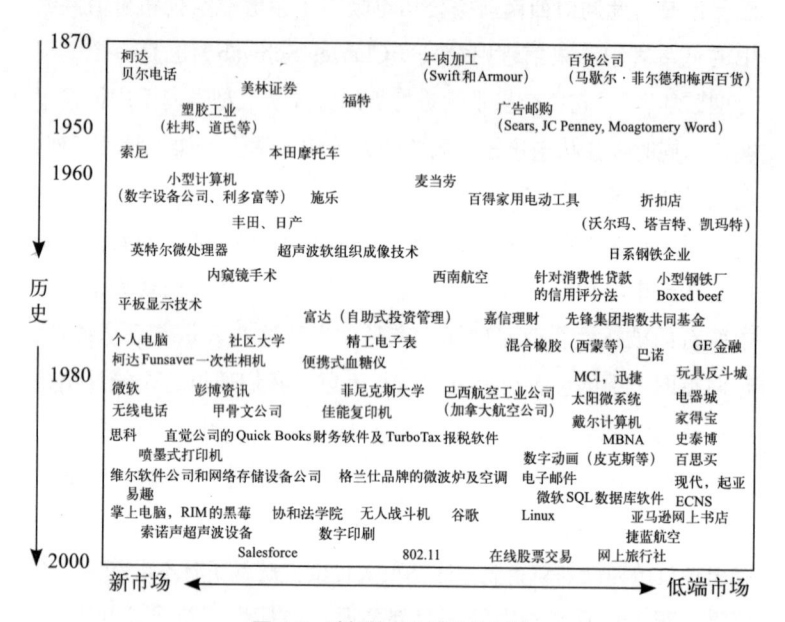

历史				
1870	柯达 贝尔电话		牛肉加工 (Swift and Armour)	百货公司 (马歇尔·菲尔德和梅西百货)
1950		美林证券 塑胶工业 (杜邦、道氏等)	福特	广告邮购 (Sears, JC Penney, Moagtomery Word)
1960	索尼	本田摩托车		
		小型计算机 (数字设备公司、利多富等)	施乐 麦当劳	百得家用电动工具 折扣店 (沃尔玛、塔吉特、凯马特)
		丰田、日产		
		英特尔微处理器 内窥镜手术	超声波软组织成像技术 西南航空	日系钢铁企业 针对消费性贷款 的信用评分法 小型钢铁厂 Boxed beef
		平板显示技术	富达（自助式投资管理）嘉信理财	先锋集团指数共同基金
1980		个人电脑 社区大学 柯达 Funsaver 一次性相机	精工电子表 便携式血糖仪	混合橡胶（西蒙等） 巴诺 MCI、迅捷 GE 金融 玩具反斗城
		微软 彭博资讯 无线电话 甲骨文公司	菲尼克斯大学 佳能复印机	巴西航空工业公司 太阳微系统 电器城 (加拿大航空公司) 戴尔计算机 家得宝
		思科 直觉公司的 Quick Books 财务软件和 TurboTax 报税软件		MBNA 史泰博
		喷墨打印机		数字动画（皮克斯等） 百思买 电子邮件 现代、起亚
		维尔软件公司和网络存储设备商 格兰仕品牌的微波炉及空调		微软 SQL 数据库软件 ECNS
		易趣		
		掌上电脑、RIM 的黑莓 协和法学院 无人战斗机 谷歌 Linux		亚马逊网上书店 捷蓝航空
		索诺声超声波设备 数字印刷		
2000		Salesforce	802.11	在线股票交易 网上旅行社
	新市场 ←			→ 低端市场

图 2.4 破坏性企业及产品示例

检验破坏性潜力的三块试金石

本章之初，我们提到大部分产品构想和技术思路最开始出现在创新者头脑里时并不具备破坏性或延续性力量，必须经过不断雕琢和塑造，它们才能成为高管愿意投资的战略计划。很多（但不是全部）被塑造成延续性创新计划的初始构想，同样也可以被塑造成更具有增长潜力的破坏性创新计划。我们必须慎重管理这个塑造过程，不能完全将其甩手交给制订业务计划的人，否则会打破产品思路的完整性，放大业务计划的盲目性。

要检验一个构想是否具备破坏性潜力，管理者必须回答三组问题。第一组问题可以探测其构想能否成为新市场破坏策略。满足这一点，以下两个问题中至少有一个的答案必须是肯定的。

- 过去是否有这样一群人，他们没有足够的资金、设备和技术来做这件事情，因此只能放弃，或者花钱让更专业的人来做？
- 客户是否需要克服种种不便，到一个集中的地点去使用该产品或服务？

如果一项技术的发展使得广大缺乏技术和资金的人能够在更便利的环境中拥有和使用某种产品，且这种产品曾经只能由技术更高、资金更充裕的人在一个不太方便的固定地点才能使用，那么这项技术就具备了成为新市场破坏策略的潜力。

第二组问题可以测知该构想能否成为低端市场破坏策略。以下两个问题的答案均为肯定即可。

- 在低端市场是否有客户愿意以更低的价格购买性能不那么完善的产品？
- 能否创建一种业务模式，使我们在以低价格吸引被"过度服务"的低端客户时，还能保持良好的盈利水平？

通常来说，低端市场破坏性策略往往能降低公司管理成本，使公司能够在毛利率较低的情况下赚取可观利润,同时伴随着对制造过程或业务流程的改进,提升资产周转率。

一旦某个创新策略经过了新市场和低端市场的检验,我们就迎来了第三个问题,或者说是第三块试金石。

- 这个创新策略能否破坏业内所有的主要先入者?如果对其中一家或几家重要竞争对手来说,这个策略只是延续性创新,那么先入者就会占上风,后来者则无胜算可言。

无法通过以上测试的业务构想将无法被塑造成破坏性创新策略。它也许能成为延续性创新,但是我们无法指望它为后来者建立新增长业务的基础。

表 2.1 总结和对比了企业在建立新增长业务过程中经历的三个阶段(延续性创新、低端市场破坏性创新及新市场破坏性创新)的特点。同时对比分析了目标产品的性能和特点、目标客户或市场,以及不同创新策略所需的业务模式。希望管理者能以此为参考,对备选的创新计划做出正确的分类并发掘其潜质。

表 2.1 建立新增长业务的三种策略

研究层面	延续性创新	低端市场破坏性创新	新市场破坏性创新
目标产品或服务的质量	为满足业内最高端的客户最重视的需求而做出改进,这类改进可能是延续性的,也可能是突破性的	对主流市场的低端客户来说已经足够好的传统性能	低端的"传统"性能表现,但是增加了新的特性——特别是在简洁性和便利性上

(续表)

研究层面	延续性创新	低端市场破坏性创新	新市场破坏性创新
目标客户和市场应用	主流市场最有价值的（例如利润最大的）客户愿意为产品性能的改进买单	主流市场中被"过度服务"的低端客户	定位于"零消费市场"：这部分客户过去没有资金或技术购买和使用这种产品
对业务模式的要求（业务流程和成本结构）	利用现有的竞争优势，改善当前的业务流程和成本结构，以提高或维持利润水平	采用新的运营模式或财务模式（或两者兼备）——在提高资产使用率的同时接受较低的毛利率，在用折扣价格争取低端市场的同时保持可观的回报率	此业务模式要求在单价较低、起初产量不高的情况下仍能赚钱，单品销售的毛利率非常低

利用表2.1，结合前文对三块试金石的检验，管理者在塑造业务构想时就能预测不同策略的竞争优势了。接下来我们将通过几个例子考量三个问题：施乐公司能否破坏惠普公司的喷墨打印机业务？日立公司如何在空调业创造新增长？网上银行是否具备成为破坏性创新的潜质？

施乐公司能否打败惠普公司

我们并不知道施乐公司是否考虑过建立前文中提及的新业务，我们使用施乐公司的名号，只是为了使这个例子更生动。该场景也是从公共资源信息的基础上提炼出来的。据报道，施乐公司已经研发出更先进的喷墨打印机技术。它会怎样利用这项技术，自行生产最好的喷墨打印机投放市场，给惠普公司点儿颜色看看呢？不过，即使能够生产出最好的打印机，施乐公司还是得和拥有资源优势的大公司打一场延续性创新之战。惠普公司将会赢得这场战争。那么施乐公司能否把这项技术包装成破坏性创新技术呢？我们先来看看它是否具备实施低端市场策略所需要的条件吧。

要确定这个策略的可行性，施乐公司的管理者就应该考察低端市场客户是否愿意购买一个"刚好够用"的低价产品。[21] 在高端市场，客户更倾向于购买价格更贵但速度更快、打印质量更好的产品。对要求不那么高的客户来说，他们对产品改进漠不关心，而且他们似乎对低价产品更感兴趣。那么第一个问题的答案就是肯定的了。

接下来的问题是，施乐公司能否发展出低价高利的业务模式来赢得低端市场？看上去可能性不大。惠普公司和其他打印机公司已经把组件生产和装配工作外包给全球成本最低的分包商。惠普公司靠卖墨盒赚钱——连墨盒的生产工作都外包给了低成本的供应商。施乐公司也可以通过低价销售墨盒进入市场，但是它必须建立起一套能提高资产周转速度的成本结构和业务流程，否则就无法持续实施低端市场的破坏性创新策略。[22]

这就意味着我们需要评估新市场破坏性创新策略在"零消费市场"中竞争的潜力。是否有大批尚未开发的计算机用户买不起或不会使用打印机？应该不是，惠普公司在推广便宜好用的喷墨打印机时已经成功占领"零消费市场"。

那么，能否诱使已经拥有打印机的人再来购买新的、更好用的打印机呢？现在看来，这是可能的。笔记本电脑用户打印文档时非常不便，他们不得不将笔记本电脑连接在台式打印机上，或者连接到有打印机的网络上。如果施乐公司能推出一种轻型廉价的、可直接连在笔记本电脑底座或后部的打印机，人们就可以随时随地打印文档，那么即使这种打印机的性能不及台式喷墨打印机，相信也会吸引很多消费者购买它。虽然只有施乐公司的工程师才有权确定这个构想在技术上是否可行，但是作为一个策略，这个构想是可以通过试金石测试的。[23]

如果施乐公司做了这类尝试，我们认为惠普公司在一开始很可能会忽视这个新市场破坏行动，因为这一市场比台式打印机市场小太多。惠普的打印机业务规模庞大，公司需要大量资源和新增收入来维持增长。要想使惠普陷入创新者的窘境，施乐就得研发出一种对自己来说有利可图，但对惠普和其他领先的打印机厂商来说如同鸡肋的业务模式。例如可以把连接笔记本电脑的打印机的墨盒价格做到最低，让惠普觉得无利可图，只能把资金投向高端市场去和高成本的台式激光打印机厂商竞争。

空调业的增长条件

众所周知，壁挂式空调市场已经成熟，为几家巨头所控制。像日立这样的公司能颠覆它们吗？如果日立选择用一种更安静、更节能、功能更全的产品来当敲门砖，我们认为它失败的可能性比较大。[24] 那么有没有可行的低端市场破坏性创新策略呢？我们认为在低端市场总是存在一批被"过度服务"的客户，被"过度服务"的信号就是他们总在寻找最便宜的产品，不愿意多花钱购买替代品。日立公司可以扩充它在中国原有的生产线，将生产出来的空调出口到发达国家。不过这只能带来短期的成功，因为当先入者反应过来，也跑到中国去开发生产线时，日立公司就会发现自己陷入了困顿的战局：竞争对手的成本和自己相当，但是对方的分销网络和服务体系无比强大，并且事实已证明目标客户不愿意为更好的产品多付费。因此，采用低劳动力成本的业务模式可以实现市场中的成功，但只能在竞争对手尚未选择同样的策略之前方可奏效。

那么，日立能实施新市场破坏性策略吗？在21世纪初，中国就有上亿的空调"零消费者"。如果日立能设计出一种售价仅为49.95美元的产品，该产品能在100平方英尺[①]的房间发挥足够的除湿控温效果，情况就会变得有趣起来：一旦日立公司能够建立起一套在这个价位上还能赚钱的业务模式，那么向其余的高端市场推进也就变得很容易了。顺便说一句，西方企业的高管一定很担心来自中国的低成本制造业的威胁，我们认为中国最有竞争力的资产就是其广阔的未被开发的"零消费市场"，这也使得中国成为很多推行新市场破坏性创新策略的公司茁壮成长的肥沃土壤。

网上银行的潜力

以上述的测试问题来检视网上银行时，我们得出的结论是这项技术不可能被用于破坏性创新。首先，很少有人因为没有资金或技术而不开设银行账户。现有银行对市场的渗透率非常高，对网上银行来说，新市场破坏性创新策略不可行。

其次，当前的低端银行客户是否乐意为低廉的服务费而接受一个级别不高、功能不全的银行账户？现在很多银行都在推广免费开户，说明这种客户是存在的。但是，应用破坏性创新策略的

---

① 1平方英尺约为0.09平方米。——编者注

网上银行能否设计出这样一种业务模式，既能以低价格服务于低端市场，又能保持可观的利润。这是个问题。所有银行的资金成本都差不多。E*Trade 银行和索尼银行正在寻找建立低成本业务模式的解决方案。

由于网上银行的思路既不符合新市场破坏性创新策略的要求，又不具备成为低端市场破坏性创新策略的条件，因此只能成为先入者实施延续性创新的一种手段。针对第三个测试，很多银行和信用社只有少量的营业点，多半是通过邮寄方式开展业务。网上银行的问世将给它们的业务模式带来持续性的打击。

各公司的破坏性创新策略

表 2.2 简要概括了我们对图 2.4 中列出的破坏性创新公司成功原因的理解。由于篇幅限制，我们省略了很多重要细节。这些公司在表中按公司英文名称的字母顺序而非时间顺序排列。我们不准备扮演优秀的商业史学家的角色，因此表 2.2 中只列出部分破坏性创新公司。此外，我们也很难定义某家公司是在哪一年开始实施破坏性策略的。有些公司在启动破坏性策略之前，已经在其他行业生存了很长时间，但是破坏性策略使它们走向了无与伦比的辉煌。有些破坏性策略更适合从产品类别的角度分析，所以我们未列出公司名称。本部分内容仅供读者参考，不作为权威资料。

表 2.2 破坏性创新策略和破坏性创新公司

公司或产品	说　明
802.11	这是一个高速宽带无线网络数据传输协议，它破坏了本地有线网络市场，但目前受限于无法实现远程信号传输
亚马逊网上书店	破坏传统书店的低端市场
巴诺书店	从销售库存的本地零售书店起家，渐渐成为占统治地位的畅销书零售折扣店
牛肉加工	19 世纪 80 年代，Swift 和 Armour 公司启动大型的集中化屠宰作业，并用冷藏车将大块牛肉运送至各地分割，由此破坏了本地屠宰业市场
贝尔电话	贝尔公司起先只能在 3 英里[①]范围内传输一种信号，因此被西联公司拒绝。西联公司的业务都是长途电信业务，无法使用贝尔的技术。于是贝尔开始实施新市场破坏性策略，提供本地电话服务。随着技术的改进，它又把长途电报价值网络中的客户挖掘到电话市场中
百得	20 世纪 60 年代以前，手持式电动工具都十分笨重，主要供专业人士使用，且价格高昂。百得引进了一系列使用塑胶外壳、普通电机、只能工作 25~30 小时的工具 [对 DIY（自己动手）爱好者来说每月可能只需要打几个洞，这样的电机足够用了]，换算成今天的美元来看，百得将单品成本从 150 美元降到了 20 美元，催生了新一代自备工具的消费群体
混合橡胶	一种便宜的混合聚烯烃橡胶，如西蒙公司生产销售的聚丙烯，能用来制成多种复合材料，其性能可媲美最好的纯橡胶。其品质仍在突飞猛进，破坏了以通用电气为首的大公司在工业橡胶市场的主导地位

---

① 1 英里约为 1.6 千米。——编者注

（续表）

公司或产品	说　明
彭博资讯	彭博以向投资分析家和券商提供基本财务数据起家，渐渐提高数据和分析质量，随后移向财经新闻业务领域，实际上破坏了道琼斯和路透社的市场。最近它创建了自己的电子网上交易系统，打破了股票交易市场的格局。政府债券的发行商可以在彭博的系统上拍卖债券，此举又破坏了投资银行的市场
盒装牛肉	艾奥瓦牛肉包装公司的"盒装牛肉"模式结束了其对地方屠宰加工业的破坏过程。人们不再把大块牛肉送达本地进行切割加工，而是由艾奥瓦牛肉包装公司将牛肉直接切割成合适的尺寸，分装在超市的盒子里
佳能复印机	直到20世纪80年代初，人们需要复印文件时都只能带原件去公司的复印中心，由技术人员代为操作。复印人员必须懂技术，因为施乐的高速复印机非常复杂，经常需要调校。当佳能和理光推出台式复印机时，尽管它们速度慢、分辨率低、无法放大或缩小，也不能分页，但因其价廉易用而广为人们接受，便进入了各家公司办公室的角落。一开始人们还是会把大量的复印工作交到复印中心完成，但是随着佳能机器的改进，如今所有办公场所都能够很方便地使用高质量、全功能的复印机了
广告邮购	西尔斯和Montgomery Ward都是靠广告邮购起家的，它们使美国郊区的居民能够购买到过去买不到的东西。它们的商业模式使其库存年周转达到4次，每次的毛利率达到30%，对毛利率40%、年周转3次的大型百货公司构成了破坏性的威胁。西尔斯及Montgomery Ward后期都转移到了高端市场，开了自己的百货店
嘉信理财	嘉信公司始创于1975年，是一家平价理财经纪公司。20世纪90年代末，嘉信设立独立的事业部，创建网上交易业务。由于该业务模式十分成功，嘉信把原有的组织结构全部纳入新的破坏性创新业务
电器城，百思买	破坏了大型百货公司和折扣店的消费电器市场，迫使它们向利润更高的高端服装市场转移

(续表)

公司或产品	说 明
思科	思科路由器采用包交换技术，引导信息流在电信系统中传输，与朗讯、西门子、北电等巨头的电流交换技术不同，该技术把信息拆分成一个个被称为"包"的"信封"，通过互联网发送出去。每个"包"都可能通过不同通道发送到指定的目的地。当它们到达时，这些"包"会按照正确的顺序排列，"拆包"并供接收方查看。由于这个过程有几秒的延迟，所以它不能被用于语音通信，但是足以开发一个新市场——数据网络。现在这项技术已经得到改进，用户在使用采用包交换技术的语音电话时已经几乎感受不到细微的延迟，其通话质量不比普通电话差多少。这项技术也推动了VOIP（IP电话）的发展
社区大学	在美国的一些州，高达80%的正规大学本科毕业生曾经在学费便宜的社区大学部分或全部完成其基础教育，并将学分转移到正规大学——这些大学不知不觉地成为高等课程专修学校。有些社区大学也开始提供本科教育，报名者众多，一些本来可能无法学习这些课程的特殊学生也参与进来
协和法学院	由华盛顿邮报公司旗下的卡普兰公司创立，这家网上法学院吸引了一大批特殊学生。该校学生可以凭学历证书参加利福尼亚州律师考试，应试学生的成功率和其他法学院不相上下。很多报名上这家学校的学生并不想成为律师，他们想多了解法律知识以为未来的职场生涯提供帮助
信用等级评分	一种公式化的信用估值方法，取代银行信贷经理的主观评价。由明尼阿波利斯市的费埃哲公司发明，最开始应用于西尔斯和彭尼百货公司的店内信用卡。技术成熟后普遍应用于普通信用卡，后来延伸到汽车贷款、房屋贷款及现在的小型企业贷款
戴尔计算机	戴尔的直销零售模式和快速生产、高资产周转率的业务模式使它以"低端市场破坏者"的身份超越康柏、IBM及惠普，成为个人计算机领域的标杆。本书作者克莱顿·克里斯坦森就是一个不折不扣的低端消费者，他的博士论文是在1991年购买的戴尔笔记本电脑上完成的，因为它是当时市场上最便宜的笔记本电脑。由于戴尔电脑品质的口碑不好，哈佛大学的学生如果想要用博士津贴购买戴尔品牌的电脑而不是其他品牌品质较好的电脑的话，还必须获得特批。而现在哈佛商学院的人用的全部是戴尔电脑

（续表）

公司或产品	说　明
百货公司	盐湖城的 ZCMI 百货、芝加哥的马歇尔·菲尔德百货及纽约的梅西百货破坏了小型商店的市场。百货公司加速了库存周转率，达到每年 3 次，每次的毛利率为 40%。百货公司的销售人员对产品知识掌握不足，因此，一开始百货公司销售的都是无须推销介绍的简单商品
数字动画	过去，制作整部动画影片的固定成本和技术要求太高，以至于除了迪士尼，几乎没有人能够完成其制作。数字动画技术的问世让更多公司（如皮克斯）开始了与迪士尼的竞争
数字印刷	平版印刷市场已经被喷墨打印机和激光打印机破坏，喷墨打印机和激光打印机能够按需定制色彩，具备高速优质的打印功能。它们最开始也是从打印产品目录册起步的
折扣店	类似的折扣店（如纽约的科维特，以及后来的凯马特、沃尔玛、塔吉特等）破坏了大型百货公司的市场。折扣店的盈利靠的是高达 5 次的年库存周转率，每次的毛利率达 23%。因其销售人员对产品知识掌握不足，只能从最简单的无须介绍和推销的商品开始。现在它们已经逐渐转向更高端的纺织品市场，如服装市场
易趣	20 世纪 90 年代末，大部分互联网创业公司都不同程度地利用着互联网，但对先入者的业务模式来说，这些都只是延续性创新。易趣则是一个著名的特例，因为它成功实施了新市场破坏性创新策略——让那些从未引起拍卖行高管注意的收藏者有机会出售藏品
电子网上结算系统	电子网上结算系统使股票买卖双方能够在计算机上进行交易，其交易成本大大低于常规股市交易成本。Island 是电子网上结算系统龙头企业之一，能够在一台工作站上处理纳斯达克 20% 的交易量
电子邮件	电子邮件是一种破坏性的邮政服务。个人信件量直线下滑后，邮局只能处理杂志、账单和广告邮件业务

（续表）

公司或产品	说　明
巴西航空工业公司和加拿大航空公司的区间喷气式飞机业务	区间旅客越来越多地选择喷气式飞机作为出行方式。在过去的15年里，区间喷气式飞机的载客量从30人发展到50人、70人，直到现在的106人。当波音公司和空中客车公司竞相制造更大更快的喷气式飞机以发展州际和洲际业务时，它们的发展也随之停滞。整个行业重新洗牌（洛克希德及麦道被并购）后，市场发展还是处于谷底
微创手术	微创手术一直被主流外科医生忽视，因为其技术含量太低。但是现在微创手术技术已经大大提高，连复杂的心脏手术都可以通过一个小切口来完成。这个破坏性的影响波及了医疗器械制造商和医院
富达管理	该公司经营易于购买的共同基金、401k账户、保险产品等系列产品，创造了自助式个人理财管理业务。据我们所知，富达在第二次世界大战结束后创业多年，但是直到20世纪70年代末期，才开始进行破坏性创新
平板显示（夏普等）	我们通常认为破坏性技术都不会太昂贵，因此很多人对我们把平板显示技术定义为破坏性创新表示惊讶。难道它不是高端技术吗？实际上不是，平板LCD显示技术最早起源于电子表，然后转向计算器、笔记本电脑及小型移动电视领域。这些领域过去是没有电子显示技术的，而LCD显示技术比其他技术都便宜。平板显示器现在开始进入计算机显示器和家用电视的主流市场，破坏了CRT显像管技术的市场。使用平板显示的产品的二度空间特性使其能够维持溢价
福特	亨利·福特的T型车价格低廉，让很多过去没有车的人都拥有了一辆属于自己的车
格兰仕	20世纪90年代，中国的格兰仕品牌占据了全球微波炉市场40%的份额。虽然这家公司完全可以借助中国低廉的劳动力成本制造低端产品出口到欧美市场，实施低端市场破坏性创新策略，然而它却选择了做一个"新市场破坏者"，制造出小功率、小尺寸的微波炉，并销售给中国家庭。格兰仕产品价格的亲民性吸引了从不使用微波炉的中国消费者。一旦它们建立起能在低价市场盈利的业务模式，那么进一步占领全球市场也就是水到渠成的事了

（续表）

公司或产品	说　明
GE 金融	主要采用低端市场破坏策略，颠覆了原来属于商业银行的市场
谷歌	谷歌及与之竞争的互联网搜索引擎正在破坏很多目录网站的市场，包括黄页
本田摩托车	本田于 20 世纪 50 年代末推出 Super Cub 摩托车，破坏了大型重量级摩托车制造商（如哈雷、凯旋、宝马等）的市场。本田以越野休闲电动车起家，随后不断改进技术。雅马哈、川崎和铃木后来也加入了本田的竞争
喷墨打印机	喷墨打印机对激光打印机来说是破坏性创新技术，而对传统的针式打印机来说则属于延续性技术。我们把喷墨打印机放在"破坏公司图谱"中的"新市场"一端，是因为它们小巧轻便、成本低廉，吸引了全新一代计算机用户（主要是学生），让他们拥有和使用自己的打印机。虽然喷墨打印机速度慢、图片不清晰，但是目前它已成为打印机市场的主流，将激光打印机挤上了高端市场。惠普靠自己独立的喷墨打印机业务与自己的激光打印机业务抗衡，稳稳站在了行业的顶端
英特尔微处理器	英特尔最早的微处理器诞生于 1971 年，最初只能用于四功能计算器。将微处理器应用在逻辑电路中的计算机制造商最后打败了制造大型机和小型机的公司
直觉公司的 QuickBooks 财务软件	鉴于财务软件业内的巨头们开发的产品主要是帮助小公司管理者运行各种复杂的分析报告，QuickBooks 选择了帮助他们跟踪现金流量。它在微型公司（员工少于 5 人）领域创造了一个巨大的新市场，这些公司过去从未使用过电子记账模式。不到两年，直觉公司就占领了小公司财务软件市场 85% 的份额——主要是通过创新增长。QuickBooks 的功能逐渐强大后，便开始向先入者的客户市场渗透
直觉公司的 TurboTax 报税软件	电算会计软件正在破坏 H&R Block 之类的大公司的个人报税服务公司的市场

（续表）

公司或产品	说明
日系钢铁企业	日系钢铁企业如日本钢铁公司、日本钢管公司、神户钢铁公司及川崎钢铁公司于 20 世纪 50 年代末开始向西方市场出口低质量的钢铁，开始了破坏性增长。随着它们客户（包括破坏性日本汽车厂商，如丰田等）的增长，日本钢铁业不得不迅速提高产能，利用最新的制钢技术，如在新工厂实施连铸法、购置氧气转炉等。这使得它们迅速迈向高端市场
捷蓝航空	西南航空靠新市场破坏策略起家，捷蓝航空则奉行低端市场破坏策略。其长远未来取决于大航空公司逃离被攻击的意愿的强烈程度，这一点和综合性钢铁企业及大型百货公司一致
柯达	直到 18 世纪末，照相仍是一门非常复杂的技术，只有专业人士才能拥有并操作昂贵的照相设备。乔治·伊斯曼发明了傻瓜相机（布朗尼相机），让人们能够自己拍照，并把胶卷寄给柯达公司冲印
柯达 FunSaver 一次性相机	柯达在经历了艰苦奋斗后才推出了 FunSaver 品牌的一次性相机，因为这种盈利模式和毛收入比销售胶卷低，图片质量也不如那些 35mm 高质量相机拍摄得好。但是柯达还是设立单独的部门对其进行了商业化运作，主要把相机销售给那些没有照相机也不打算购买胶卷的人。虽然这种产品很有潜力迈向高端市场，并且可被包装成 Maxx 品牌和传统相机争夺市场份额，但是我们怀疑柯达不会走这条路
韩系汽车制造商	韩系汽车制造商（包括现代和起亚）在 20 世纪 90 年代的全球市场占有率超过了其他国家的汽车制造商，并且很少引起先入者的注意。因为它们占领的市场对先入者们来说是利润和价值最低的领地
Linux	Linux 操作系统的破坏力只能被形容为：为当今市场多提供了一个选择。它目前为止最成功的推广是在服务器操作系统上——被高端的 UNIX 系统和微软 NT 操作系统（有时候也能造成对 UNIX 高端市场的破坏）夹在中间。在互联网服务器领域站稳脚跟后，它抢走了以太阳微系统公司的 Solaris 系统为代表的 UNIX 操作系统的大部分市场份额。Linux 也有可能挡住微软 NT 系统向高端市场迈进的脚步。目前 Linux 已经开始破坏手持设备的操作系统市场

（续表）

公司或产品	说　明
MBNA	前文提到过信用等级评分制是一种公式化的信用估值体系，多用于贷款申请。商业银行一开始将其用作延续性创新技术，用以降低信用评估成本。然而，到了 20 世纪 90 年代，MBNA、Capital One、First USA 等信用卡公司开始将其应用在量大本小的"单线"业务模式上，随之破坏了商业银行信用卡业务市场。截至本书写作时，只有花旗银行还能在信用卡业务上有实质性获利
麦当劳	快餐行业属于"混合型破坏者"，由于快餐既便宜又方便，很适合外出食用，因此创造了一片巨大的"外出就餐"市场。最早牺牲在快餐业铁蹄之下的是"夫妻联营"小吃店。在 20 世纪 90 年代末至 21 世纪初，美食广场的出现也开始将快餐行业带向高端市场。当然，昂贵而又浪漫的餐厅仍然在高端市场茁壮成长
MCI、斯普林特	对 AT&T 的长途电话业务来说，这两家公司属于"低端市场破坏者"。它们目前享受着前所未有的机遇，AT&T 的长途通信话费被强制性提高，因为政府要补贴本地电话服务提供商
美林证券	1912 年查尔斯·美林宣称"要把华尔街带向千家万户"。美林公司雇用薪金制员工，取代了佣金制经纪人，使股票交易费用降到了美国中产阶级都能接受的水平。美林公司在接下来的 90 年里不断向高端市场挺进。20 世纪五六十年代，许多在纽约股市坐头几把交椅的券商都被美林的破坏性创新策略颠覆，落得被收购的下场
微软	微软的操作系统比不上大型主机和小型机的厂商系统，也比不上 UNIX 系统或苹果系统，但是它实现了从 DOS 到 Windows 再到 Windows NT 的转变，从而逐步占领了高端市场，严重威胁了 UNIX 的业务。随之而来的是，微软也面临来自 Linux、See、SQL 的威胁
小型计算机	数字设备、Prime、王安电脑、通用数据、德利多富（Nixdorf）等公司对大型计算机制造商来说都属于"新市场破坏者"。它们的产品更简单、更便宜、更适合公司，尤其是适合工程部门使用，取代了那些不方便的集中式大型计算机

（续表）

公司或产品	说　明
在线股票交易	网上证券交易对于像德美利之类的低价券商来说属于延续性创新，而对美林之类的综合券商来说属于破坏性创新。嘉信从一个低价券商起家，在20世纪90年代中期逐渐迈向主流市场，目前也处于被基于互联网的网上证券交易破坏的困境，只能大力发展其他业务
网上旅行社	电子客票的出现催生了网上旅行社（如Expedia和Travelocity），网上旅行社的诞生大大破坏了传统综合旅行社的市场，如美国运通公司（America Express），很多航空公司都大幅削减了过去支付给旅行社的佣金
甲骨文公司	甲骨文公司的关系数据库软件对先前的业界巨头——卡里内特和IBM——来说属于破坏性创新，这两家公司主要生产等级数据库或交换式数据库，用于大型机和生成财务报告。关系数据库能应用在小型机上（后来也可以应用在基于微处理器的个人电脑上）。用户无须掌握专精的程序知识，也能使用甲骨文的模块化关系数据系统，自行定制报告并进行分析
掌上电脑，RIM的黑莓手机	手持式设备对于传统的笔记本电脑来说属于"新市场破坏者"
个人计算机	由苹果、IBM、康柏等公司生产的基于微处理器的计算机属于真正的新市场破坏产品，在很长时间内它们都在自己的价值网络中销售这些产品，后来它们也都开始向高端专业计算机市场挺进
塑料	塑料的出现破坏了钢铁和木材的市场，用传统方式来评判的话，塑料制品的质量比不上钢铁和木材制品。但是塑料制品价格便宜，容易成型，很多新开发出来的塑料制品让许多原本属于钢铁和木材价值网络的制品纷纷转投塑料领域。只要对比汽车产业20世纪70年代初的塑料使用量和21世纪初的塑料使用量，就知道塑料的破坏力有多强

(续表)

公司或产品	说　明
便携式血糖仪	对应用于医院实验室的大型血糖测试设备生产商来说属于破坏性创新产品，使用该产品后，糖尿病人能随时监控自己的血糖水平
Salesforce	该公司提供廉价易用的互联网软件系统，破坏了客户关系管理软件的主要供应商（如 Siebel 系统）的市场
精工电子表	还记得当年便宜的塑料精工表吗？如今的精工、西铁城和德州仪器（后来淡出了制表行业）破坏了美国和欧洲的制表工业市场
索诺声	该公司专门制造手持式超声波设备，让那些过去需要靠高级技术人员配合操作昂贵医疗设备的医生能够自己查看病人体内情况，并及时做出准确的诊断。该公司曾经因为试图把产品作为延续性创新技术进行推广而饱受煎熬。但到 21 世纪初，索诺声已经在破坏性市场上大步前进
索尼	索尼是首家在消费性电子产品中使用晶体管的公司。它生产的便携式收音机和电视机为 RCA 的市场带来了破坏性的改变，后者采用真空管技术生产大型电视机和收音机。在 20 世纪六七十年代，索尼开始了一系列新市场破坏性创新，推出的产品有录像带播放机、手持式录像机、录放机、随身听、3.5 英寸软盘等
西南航空	西南航空是一个"混合型破坏者"，因为它的初始策略是争夺私家车主和巴士乘客，并且其飞机起降都是在非主流的小机场。此外，因为价格低廉，它抢走了很多航空业先入者的业务。就像沃尔玛选址于只接受平价超市的小城镇以确保其利润率一样，西南航空的很多航线也具有类似的保护功能
SQL 数据库软件	微软开发的 SQL 数据库产品破坏了甲骨文公司的市场，后者不得不转向高端市场，生产昂贵的综合企业系统。微软的 Access 产品又是对 SQL 的颠覆之作

(续表)

公司或产品	说 明
史泰博	史泰博的直接竞争对手是 Office Max 和欧迪办公公司。史泰博不但破坏了小型文具店的市场,而且破坏了为商业公司供货的文具分销商的市场
小型钢铁厂	20 世纪 60 年代中期开始,小型钢铁厂逐步瓦解了大型综合性钢铁企业的地位
太阳微系统公司	太阳微系统公司、阿波罗电脑公司(被惠普收购)及硅图公司都围绕 RISC 微处理器来建立其系统,最开始都是从小型机的价值网络中起步,最终破坏了小型机的价值网络。这些公司随后又被诸如康柏和戴尔之类基于 CISC 微处理器的计算机制造商颠覆
丰田	以便宜的小型车珂罗娜进军美国市场。有了这款便宜的车型,过去买不起新车的人现在可以拥有一辆新车了,一些家庭也可以开始拥有第二辆车。丰田在 21 世纪初向高端市场推广雷克萨斯车型。日产也从那时开始从达特桑车型向英菲尼迪迈进,而本田也从使用 CVCC 发动机的迷你车型迈向面向高端市场的阿库拉
玩具反斗城	破坏了综合百货店和折扣百货店的玩具专柜市场,使它们不得不投向利润更高的高端服装市场
超声波	超声波技术破坏了 X 光成像技术的市场地位。惠普、Accuson、ATL 以软组织成像技术创造了价值几十亿美元的庞大产业。业内领先的 X 光设备制造商(如通用电气、西门子、飞利浦)都成为两大主流维持性成像技术解决方案(CT 扫描和核磁共振)的龙头企业。因为超声波技术属于新市场破坏性创新,所以没有一家 X 射线公司参与和超声波设备的竞争,直到 21 世纪初出现了大型超声波设备厂商,情况才有所改变
菲尼克斯大学	作为阿波罗集团旗下产业,菲尼克斯大学正在颠覆四年制本科学院在某些专业的教育市场地位。它最开始是为在职员工提供培训课程的,与学员的合作基本上都是私签,有时候也有正式合同。之后菲尼克斯大学进一步扩张,后来开始公开招生,开展了多个学位课程的教育。它在 21 世纪初是美国最大的教育机构之一,同时也是在线教育的业界巨头之一

（续表）

公司或产品	说　明
无人战斗机	无人战斗机源自无人驾驶飞机，目标是侦察隐蔽的空军部署。它后来向高端的侦察角色发展，并在2001—2002年的阿富汗战争中第一次携带武器飞行
先锋集团	指数型共同基金对管理型共同基金来说属于"低端市场破坏者"。截至本书写作时，先锋集团的资产已经能与业界巨头富达管理一较高下
维尔软件公司和网络存储设备公司	网络连接存储和IP存储区域网络颠覆了企业数据存储厂商的市场地位，后者主要是以EMC为首的集中存储系统厂商。这些分散式的网络化存储系统易于扩充，连一个办公室助理都能够轻松地将附加存储服务器连入网络
无线电话	移动电话和数字无线电话从20世纪70年代末就开始进攻有线电话市场。最开始它们是形体巨大、耗电较多的车载移动电话，后来渐渐发展到约有1/5的移动电话用户选择"掐线"，从此告别有线电话服务。现在有线长途电话业务也遭遇巨大威胁
施乐	复印技术对于平版印刷技术来说属于新市场破坏性创新，很多从未使用过复印机的人得以很方便地在办公室复印文件。施乐的机器最开始很贵、很复杂，只能在公司的文印中心由专业技师操作

第三章

用户
希望购买
什么样的产品

为破坏性创新选择立足点，其实就意味着你的产品要与人们（也就是你的未来客户）需要完成的特定工作紧密相关。问题在于，在尝试为新产品建立可靠业务模式的过程中，管理者常常不得不量化市场机遇，而用于辅助这方面决策的数据又往往是建立在产品属性、客户结构和假想的潜在客户消费心理之上的。真实客户需求和辅助产品开发的数据往往并不匹配，因此，大多数企业都将其创新方案定位在了根本不存在的目标市场。弄清楚哪些是需要完成的"任务"比贸然定下立足点更重要。只有坚持紧密围绕在"任务"周围进行改良，同时创立具有针对性的品牌，才能让客户知道该选择谁的产品，才能让破坏性产品稳稳走在增长的道路上。

在制定产品策略和开发产品的过程中，所有企业都要为生产出抢手的产品而克服重重困难。然而，尽管精英们付出了最大的努力，大多数的创新产品尝试最终都以失败告终。超过 60% 的新产品甚至还未上市就宣告流产。在能够顺利诞生的那 40% 的产品当中，还有 40% 会因为盈利能力不佳而被撤出市场。把这些数据累加起来，你会发现，投入在新产品研发上的资金，有 3/4 会因产品的失败而石沉大海。[1]人人抱着成功的信念投资研发产品，但事实上成败似乎并无定数。在此我们要再次声明，失败真的不是随机事件：失败是可预测的，也是可规避的，只要管理者能够正确认识自己所处的阶段。在业务创建阶段的众多参数中，如何生产出广受欢迎、有利可图的产品，是建立精准预测理论的最大挑战。

被市场开拓者称为"市场细分"的流程，其实就是理论建立过程的分类阶段。只有当管理者按照客户的购买意向和购买条件进行了正确的市场细分，才能准确预测出哪种产品能够打动客户。若管理者建立理论的方式偏离了市场环境，市场细分就是他们的失败之源——本质上来说是因为它使得产品的定位趋向虚无化。

我们以描述市场细分的思路开始这一章，可能与你以前看到的作品不同。但是我们相信这种方法是建立在"客户是在'雇用'产品去完成某项特别的'任务'"这一概念的基础上的，因此这有助于管理者在细分市场时能够将产品映射到客户的生活体验当中。这样做的另一个好处是能够发现破坏性创新机遇。

接下来我们将在市场细分的概念下展开叙述，发掘那些影响管理者在进行市场细分时做出错误判断的作用力——即便这些管理者已经非常优秀。许多市场开拓者对本章中推荐的做法十分熟悉，问题在于公司运营过程中产生的一些可预测的作用力反而会将公司的细分市场推到相反的方向。最后我们将说明该怎样按照客户的"任务需求"进行市场细分，从而解决市场推广中其他的重大挑战（比如品牌管理、产品定位），为破坏性创新业务的增长提供帮助。总体来看，这一系列观察结果组成了一个理论：如何在正确的客户市场中进行破坏性创新，才能站稳脚跟，继而沿着延续性增长轨迹线获得利润，发展出在市场中占统治地位的产品和服务。

市场细分：了解产品的使用情境

市场推广的艺术性主要在于细分——找出那些需求相似的客户，确保同种产品就能满足他们的需求。[2] 市场开拓者通常按产品类型、产品价格细分市场，也有人按客户规模或消费心态细分市场。为什么企业在市场细分上付出了这么多的努力，基于以上分类的创新策略和市场细分计划还会惨遭失败呢？原因就在于它们都是根据产品属性和客户属性分类的。本书中凡是基于属性分类的理论揭示的都是属性和结果的相关联系。但是，只有市场推广理论建立在基于情境条件分类的基础上，并能够合理地反映因果关系，管理者才能知道到底哪些特性、功能和定位可促进客户做出购买决策。

想要提高市场推广的可预测性，就需要了解在什么情况下哪些客户会购买或使用商品，尤其是客户（可能是企业也可能是个人）需要定期完成哪些"任务"。当客户发现自己必须完成一些"任务"时，他们会四处寻找"能用"的产品或服务来帮助他们完成"任务"。这是客户的生活体验，他们的思考程式始于"发现自己需要做一些事情"，然后他们就开始"雇用"能够帮他们有效地、便捷地、低廉地完成这一"任务"的产品或服务。客户"任务"的功能特点、情感因素、社会特性等参数决定了客户的购买条件。换句话说，客户想要做的事情或者他们想要达成的目标就构成了以情境条件为基础的市场分类。[3] 当企业将产品定位于客户所在的情境，而不是定位于客户本身时，他们就能成功降低产品推广过程中的不确定性。换个角度来说，关键因素是客户的购买条件，而非客户本身。

为什么呢？我们来看看一家想提高奶昔销量和利润的快餐连锁店的例子。[4] 这家连锁店的市场部以顾客的消费心态细分市场，想找出哪些顾客最有可能购买奶昔。换句话说，它起初将市场建立在产品上（也就是奶昔），然后按照可能购买奶昔的顾客的特点进行细分，这都是基于属性的分类计划。连锁店聚集了具备"会购买奶昔"这一属性的消费群体，然后开始探索口味如何调整，定价和容量如何确定，怎样才能使顾客更满意。连锁店搜集了明确的消费需求并予以改进，却没有显著提高奶昔销量或利润。

另一批研究员也参与了这个计划，他们着手了解顾客到底想要奶昔满足他们的什么需求。这个方案让连锁店管理者看到了传统市场研究中缺失的内容。为了了解客户"使用"奶昔时的诉求，研究员在一家餐厅持续观察了 18 个小时，仔细记录了顾客购买奶昔的情况，包括顾客的购买时间，同时购买了哪些食品，是独自前来还是结伴而来，是堂食还是打包带走，等等。这项研究得出了一个出人意料的结论：有将近一半的奶昔是在清晨被卖掉的，并且顾客经常是只购买一杯奶昔，多半是打包带走。

研究员开始采访那些只在清晨购买一杯奶昔的顾客，想了解他们在购买奶昔时的想法，同时询问他们不购买奶昔时会选择什么替代品。大多数在清晨购买奶昔的人的答案是相同的：面对一段漫长的行车过程，他们需要吃些东西来打发无聊的时光。这些东西需要满足"多重任务"需求：他们并不饿，但是如果不吃东西，他们会在上午 10 点左右饥肠辘辘；他们还受到一些限制，比如他们行色匆匆，经常穿着工作服，并且多数时候只能腾出一只手。

当这些顾客寻找目标时，他们有时会选择百吉饼，但是百吉饼会使他们的衣服和车里满是碎屑。如果百吉饼上还被抹了奶油或者果酱，他们的手指和方向盘就会不可避免地变得黏糊糊的。有时他们也会选择吃香蕉，但是一根香蕉一般几口就吃完了，无法满足消磨时间的需求。餐厅早餐时段出售的香肠、火腿或鸡蛋三明治也会弄得他们的手指和方向盘油乎乎的，而且他们只能偶尔吃一口这些食物，很可能食物还没被吃完就凉了。吃甜甜圈的话，熬不到 10 点就又饿了。最后他们发现奶昔是最佳选择。如果控制得当，一杯浓稠的奶昔加上一根细细的吸管，能吃整整 20 分钟，足以打发车内的无聊时光。而且吃奶昔只需要用一只手，干干净净，无须担心泼溅，并且奶昔是所有食物中最有饱腹感的。奶昔并不是靠"健康食品"之类的特性来取悦顾客的，不过这一点无关紧要，因为健康并不是他们选择这个产品的目的。[5]

研究员还发现，在一天的其他时段，经常有父母来购买奶昔，作为孩子的加餐。他们的想法是什么呢？他们多半是已经厌倦整天对孩子说"不"，奶昔对他们来说是一种无害的、向孩子表达关怀和爱意的工具，他们这样做只是想让孩子觉得自己还算通情达理。然而研究员发现，在这种情况下，奶昔通常不能完成"任务"。通常，父母吃完正餐后会不耐烦地等着孩子从细细的吸管里费劲地吸食浓稠的奶昔，很多孩子不得不吃一半就放弃，因为父母宣布时间到了，必须离开。

按照客户结构和消费心态细分市场时，我们实际上得到的只是个性化的信息。[6]但是，同样是在早晨靠一杯浓奶昔打发时间的爸爸们，他们在一天中的其他时段用来对付孩子的食品也不尽相同。当研究员按照之前的客户结构和消费心态进行市场细分，并向那些有"多重任务"的客户询问应该改进奶昔的哪些特性时，研究员得到的是一个模糊的答案，它根本满足不了任何客户的需求。[7]

到底谁才是快餐连锁店在早餐这一领域真正的竞争者呢？快餐店的统计方法是用本店的奶昔销量和其他连锁店的奶昔销量做对比。但是站在顾客的角度，在早餐时段，奶昔的竞争对手是无聊感、百吉饼、香蕉、甜甜圈、速食早餐饮品，也有可能是咖啡；在晚餐时段，奶昔的竞争对手则是曲奇、冰激凌或其他点心——多半是父母临时买来对付孩子但是希望孩子以后不要再惦记的零食。

了解了一个产品是被用于完成什么"任务"（也包括了解这

些产品在完成哪些"任务"上无法"物尽其用")之后，创新者对于如何改良产品就形成了清晰的思路，他们知道如何满足客户的期望，从而打败真正的竞争对手。例如，想要更好地应对车里无聊的等待，连锁店可以在奶昔里拌入果粒。这样一来，奶昔在完成"解闷任务"时就更有优势了，因为当驾驶者不经意中吸到香甜的果粒时，会感到意外，这为枯燥的晨间驾驶增添了些许期待。（要记住，果粒可以给奶昔的健康加分，但提升健康度并不是奶昔需要完成的"任务"。）连锁店还可以把奶昔做得更浓稠，这样顾客吃的时间更久；也可以在餐厅内设置自助服务机，自助购买有助于加快购餐速度。

要解决家庭晚餐的"任务"，则需要用到一种完全不同的产品，即黏稠度要低，要能很快吃完，并且要装在小巧的、造型有趣的容器里。可以将其加入儿童套餐，这样，面对孩子的请求，父母无须考虑太多就能点头。

如果快餐连锁店启动上述创新，真正地帮助顾客"完成"他们的"任务"，摒弃与"任务"无关的产品改良工作，那么它们必定胜券在握——它们并不是胜在抢走了其他快餐连锁店的奶昔业务，也不是胜在挤走了菜单上其他的匹配食品。这种增长更有可能是来自占领了客户不太满意的其他食品的份额。更重要的是，这种食品上的创新有可能开发出"零消费市场"。

"零消费市场"的竞争经常成为创新增长的最大来源，在这个市场中可能充斥了各种无法胜任工作要求的全能型产品。我们将在第四章详述此主题。

盛田昭夫：为产品寻找立足点

在新增长业务创立过程中，创业者寻找破坏性创新的立足之地（也就是能够作为新市场破坏策略的切入点的产品或服务）时，就要开始评估目标客户到底需要完成什么"任务"了。当管理者将破坏性创新产品直接定位在一个很多人需要完成但过去一直没有得到妥善解决的"任务"上时，他们就建立起一个起始平台，并为未来延续性创新的增长创建了一个初始化平台。[8]

管理者如何发现入场机遇呢？我们可能永远无法在一开始就向新市场推出功能齐全的破坏性创新产品，因此，如何选用策略就十分重要，我们将在第八章中概括这一点。但是我们相信，"客户要完成的任务"这一透镜能够帮助创新者成功推广客户真正需要的产品。只有仔细观察和询问消费者到底想为自己做些什么，才有可能猜对客户的心思，才更有可能推出客户满意的产品。[9]

索尼公司的创始人盛田昭夫最擅长观察消费者到底想做什么，并且善于把他的发现和企业的解决方案有机地结合起来，为消费者提供能够更好地帮助他们完成"任务"的产品或服务。1950—1982年，索尼公司成功创立了12种不同的新市场破坏性增长业务。其中包括1955年推出的最早使用电池的便携式收音机，1959年推出的第一台可移动的黑白电视机，还有盒式录像带播放机、便携式录像机，以及1979年研发的Walkman和1981年研发的3.5英寸软盘驱动器。索尼公司是如何为这些破坏性创新产品找到立足点，使其开花结果的呢？

当时，每种新产品的开发计划都由盛田昭夫本人及其信赖的5位合作伙伴组成的智囊团共同制订。他们观察和询问了人们想要完成什么"任务",然后为破坏性创新产品寻找立足点。他们孜孜不倦地研发迷你固态电子技术,希望能够帮助更多缺乏技术、不甚宽裕的消费者更简便、更节省地完成他们想要完成的工作,摆脱过去那些别扭的、不合适的工具。盛田昭夫和他的团队在寻找这些破坏性立足点上取得了有目共睹的成绩。

戏剧性的是,索尼公司的破坏性发展史诗在1981年上演了完结篇,之后18年间再未推出新的破坏性创新业务。索尼公司仍然富有创新精神,但是那些创新都属于延续性创新——致力于完善现有的产品。例如,索尼公司的PlayStation就是一个了不起的产品,但是它属于成熟市场中的新生代产品,其Vaio笔记本电脑亦是如此。

是什么使得索尼公司的创新策略急剧发生转变的呢?20世纪80年代早期,盛田昭夫卸下实职,离开公司运营岗位,逐渐热衷于政治。[10]索尼公司开始聘请拥有MBA(工商管理硕士)学位的管理者接手他的工作,寻找新的发展机会。新管理者带来的是复杂的、量化的、基于属性的市场细分技术和市场潜力评估方法。虽然这些理论能够揭示现有市场尚需挖掘的空白领域,为延续性创新产品找到新机遇,但是他们缺乏直观洞察力。在寻找破坏性新市场的过程中,他们必须仔细观察和询问消费者的需求以确定他们要达到什么目的。只有迅速建立相应的产品研发策略和快速回馈机制,才能尽快开发出满足消费者需求的产品或服务。

黑莓手机如何持续创新

拥有立足之地只是竞争的开始,创新产品只有不断被改进,直至取代现有产品，才会掀起振奋人心的增长浪潮。相对于一开始的创新过程来说，现阶段属于延续性创新，也就是不断改良产品，使之更贴合客户需求，以获得更大的利润。

在低端市场的破坏性创新竞争中，人们轻易能判断产品改良的方向——只需要向高端市场不断推进即可。例如，小型钢铁厂在钢筋市场站稳脚跟后，下一步的目标就显而易见——角钢、条钢、棒钢，也就是钢筋的上一级产品。对塔吉特百货来说，下一步的目标就是复制只能在现有的高价综合百货公司找到的商品系列、相关品牌和购物环境。由此可见，"低端市场破坏者"的市场推广任务就是从低成本业务模式向高利润产品市场提升。

新市场破坏性竞争则相反，该领域的挑战是要自行创造向上的通道，因为没有可效仿的先例。如何选择正确的改良方向至关重要，而基于客户需求的市场细分逻辑能够帮助"破坏者"达成目标。

黑莓手机是一家名为RIM（Research in Motion，移动研究）的加拿大公司研发的手持无线电邮件收发设备，它是该领域的强大竞争者。RIM为黑莓手机找到了破坏性立足点，也就是在"零消费市场"上竞争，为身处新环境的用户提供电子邮件收发功能，这些环境包括排队、乘车、开会等。那么RIM下一步该如何推进，以维持黑莓手机的创新步伐和增长轨迹呢？毫无疑问，每个月都有成打的新构想涌进RIM高管的办公室，这些构想都是关于下一代黑莓手机应该在哪些功能上做出改进的。RIM该选择投资于哪些创意，又该摒弃哪些空想呢？做出这些决策需要慎之又慎，因为它牵动着数亿美元的利润在快速成长的市场中的命运。

RIM的管理者认为，他们的市场结构是根据产品特性进行分类的。如果像某些口号宣传的"我们是在手持无线设备市场中竞争"的话,他们就会认为黑莓手机的竞争对手是奔迈公司(Palm)的 Palm Pilot、Handspring 的 Treo、索尼公司的 Clié 等产品;以及诺基亚、摩托罗拉、三星等公司生产的手机产品;抑或是基于微软 Pocket-PC 平台的设备,如康柏的 I-Paq、惠普的 Jordana 等。要想战胜这些竞争对手,RIM 必须以更快的速度开发出更好的产品。比如,索尼公司的 Clié 自带数码相机;诺基亚手机不仅能够实时通话和发送语音信息,还能发送短信;Palm Pilot 完美的日历功能、名片整理功能及便笺笔记功能几乎成为行业标准;康柏和惠普的移动设备还配备简版的 Word 和 Excel 软件。如果 RIM 不积极跟进,是否会被竞争对手甩在身后?

基于特性来做市场定位,势必会让管理者认为 RIM 必须在下一代黑莓手机中植入上述功能才有胜算。毫无疑问,RIM 的竞争者也会有同样的想法——为了率先冲过终点,拔得头筹,他们都可能在自己的产品中增添竞争对手产品中的高端功能。如表 3.1 所示,基于产品来细分市场,实际上可能使公司陷入疯狂的"军备竞赛",最后生产出来的必定是无法满足用户真实需求的全能型产品。

表 3.1 不同市场观察角度对手持设备产品功能取舍的影响

	产品角度	客户结构角度	"任务"完成角度
市场定位	手持无线设备市场	商旅销售人员	有效利用边角时段
竞争对手	Palm Pilot、Handspring Treo、索尼 Clié、惠普 Jordana、康柏 I-Paq、无线电话	笔记本电脑、无线网络连接、无线电话及有线电话	无线电话、《华尔街日报》、CNN 机场新闻网、听无聊的演说、无事可做

（续表）

	产品角度	客户结构角度	"任务"完成角度
值得考虑的功能	数码相机	无线网络连接、数据带宽	电子邮件
	Word	可下载的CRM数据/功能	语音邮件
	Excel	无线连接到网上旅行社	语音电话
	Outlook	在线股票交易	定时更新的新闻头条
	语音电话	电子书和电子技术手册	简单的单机游戏
	Organizer（个人助理软件）	电子邮件	娱乐前十位排行榜单
	手写识别	语音	一直在线

RIM的高管也可以选择基于客户结构来细分市场（如定位于商旅人士），为黑莓手机添加符合这类用户需求的改良功能。这样的定位会将RIM引向完全不同的创新思路。他们可能会重点考虑添加精简版的CRM（客户关系管理）软件，这有助于销售人员在联系客户之前快速掌握客户信息和订单状态。添加可下载的电子书和杂志，能减轻用户的公文包里书报材料的负担。无线网络连接能帮助用户修改住宿预订计划、买卖股票、通过全球卫星定位系统查找餐厅，这些功能都极具吸引力。费用支出管理报表软件（最好附带通过无线网络向总部发送费用支出报表的功能）则有可能是装机的必备利器。

每一位亲身参与过创新项目定位和投资决策的企业高管可能都会纠结于上面的答案，备受折磨。难怪很多人会认为，创新就是随机扔骰子，甚至有人认为创新就是俄罗斯轮盘赌。

但是，如果RIM按照用户完成"任务"的需要细分市场，情况又如何呢？就这一点，仅仅通过观察那些从口袋里摸出黑莓手机的人，我们就能大致得出结论：基本上他们都是用这个产品来提高边角时间的使用效率，以减少时间的浪费。你会看到黑莓手机用户在机场排队时查阅电子邮件。当某位高管将一部一直在线的黑莓手机放在会议桌上时，他想做什么呢？他只是想在会议变得拖沓、沉闷时浏览一下信息，以提高效率。当会议节奏加快时，他又可以再次将注意力移回会议。

那么黑莓手机的竞争对手到底是谁呢？人们在打发空档时间、提高效率时，如果手上握着的不是黑莓手机，又会是什么产品呢？多半是其他品牌的手机，也可能是《华尔街日报》。有的人忙着做笔记，有的人茫然地看CNN机场新闻，或者在会议室里呆坐着。从客户的角度来看，这些都是黑莓手机最直接的竞争对手。

那么这种市场定位对黑莓手机在无线电子邮件平台上的产品改良有什么启示呢？Word、Excel及CRM软件可能落选，因为用户很难在短短5分钟内完成启动软件、切换功能模块、开始工作、关闭软件这一操作过程。外接式的数码相机同样无法完成操作。

不过，无线电话技术对RIM来说易如反掌，因为收发语音信息也是打发零碎时间的一个不错的选择。发布财经头条新闻和股市行情的功能也有助于黑莓手机与《华尔街日报》一较高下。而简单的单机游戏或自动下载的娱乐资讯前10位排行榜也可占领无聊时光的阵地。以用户要完成的"任务"为标准看待市场，能让RIM做出更贴合用户实际生活的创新计划。RIM目前似乎正在走这条路，这对RIM的股东来说是个好消息。[11]

当然，想要完美达成"有效利用零碎时间"的目标，并不是小事一桩。添加语音电话功能将提高手机耗电量，但这也是延续性创新过程中必经的挑战。RIM 最大的难题不是缺乏技术人才，而是让技术人才解决哪些问题。[12]

奔迈公司又该采取何种策略呢？数码相机在黑莓手机的工作环境中并没有实用性，但 Palm Pilot 这类产品主要用于人事记录，那么配置数码相机功能也许就是有意义的。在名片功能基础上附带相机功能，用户就能保存联系人的图像资料，因此那些用户只记得面孔却忘记了姓名的联系人就再也难不倒 Palm Pilot 的用户了。[13]

在日本的移动电话市场中，移动电话厂商 J-Phone 和 NTT DoCoMo 的做法是为手机添加照相功能和图片浏览器，并且提供能够传送低分辨率数码照片的数据服务，这些策略在 21 世纪初很快取得了成功。为什么呢？许多年前，这些公司通过 DoCoMo 的 I-Mode 之类的服务推广了无线网络连接，成功缔造了一个繁荣的破坏性新市场。它们的客户群当年都是青少年，这些孩子会用手机访问互联网、下载壁纸和铃声、和朋友互动。功能简化的相机和图片浏览器功能非常适合青少年，能帮助他们完成他们想做的事情，通过互传照片，他们获得了更大的乐趣。

那么欧洲和北美的手机设备和服务提供商是否应该竞相效仿此举，在它们的产品里也加入这些功能呢？我们认为拍照手机在这些市场上的推广步伐可能会慢一些，因为欧洲和北美的大部分手机用户是成年人，他们在零碎时段会利用手机完成工作事务或交换重要信息。相机和图片浏览器对完成工作几乎没有帮助。如果这些企业向青少年推广这种机型和服务，让拍照和传输图片成

第三章 用户希望购买什么样的产品　　081

为青少年娱乐的新途径，这样的产品特色有可能创造延续性增长。但是如果他们按照过去的投资定式，将这类产品打造成高价格、多"任务"的适合成年人的机型，那么它在青少年市场的增长趋势肯定不乐观。

如果 RIM 将黑莓手机转变成专门用来帮用户利用碎片化时间、提高效率的工具，如果奔迈公司将 Palm Pilot 打造成帮助用户提高条理性和组织能力的工具，如果 J-Phone 的手机优化了青少年娱乐功能，那么这些产品的差异化在用户看来是很明显的——每种产品都能在自己擅长的领域抢占巨大的市场份额。由于用户在人生不同的阶段要完成不同的"任务"，所以他们在不同的年龄段会选择不同的产品，而不是从始至终拥有一个和瑞士军刀一样的多功能产品，除非这个全能型产品能够兼具各种功能，而不以牺牲功能性、简洁性和方便性为代价。

不幸的是，在这个行业中，有很多厂商都陷入了这种冲突，每家厂商都在努力把竞争对手的特色功能强加到自己的产品上，生产全能型设备。如果任由这种趋势发展下去，这个行业又会变成无差别的"大路货"竞争市场，这些全能型产品最终无法帮助人们完成任何"任务"。这种情况是可以被避免的。如果不按照"需要完成的任务"来细分市场，而是按照产品属性和客户属性细分市场，厂商必将走上一条自取灭亡的不归路。

影响市场策略的四大因素

已经有很多优秀的研究者用他们自己的语言表达方式提出了颇具说服力的论断：只有从"需要完成的任务"角度考虑问题，

才能准确分辨哪些产品或服务真正具有价值,以及其根本原因所在。[14]实际上,所有高管都梦想着拥有与众不同的产品以掌控市场,几乎所有厂商都宣称他们所做的工作就是了解客户需求,生产满足客户需求的产品。

既然怀揣这些梦想和信念,为什么还有那么多管理者轻率地冲向了另一个方向,将产品改良的基础建立在基于属性的市场细分方案上,最后生产出无差别的全能型产品呢?至少有4个原因,或者说在企业里有4种消极作用力,导致管理者将创新策略定位在了基于属性的市场细分上,脱离了客户的现实需求。前两个因素(惧怕专一和要求量化)贯穿企业的整个资源分配过程;第三个原因是很多零售渠道都是以产品属性为中心建立的;第四个原因则是广告经济影响了企业决策,使它们将产品定位在客户本身,而无视客户所处的环境。

惧怕专一

产品定位越清晰、越专一,就越能做好一项特定的工作,但它在其他工作中的表现就不是那么出色了,这就是厂商在提供针对"特定任务"的产品或服务时备受困扰的原因。令人沮丧之处在于,明确一件产品能够完成哪些工作,也就等于明确它不能完成哪些工作。专一是一把双刃剑,既能带来好处又能带来坏处,而坏处比好处更容易被量化。

RIM、奔迈、诺基亚、惠普等公司制订发展计划表时,看到的是一幅不确定的未来图景,这令人大伤脑筋。目前看来,每家企业都有其特殊的"任务定位":黑莓和诺基亚定位于有效打发时间;Palm Pilot定位于维系人际关系;惠普则定位于简装版的软件,完成基于电脑的"应用任务"。

如果这些企业按照产品类别进行市场定位,那么其最佳的增长机遇就是抢夺其他企业囊中的客户和应用程序。因此,RIM要探索人际关系管理软件,想挖奔迈的墙角;而奔迈则努力将Pilot打造成移动的电子邮件收发设备,给RIM当头一棒。[15]如果这些企业按照产品类别细分市场,那么其产品必定是全能型产品,否则它看上去就牺牲了增长潜力。

相反,如果RIM将增长理论建立在以情境条件为基础的分类方法上,也就是按照"需要完成的任务"来分类,那么它一定不会去复制其他手持设备的功能,因为它真正的竞争对手是报纸、移动电话、CNN机场新闻网及人们无所事事的状态。如果RIM致力于在"更好地完成用户任务"方面提升产品性能,和真正的竞争对手一较高下,那么它的增长潜力将是令人振奋的。这就相当于从产品市场之外的竞争对手手中抢占市场份额,也就是在"红海"之外又开辟一片"蓝海"。此外,这样的增长轨迹不但不会破坏RIM产品的独特性,还会使其变得更加与众不同,从中获得持续赢利的能力。

专一是一种挑战,除非你能意识到唯有专一才能让你放弃不属于自己的市场。如果你能够将全部注意力倾注在客户需求上,你会大大提高新产品研发的胜算。

高管喜欢量化市场机遇

高管在分配资源时常会研读市场调查报告,其目的是判断市场机遇的大小,而非了解客户的工作机制和市场的运行机制。

大部分企业都会通过IT(信息技术)系统搜集、统计和汇总各种数据，辅助管理层做决策。毫无疑问，这些报告都很有用，但是它也可能误导企业生产出不符合市场需求的产品。几乎所有企业的IT报告都是围绕三个要点建立的：产品、客户和组织单元。数据能显示销售了多少产品，每种产品的利润如何，哪些客户购买了这些产品，针对每个客户的服务成本和服务回报是多少。IT系统还能统计每个业务部门的成本和收益并生成报表，帮助管理者了解他所管辖的部门的业绩情况。

当管理者一致认为客户身处的环境同他们搜集的统计数据所描述的结论一样的时候，新产品研发成功的胜算就开始大打折扣了。如果只依靠现有数据细分市场，而无视客户的实际需求，那么他们就无法预测新产品能否帮助客户完成重要的工作。依靠数据细分市场会导致管理者把创新定位在有名无实的市场中。当创新者用产品来描述客户的实际生活时，就不可避免地陷入了增值特色、产品功能甚至是产品风格的比拼中，而这些参数对客户来说几乎毫无意义。[16] 如果按照消费人群细分市场，他们又会将客户生活中不同的"任务"相提并论，最后生产出一种全能型产品，但是大多数客户对这类产品都不甚满意。如果按照部门细分市场，又会限制创新者发挥创造力，阻碍他们生产出有助于客户"圆满完成任务"的产品。

不管你是否认同，虽然多数市场研究者对客户需求了如指掌，但是他们在资源分配过程中还是会用市场规模来表示市场机遇的本质。要求市场推广者理解"市场机遇"这个概念，并非问题的解决之道，因为不管是被称为"市场短视"还是被称为"应付工作"，这个概念在以前就被灌输过。[17] 这其实是一个流程问题。因为高管通常喜欢通过市场调研来量化市场机会的大小，而不是去了解客户的实际需求，导致资源分配的过程也相应程式化地服从企业的市场结构理念，这样才能符合现有的数据描述。

因此，企业 IT 系统和管理 IT 系统的首席信息官往往成为创新失败的罪魁祸首。从外部渠道购买的数据也是如此，因为它们也是建立在产品属性而非客户需求的基础上的。这些易于获取的数据实际上都是企业成长道路上的绊脚石。

因此，不要把过去的性能评估数据用于新产品的研发，请把这些数据封存起来，因为它们是脱离"实际任务"的错误信息。我们仍然可以量化基于客户需求和客户环境的市场规模和性质，但是这需要引入一套完全不同的研究流程和统计方法，而不是遵照现在流行的市场量化标准。[18]

渠道结构

市场上大多数零售渠道和分销渠道都是按照产品类别组建的，而不是按照"客户任务"组建的。[19]这样的渠道结构抑制了创新者的灵活性，妨碍他们开发出符合客户需求的产品，因为新产品必须被归入相应的产品类别，和同类产品摆在相同的货架上。

为更好地阐明这个问题，我们以一个电动工具制造商为例。这个制造商发现，在安装门板的过程中，工匠至少要使用 7 种不同的工具，而没有一种工具是专门针对"门板安装"这一任务的，因此他们浪费了不少时间去挑选工具和将工具归位。该制造商为此开发了一种具有全新概念的工具，专门定位于简化门板安装任务和提高门板安装质量。但是这个产品既不是刨子、凿子，也不是螺丝刀、钻头、水平仪或锤子。当该制造商向一家大型零售连锁店的工具采购员推荐这个产品时，采购员说："您看，我也是带着任务来的，我们店里实行数据化货架管理，我要购买的是钻头、砂纸和锯片。在相同价格条件下，能够提供最佳性能产品的供应商才能进驻本店。您的产品不符合我们的要求。"

这种现象迫使很多"新市场破坏者"去寻找新的分销渠道（我们将在本书第四章详述这一主题）。如果破坏性创新产品不能帮助现有的零售商和批发商按照他们原有的结构模式获得更多利益，他们通常会拒绝销售这种新产品。因此，成功的破坏性创新者通常会发现，他们的产品能够带动一批新的零售商、分销商或增值经销商向高阶市场挺进，破坏现有渠道。[20]

对那些希望推动创新业务快速增长的高管来说，这种慢慢发展合适渠道的做法实在是太荒唐了。现有的大型渠道不就是快速大量推广产品的保障吗？讽刺的是，事实并非如此。寻找或建立新渠道，其实意味着你放弃追求在现有渠道无法兑现的利润。

广告经济和品牌策略

市场营销部门高管倾向于靠产品属性或客户属性细分市场的第四个原因是为了促进与客户的交流。从表面上看，如果按照年龄、性别、生活方式或产品类别细分消费市场，似乎更容易设计出沟通策略，也更容易选出最节约成本的市场媒介来进行投资。同样，对市场推广者来说，按照地区、行业或业务规模细分市场，似乎也更容易。但是当沟通策略驱动细分方案时，目标客户的属性可能会扰乱产品研发进程，导致企业生产出一物多用却并不实用的产品。

再回头看看我们之前提过的奶昔的例子。假设按照客户结构细分的市场中来了一位40多岁的已婚男子，他带着两个伶牙俐齿的孩子，即将开启一段长时间的无聊驾驶，到中午时他们一定会饥肠辘辘。那么连锁店该如何与这名顾客交流呢？是该让他去自助服务机上打一杯浓稠的果粒奶昔用于打发路上的无聊时光，让另一只手有事可干，还是让他买小杯的淡奶昔来对付两个宝贝？如果对一个顾客分别解释哪些产品能满足他的哪些需求，耗费的成本就太高了，但是如果一次性同时推荐多种产品，又容易令顾客迷惑不解。那么，连锁店到底该怎么办呢？

显然，他们需要根据消费情境来开发产品，而不是根据消费者本身。连锁店需要研究消费情境，消费者本人反而无关紧要。连锁店可以尝试用一种品牌来匹配当时的消费情境，前提是品牌策略选用得当。如果顾客发现他们正好身处适用某一品牌的情境，他们会本能地考虑选用这一品牌的产品来完成他们的工作。

在一开始，品牌内涵不过是市场推广人员堆砌的无意义的辞藻。如果一个品牌的内涵被定位在了某项"任务"上，那么当客户在实际生活中遇到这个"任务"时，他就会想起这个品牌，然后去使用这种产品。对于那些能够出色完成"任务"的品牌，客户并不吝惜金钱。

高管有时会担心低端市场破坏性产品会危及他们已经建立起来的品牌。针对这一问题，他们可以通过在现有品牌下面创建副品牌来规避风险。我们称其为"针对性品牌"，因为它是针对一个情境（或者说是一种"任务"）出现的破坏性创新产品品牌。如果客户将破坏性创新产品用错了地方，那么他会非常失望，从而砸了整个企业的牌子。[21] 如果客户将破坏性创新产品用对了地方，那么客户会非常满意，从而强化了企业的品牌力量，即使破坏性创新产品的功能不如主流产品强大也没关系，因为客户是以他当时所处的情境和"任务"的完成情况来评估产品的质量的。

再来看看柯达公司开发一次性相机的经历,这是一个经典的新市场破坏性创新。因为使用了低成本的塑胶镜头,一次性相机的照相质量不如优质的 35mm 相机,开发一次性相机的提案因此遭到了柯达胶卷部门的强烈反对。公司最后将这个机遇交由一个完全独立的部门负责,由该部门开发具有针对性的一次性相机品牌——柯达 FunSaver。这个产品可用于帮助客户在忘记携带相机的时候拍下有趣的场景。FunSaver 的竞争市场是"零消费市场",相较于完全无法留住快乐瞬间来说,客户更乐于接受一次性相机的照相质量。为"破坏性创新任务"创造针对性品牌能使产品与众不同,它理清了产品用途,取悦了客户,从而强化了柯达的品牌。

万豪集团也有相同的经历,它为客户生活中的几个不同的"任务"单独开发了特定的品牌体系。这套体系促进了新破坏性创新业务的建立,与此同时也巩固了万豪的品牌。在万豪品牌的保证下,人们在召集大规模业务会议时会考虑到万豪酒店;当需要一个干净、安静的环境来完成"夜宿任务"时,人们会选择万豪旗下的万怡酒店(该酒店由商务旅行者为自己贴身打造);当人们需要便宜的家庭式旅店环境时,可以选择万豪旗下的费尔菲尔德假日酒店;如需长期入住居家套间,人们可以考虑万豪的公寓酒店。这一系列品牌丝毫无损万豪的品牌价值,因为这些品牌针对各自的"任务"都有出色的表现。

如果万豪的市场推广者反其道而行,将万怡酒店定位到低价市场,作为高价的万豪品牌酒店系列的补充,完成那些价廉质低的"任务",这种破坏性创新行为势必会使万豪品牌遭到重创。

但是如果一个定位清晰的有针对性的品牌能够引导客户利用不同的酒店完成不同的"任务",并且这些连锁酒店都能胜任相应的"目标任务",那么它们全部都会被看作高质量的酒店,从而强化了万豪的品牌价值。那些能帮助顾客将"待办任务"和适用产品轻松联系起来的品牌策略就是破坏性创新的成功助力。

客户不会轻易改变"任务"

一般来说,人们不愿意轻易做出改变。因此,在破坏性创新研究中,任何市场级别和应用领域的客户对产品改良功能的利用程度,在图表中对应的轨迹线都比较平缓。在这种稳定的基础上,想要让客户优先完成他过去并不关心的"任务",胜算极低。客户不会因为有一个新产品出来了就"改变任务"。新产品只有致力于更好地帮助客户完成现有"任务",才有可能获得成功。

现在我们来考量一项新产品的创意,该创意试图利用数码影像技术在传统胶卷影像市场中实现破坏性增长。在数码照相技术问世之前,我们大多数人是如何使用胶卷相机的呢?为了获得高品质的相片,我们会在同一个姿势上多拍几张,以防有人眨眼。当我们取下胶卷时,多数人会冲印两份照片。如果其中一张照片效果不错,我们还要再多冲印一些用来赠给亲朋好友。把照片带回家后,我们只是用手指弹弹这摞照片,就装进信封,放入抽屉或收纳盒中。大约98%的照片被看到的机会只有一次,只有少数几个有心人会把效果最好的照片放进影集。我们当中大多数人都希望能保存漂亮的影集,也打算这么去做,但事实上生活中总有其他更重要的事情让人分心。

一些数码影像公司因势而生，给用户提供了非常有趣的建议："只要您愿意花时间学习如何使用我们的软件，您就能删掉所有不太满意的照片"，或者是"您能在线分类和保存所有照片，让一切都整齐有序"。事实上，绝大部分数码相机用户根本不会做这两件事情。为什么呢？因为这两件事的优先级并不高。创新产品如果是致力于帮助用户做他本来没打算做的事情，那么就必须和优先级别更高的"任务"去竞争，这样一来，胜算实在太低。

数码相机用户使用数码相机完成的"任务"，其实就是他们以前用胶卷相机完成的"任务"。例如，我们用数码相机捕捉精彩瞬间，如果照片效果不佳，就删掉然后再试一次——就像过去在一个姿势上拍好几张照片一样。我们在网上发送照片时倒是更加便捷了，也不花费什么成本，不用冲洗双份照片。（有趣的是，你有没有发现，在看过电子邮件里附带的照片后，我们通常会选择"关闭"，然后将这张相片存放在硬盘中类似于"信封"的文件夹里。）生活中其他优先级较高的事件仍然牢牢占据着我们的空闲时间。

再来看看另一个例子，成千上万的企业花费大量资源、应用新生技术（特别是互联网和电子书）想改造大学教材出版行业。创新者尝试开发和销售能够下载和阅读电子书的阅读器。针对大量教材，都可以点击一个URL访问到有关这本书的一切网络信息资源，应有尽有。这样的投资能够产生巨额的增长回报吗？我们认为不会。虽然我们也愿意相信所有的大学生都是如饥似渴的求知者，然而在我们看来，很多大学生想要完成的"任务"是不用看教材就能通过学科考试。

这些企业花费了大量财力去帮助学生完成他们根本不愿意去

做的工作。其实，这些企业完全可以用同样的技术以更少的投资打造一个名为 Cram.com 的网站，专门帮助学生死记硬背，让他们更高效地应付考试。这条路似乎行得通，因为死记硬背是学生们已经在做的事情，不过一直没有太大成效。校园里不愿意看教科书的学生比比皆是，所以这是一个巨大的"零消费市场"。

登录 Cram.com 后，登录者可以在网站选择需要强化学习哪门功课，例如高等数学；然后在菜单里选择教授要求他们看的书；再点击选择他们感到困难的问题类型，就可以开始有针对性地练习了。

次年，Cram.com 又要提供一些新的进阶服务，有助于帮助学生更快更好地恶补功课，然后从最不用功的学生开始，一寸一寸地蚕食"稍微勤奋"的学生市场。数年后，你也许能听到两个学生在书店抱怨教科书的价格太贵："我哥哥去年就上的这门课。他是个优等生，但是他从来没有买过这些书。他只是在学期开始的时候上了 Cram.com 网站，结果就考得很好。"胜利！这就是一个帮助客户完成其"分内任务"的新市场破坏性创新的诞生过程。

第四章

我们的产品
适合哪些用户

哪类客户会成为企业未来业务增长最坚实的基础？你需要的是长期以来一直想使用你开发的产品，但是一直没能得到满足的客户。你的产品要能轻易取悦这些客户，使其产生依赖感。你的客户必须忠于你的产品，不受竞争对手的影响。你的客户应该是富有吸引力的，这样，在你所在价值网络中的每一环节才能被有效地调动起来以把握机遇。

寻找这样的客户并非难事，只要你按照"零消费市场"成功模式中的4个要素来打造你的创新计划，就能找到他们。

不管纸上谈兵时这类客户看起来有多么吸引人，在资源分配流程中面临的压力使得绝大多数企业在面对这种机遇时，恰恰都会选择完全相反的那类客户：这些企业常常会定位于已经建立了某种使用习惯的用户。想要摆脱这个困境，管理者需要将破坏性创新塑造为一种威胁，确保资源充足。在建立团队时，管理者则要将破坏性创新塑造成一个增长机遇。只要细心管理这些流程，聚焦于理想客户，就能为未来的业务增长打下坚实的客户基础。

本书第二章指出，虽然延续性创新对现有业务的增长非常重要，但是不可否认，破坏性创新策略为新增长业务提供了更多成功的筹码。本书第三章指出，管理者经常按照现有的数据细分市场，而不是从客户要完成的"任务"的角度看待市场。由于采用了不正确的细分方案，他们推向市场的产品并不是客户真正想要的，因为他们瞄准的目标和客户一点儿关系也没有。本章着重讨论两个与第三章有密切关联的问题：初期客户群中，哪些可转化为坚实的客户基础并推动新增长业务走向成功？企业如何得到他们？

从低端市场破坏性创新中赢得理想客户，是一个相对比较直接的途径。他们是目前主流产品的现有用户，但是对产品的进一步改良缺乏兴趣。他们可能愿意接受改良后的产品，但是不愿意为产品的改良买单。[1] 成功占领低端市场的关键就在于创造一种能在低端市场以低价格赚取高利润的业务模式。

想要找到破坏性创新模型中第三轴上的新市场客户（也叫"零消费者"）并不简单。如何辨别当前的"零消费者"能否被打动，进而选择你的产品？（如果只有少数人使用这个产品，那么一部分的"零销售"就能反映出那些"零消费者"根本没有相应的需求。）这就是"任务问题"在评估新市场破坏性创新可行性方面的重要性。一个产品如果定位于帮助"零消费者"完成他们并不急于完成的工作，那么这个产品是不太可能取得成功的。

例如，20世纪90年代，许多公司认为美国有大量家庭没有电脑，这是一个不可多得的业务增长机会。这些公司认为人们不购买电脑是因为其价格太高，于是决定开发一种能够访问互联网和进行简单电脑操作的设备，单台售价在200美元左右。包括甲骨文在内的许多实力强大的公司都曾尝试开发这一市场，但都折戟而返。我们的推测是：这些不买电脑的美国家庭根本就没有工作需要利用廉价的电脑完成。第三章就已经说明，类似的情境根本不是增长机遇。

然而，另外一种"零消费"情况则完全不同：人们想要完成某项工作，但是因为现有的产品价格太高或者操作太复杂，自己很难完成该项工作。因此，他们只能勉强用昂贵的或满意度较低的方式完成这项"任务"。这类"零消费市场"就是绝佳的增长机遇。新市场破坏性创新就是帮助大部分缺乏资金或技术的人购买或使用破坏性创新产品来完成他们要做的工作。从现在开始，我们将使用"零消费者"和"零消费市场"这两个术语指代这种情形。在这种情形下，人们需要完成某项"任务"，但是尚未找到满意的解决方案。在某些情况下，新市场破坏性创新者的竞争对手就是"零消费市场"。

本章将探讨三个新市场破坏性创新案例，然后综合分析历史经验，得出一个共同模式，说明典型的新市场破坏性创新是如何在客户、应用模式和推广渠道中确定立足点的。接下来我们将论述为什么鲜有公司会将"零消费者"作为增长基础，并提出解决方案。

新市场破坏性创新模式

不管处于哪个行业或是哪个历史时期，新市场破坏性创新都有一套明显的、雷同的发展模式。在这一部分，我们将综合分析三个破坏性创新案例，阐明这套模式：第一次破坏性创新发生于20世纪50年代；第二次破坏性创新始于20世纪80年代，一直延续至今；第三次破坏性创新于21世纪初萌芽。在对这些案例及其他案例的研究中，我们惊讶地发现新一代的"被破坏者"总在不断重复过去的错误。今天我们仍能看到大批企业犯着可以预见的同样的错误，让"破坏者"趁机坐收渔利。

晶体管对真空管市场的破坏

AT&T贝尔实验室的科学家们于1947年发明了晶体管技术。对之前的真空管来说，晶体管是破坏性创新产品。早期的晶体管还无法满足20世纪50年代的电子产品的需求，如台式收音机、立式电视机、早期的数字计算机、各种军用和商用通信设备。如图4.1的原始价值网络所示，RCA等真空管制造商纷纷从贝尔实验室购得晶体管，放在自己的实验室里进行技术开发。制造商们野心勃勃地投入了上亿美元，致力于开发能满足市场需求的固态电子技术。

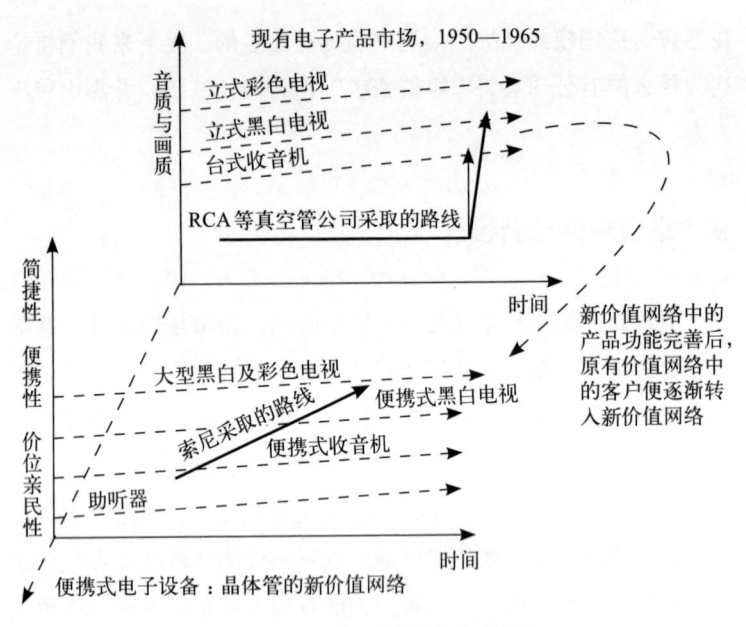

图 4.1　真空管和晶体管的价值网络

当真空管制造商还在狂热地针对现有市场进行研发时，一个新的价值网络（位于图 2.3 的第三轴上）中的第一个应用产品应运而生。它是一个锗晶体管助听器，这种助听器耗电量极低，被主流电器市场拒之门外的晶体管在该产品上找到了自身的应用价值。随后，1955 年，索尼公司开发出世界上第一台使用电池的便携式晶体管收音机，晶体管的价值（例如省电、耐用、小巧）虽然不被主流市场接受，却完美地应用于这类产品中。

和 RCA 公司生产的台式收音机相比，索尼公司的便携式收音机的声音比较小，还夹杂着静电干扰。但是索尼公司选择的是在"零消费市场"展开竞争，因此取得了巨大的成功。索尼公司并没有向台式收音机用户推广该产品,而是将目标定位于与钢筋的购买者相似的低端消费群体——青少年,这个群体中很少有人买得起真空管收音机。便携式的晶体管收音机带给他们前所未有的享受:远离父母,和朋友们一起听摇滚乐。他们欢呼雀跃,毫不在乎收听质量上的瑕疵,毕竟有总比没有好。

下一个登场的是索尼公司于1959年投产的12英寸黑白电视,索尼公司又一次把竞争策略定位在了"零消费市场",让居住空间狭小、放不下立式电视的人也能拥有自己的电视。这些人对索尼公司的产品和现有的大型电视机的质量差距毫不介意,因为如果没有索尼公司的电视,他们可能就没有电视看。

当这些基于晶体管的新破坏性市场形成后,传统的真空管电器市场并未感受到威胁,因为索尼公司并没有抢走它们的客户。此外,真空管产品制造商在实验室里努力研发固态电子技术,这种为未来奋斗的感觉让他们感到心安。

当固态电子技术的发展成熟到能够提供大型电视机和收音机所需的能源时,索尼公司及其零售商从原来的市场平台挖走了全部客户(如图4.1所示)。而基于真空管的公司,包括佼佼者RCA公司,都渐渐在市场上销声匿迹。

将目标客户定位在"零消费群体",这种做法仿佛赋予了索尼公司魔杖,这其中有两个方面的原因。第一,因为其客户的参考坐标是"没有电视机或收音机",所以简单、低端的产品就能取悦他们。这样一来,索尼公司面对的技术门槛就非常低。相应的研发成本也比真空管产品制造商低得多。当时真空管产品市场的准入门槛很高,客户对产品表现的要求也很高,因为当固态电子技术超越真空管技术时,客户只会接受固态电子设备。[2]

第二，索尼公司的销量飙升并未使竞争对手感受到威胁。这种无痛式冲击麻痹了真空管产品制造商，即使在索尼产品的性能提升到能够冲击真空管低端市场之后仍是如此。索尼公司逐步从原始价值网络中挖走客户时，真空管产品制造商甚至因为不必再应付低端客户而感到如释重负。他们迷失在向高端彩色电视市场突破的竞争中，因为复杂的大型家电在其价值网络中售价不菲，利润可观，即使不断受到冲击，真空管产品制造商的利润仍然在上涨，这使他们没有一丝危机感。

当危机渐渐显现出来时，真空管产品制造商便无法再靠新技术将客户拉回过去的业务模式，因为在该模式下，他们的分销和销售渠道毫无竞争力。他们保留或夺回客户的唯一途径就是重新进行定位，进入新的价值网络。这就意味着在开展其他方面重组的同时，他们必须转入一种完全不同的分销渠道。

真空管电器过去都是由电器商店代售，这些商店的进账大部分来自为代售产品更换烧坏的管件。电器商店销售固态电子电视和收音机的利润微薄，因为这类产品没有真空管，不会被烧坏。因此索尼公司和其他晶体管产品制造商必须在它们的价值网络中开辟新的销售渠道。这些渠道包括伍尔沃斯（Woolworth）之类的连锁店，以及科维特和凯马特之类的折扣店，属于"非厂方"渠道，因为它们不具备修理或更换真空管的服务能力，所以无法销售真空管电视机和收音机。当RCA公司和真空管制造大军最终转向生产固态电子产品，并向折扣店领域谋求分销渠道时，它们发现折扣店的产品货架位都已经被别人占领。

当然，付出沉重代价的原因并不是RCA公司没有大规模投资新技术，而是它力图挤进最大、最明显的市场。这个市场中确实有庞大的客户群,但是这些客户只愿意购买性能更高或价格更低的产品。

心脏支架手术:心脏手术领域的破坏性创新

心脏支架手术是一项方兴未艾的新市场破坏性创新技术。在20世纪80年代早期,只有高危或可能猝死的心脏病患者能接受介入手术。在这个市场上有大量的"零消费者",大部分被心脏病折磨的人只能默默忍受痛苦。心脏支架手术催生了新一代"供应商"——心脏专科医生,这些医生将一根导管插入患者被堵塞的动脉,植入膨胀的气囊,这就使得许多在过去得不到治疗的动脉硬化患者终于享受到现代医学的福利。然而这项技术效果并不理想,有一半病人在手术后一年内经受了动脉再度变窄或堵塞的折磨。但是由于该手术操作简单、价格低廉,越来越多的动脉半堵塞的病人开始尝试这项手术。医生也从中得到了利益,因为即使没有接受过外科手术培训,他们也能为病人实施手术从而获利,需要转送到心胸外科接受手术的病人也越来越少(心胸外科手术费用高昂)。心脏支架手术因此在心脏病治疗领域创造了一个巨大的新市场。

如果发明者试图将心脏支架手术作为延续性创新技术——一个优于普通心脏搭桥手术的选择——推向市场,可能也无法取得这样的成功。心脏支架手术一开始并不能解决严重的血管堵塞问题,想要把心脏支架手术提升到能够取代心脏搭桥手术的位置,成为心脏外科手术的主流,需要付出大量的时间和精力。

如果发明者把心脏支架手术作为低端市场破坏性创新来推广,即作为一种用于治疗轻症患者的低价心胸外科手术,又会怎样呢？答案是，没有患者和医生会觉得心脏搭桥手术属于"过度服务"。

这些成功的破坏性创新者选择了第三条路：让病情不那么严重的病人获得"聊胜于无"的治疗，也让心内科医生能够从现有的轻症患者身上赢利，否则他们就只能眼睁睁看着病人由轻症转成重症后去向收费昂贵的专家求治。在这种情况下，一个新市场便蓬勃发展起来了。

这种破坏性创新带来的增长空间如图 4.2 所示。有趣的是，在很长一段时间里，心脏搭桥手术仍在发展，似乎心脏支架手术的快速发展和新价值网络的快速形成对它完全没有影响，原因就在于心内科医生在轻症病人和过去未被诊断的病人当中开发出了新市场。因此，心外科医生完全没有感受到威胁，事实上，他们甚至感觉良好——就像大型综合性钢铁企业和真空管产品制造商一样。[3]

当心内科医生和他们的设备提供商不断寻求更好的产品和服务以求获得更大利润时，他们发现可以采用内置支架撑开难以扩张的动脉（支架的应用使 1995 年的心脏支架手术的实施次数"破位上扬"，首次超过心胸外科手术次数）。那些需要做心脏搭桥手术的病人纷纷转投新价值网络，而心内科医生无须接受外科训练就能完成这类手术。这样的"破坏潜伏期"长达 20 年，而心外科医生唯一感受到的威胁就是开胸手术实施率开始下降。在最复杂的治疗领域，开胸手术还是会长时间占据主导地位，但是这一市场势必会收缩。现在看来，心脏支架手术的"破坏效果"已经显现，外科医生渐渐失去了用武之地。

（千）1 400

实施次数

1 200
1 000
800
600
400
200
0

1985 1986 1987 1988 1989 1990 1991 1992 1993 1994 1995 1996 1997 1998 1999（年）

心脏支架手术

心脏搭桥手术

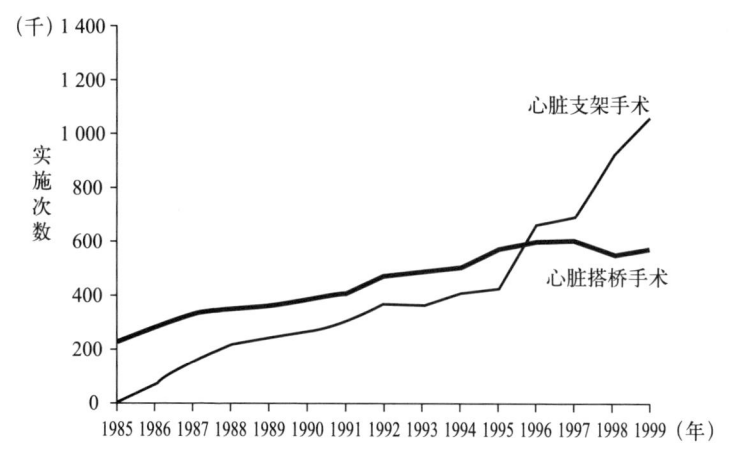

注：图中只包含住院病人数据（心脏支架手术的实施数量被低估）。
数据来源：美国国家心脏协会中心。

图 4.2　心脏支架手术和心脏搭桥术的实施次数

就像便携式收音机和可移动电视一样，心胸手术的"渠道"（也就是介入手术的实施场地）也被"破坏"了。由于存在医疗风险，心脏搭桥手术必须在医院进行。但是随着技术的进一步发展，心内科医生的诊断能力和并发症干预能力的提高，越来越多的心脏支架手术可以在心内科诊所实施，而诊所低廉的费用足以"破坏"昂贵的综合医院的市场。

太阳能 vs. 传统电能

太阳能是第三个例子。尽管人们投入了大量资金研发这项技术，但还是无法使其通过商业化来赢利。即使它被放在发达国家的传统电力能源市场上参与竞争，也不尽如人意。世界上大约有 2/3 的人使用发电站提供的电能，在经济发达地区有持续的电力供应，且价格低廉。对太阳能来说，这个对手太强大了。

然而，如果开发者把目标锁定在"零消费市场"，情形就不一样了。在南亚和非洲有20亿人无法获得传统电力供应，太阳能的前景在这片市场中与前者的完全不同。对该地区的人来说，标准的对比参数是没有太阳能就没有能源可用，所以如果这些用户能在白天储存足够的太阳能用于晚上的照明的话，他们就可以完成更多的工作。太阳能价格低廉，安装时也不需要烦琐的手续，更不必向政府申请审批，而在当地建传统发电厂，可能会遇到诸多麻烦。

有人也许会反驳说太阳能板的制造成本太高，想销售到贫困地区，利润微薄。的确如此，但是当前光电技术中的很多技术模型都属于延续性创新，都是为了使产品性能提高得更快，去占领欧洲和北美的高端市场。如果进入用户从未使用过太阳能的新市场，厂家可以降低对产品性能的要求，采用其他解决方案，例如用成卷的塑料基底取代硅胶基底。

在清洁能源领域，没有政府资助的太阳能研究项目在成熟市场取得成功的先例，大多数的成功创新来自那些定位于"零消费市场"并抢占破坏性创新立足点的企业，这些企业都是从小做起，有了更好的产品之后才慢慢向高阶市场推进。

在"零消费市场"抓住增长机遇：综合分析

我们试图从以上案例中提取一些基本要素，打造出一个新市场破坏性创新的标准模式，使管理者能够套用这一模式，为破坏性创新寻找理想的客户和市场类型；管理者也可以此打造萌芽阶段的创意，使之成为符合历史模式、行之有效的业务计划。以下就是我们提炼出来的几项基本要素：

1. 目标客户想要完成某项工作，但是缺乏资金或技术，在现有市场上又找不到简单、低成本的解决方案。
2. 客户会把破坏性创新产品和"没有产品可用"的情况做对比。因此他们很容易被取悦，即使破坏性创新产品不如高价产品优质，他们也会购买它。这些新市场客户对性能的要求很低。
3. 破坏性创新技术可能比较复杂，但是破坏性创新者可以把复杂的技术引入简单易用的破坏性创新产品上，就是这种简便性让用户不需要花太多钱，也不需要接受任何培训就能轻松使用新产品，从而创造新的增长。
4. 破坏性创新打造了一个全新的价值网络。新的用户多数是在新渠道购买新产品，在新地点使用新产品的。

图 2.4 中提及的新市场破坏性创新者的经历验证了这一模式。从百得到英特尔，从微软到彭博，从甲骨文到思科，从丰田到西南航空，从直觉公司的 QuickBooks 到 Salesforce，新市场破坏性创新都遵循了这一模式。这种做法使它们成为增长的驱动引擎，不仅提升了股东价值，而且推动了世界经济的发展。

按照这种模式开展的破坏性创新往往都能成功，因为当一切发生时，先入者认为后来者对它们目前的良好状况没有任何影响。[4] 在一段时间内，新价值网络中的增长并不会撼动主流市场的根基，事实上，先入者有时候还会因为破坏性创新而出现一段时间的业绩增长，先入者还会因为察觉到威胁并做出回应而沾沾自喜。但是其应对方法出了差错，先入者投入大笔资金进行技术开发，完全无视现有技术水平本来就可以满足现有价值网络中的客户需求。结果，先入者让破坏性创新技术在延续性创新技术基础上参与竞争，最终导致失败。

这是一个令人吃惊的事实，这种模式会以梦想成真的方式冲击绝大部分管理者。想想吧，客户容易被取悦，竞争对手忽视你，你的渠道伙伴已经全副武装，准备和你合作并实现双赢，还有什么比这更值得期待呢？我们接下来会探讨这样的美梦为什么常常变成噩梦，以及我们该如何应对。

困难重重的"零消费市场"竞争

将在"零消费市场"竞争作为创造新市场的途径，这种意图很明显。尽管如此，先入者仍然重复做着相反的事情，选择在成熟的消费市场展开竞争，试图让破坏性创新产品冲击（其实本质上是取代）现有的成熟产品，想在大规模的成熟市场上与装备精良的竞争者一较高下。这样做需要投入巨额资金，而且失败率居高不下。先入者总是如此，而不是按照我们先前提到的成功模式塑造破坏性创新构想，为什么呢？

哈佛商学院的克拉克·吉尔伯特（Clark Gilbert）教授编写了一系列见解深刻的作品，帮助我们了解是什么样的基础机制导致先入者不约而同地将破坏性创新技术硬塞进主流市场。基于对这种机制的了解，吉尔伯特教授也为大企业的管理者提出了指导意见，告诉他们如何避免这个陷阱，如何通过破坏性创新实现增长。[5]

风险与机遇

吉尔伯特从认知结构和社会心理学领域汲取了一些观点来研究破坏性创新，例如诺贝尔奖获得者丹尼尔·卡尼曼（Daniel Kahneman）和阿莫斯·特沃斯基（Amos Tversky）作品中的一些观点。[6] 卡尼曼和特沃斯基研究了个人和组织对风险的感知能力，并且提出，对个人或组织来说，如果把一种现象看作威胁，那么这个人或这个组织会对其产生强烈的反应，该反应的强烈程度远超"把这一现象看成机遇"的反应程度。[7]

此外，其他研究者也发现，当人们遭遇直接威胁时，人们会产生"威胁—僵化"反应。这时，出于本能，人们不再妥协，而是以"指令—控制"为导向全力反击，以求生存。

当大企业遭遇新市场破坏性创新时，它恰恰选择的是前面提到的路线。如果破坏性创新出现在大企业业务蓬勃发展之时，大企业不会对其引起警惕：对它们来说，在现有业务健康发展的情况下，投资新增长业务没有任何意义。也有一些目光敏锐的管理者和技术专家确实看到了破坏性竞争的到来，将其视为一种威胁，也清楚这种技术的成功可能危及自己企业的业务。这种对威胁的感知能力会迫使大企业抽出资源应付新技术的发展，但更多的是出于本能将破坏性创新定义为威胁，把焦点放在如何保护自身的客户基础和现有业务上。当企业不得不转型时，它们也希望新的技术能够帮助自己保住当前的客户，因此，整个组织就会谋求一种错误的策略，不但错失了增长机会，还使整个企业陷入最终的毁灭——被那些在"零消费市场"站稳脚跟的"破坏者"一举歼灭。这恰恰意味着，大企业必须在合适的时间将自身重新定位在困境的另一边。

如何做到既备受关注又灵活机动

值得庆幸的是，吉尔伯特的著作不仅描述了创新者的窘境，而且为其指明了出路。这是一个双重解决方案：首先，在资源分配流程中将创新定义为威胁，从而获得高层最大程度的关注；其次，将项目实施责任转移到独立的部门，将其转化为机遇。

吉尔伯特还对大都市的报刊做了研究，以了解它们在面对日益壮大的网络媒体威胁或机遇时做何反应。其书中指出，在威胁初现阶段，主流企业总是试图在预算控制和既有策略范围内解决破坏性危机——这些企业不得不这样做。在报刊行业，这就推动了报刊的网络化。对广告商和读者来说，在网络报刊上做广告和阅读与在纸质报刊上做广告和阅读相比，效果是一样的。报刊发行者的做法和真空管产品制造商及太阳能公司的完全一致：努力提高破坏性创新技术，促使现有客户使用破坏性创新技术，取代传统技术。

这种市场定位乍一看相当愚蠢——完全就是在自相残杀。但是从受威胁的角度看，这样做不无道理。因为当前客户是企业的新鲜血液，企业必须不惜一切成本保住客户："一旦技术的进步使他人有可乘之机，偷走我们的客户，我们就要用新技术来打一场保卫战。"

和先入者遭遇的困境相反，威胁对后来者来说并不是坏事——破坏就是机遇。这种认知上的不对称很好地解释了为什么大企业总是将破坏性创新技术应用于主流市场，而后来者总是追求新市场机遇。了解这种不对称后，解决方案就浮出水面了：高管下定决心投资以应对破坏性创新后,就应该把实施责任移交到一个完全独立的部门,由这个部门来把威胁变为机遇。

这就是吉尔伯特对报刊行业进行研究之后提出的观点。早期依据威胁应对方案调配了资金和资源之后,吉尔伯特注意到很多报刊出版商把网络媒体部门设置成自主运营、独立核算的事业部。这种做法使得新业务部门的所有员工拥有统一的目标,认定自己遇到了一个充满增长潜力的好机会。一旦产生这种认知,他们就会备受鼓舞,全力制作和推广网络报刊。他们会采取不同的服务方式,找寻不同的供应商,就连他们的广告商也和主流的纸质报刊广告商完全不同。与之相反的是,那些继续在主流市场利用新技术打保卫战的报刊出版商仍在自相残杀、自掘坟墓。

如图 4.3 所示,我们总结了吉尔伯特的建议。在资源分配流程中,最好把"破坏"塑造成威胁,争取获得足够的资源。一旦投资确定,就必须将其视为创造新增长的机遇,否则就会陷入弹性不足或缺乏关注的险境。

初期决定投资破坏性增长业务并不表示资源分配流程或"威胁还是机遇"的塑造过程就此结束。接下来的几年,在每年的年度预算中,破坏性机遇还是不足以争取到尽可能多的资源。很多企业家每年都要应付这种挑战,要为追逐新增长的冒险之旅估值。他们的做法往往是承诺一个无比美好的未来,借此换取现在所需的资源。这无异于自寻死路,原因有两点:第一,现有市场就是最大规模的市场,要想让投资人信服地交出资源,企业就不得不将破坏性创新策略畸变成延续性技术,硬塞进现有市场;第二,如果目标达不到,高管就会断言潜在市场规模太小,从而削减资源供给。

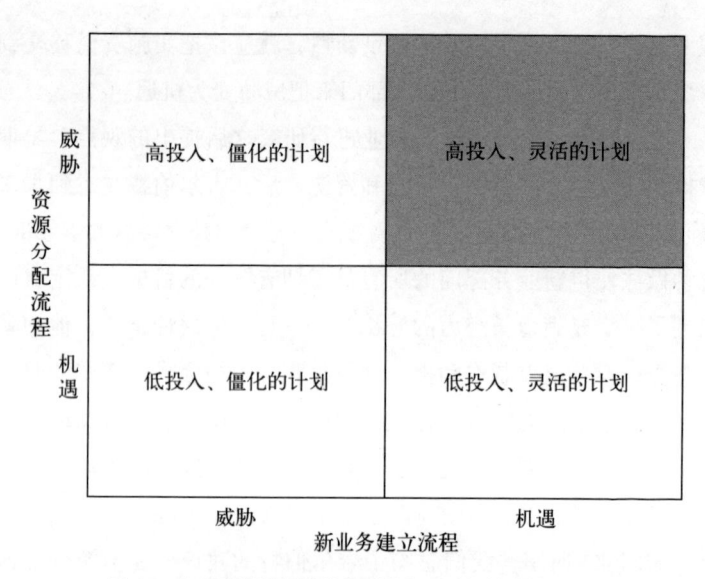

		威胁	机遇
资源分配流程	威胁	高投入、僵化的计划	高投入、灵活的计划
	机遇	低投入、僵化的计划	低投入、灵活的计划

新业务建立流程

图 4.3 如何获取资源并将资源投入到破坏性增长机遇上

资料来源：Clark Gilbert, "Can Competing Frames Coexist? The Paradox of Threatened Response", Working paper 02-056, Harvard Business School, Boston, 2002.

理性的高管在管理资源分配过程中更倾向于投资回报率高的项目，如何应付对种情况呢？答案是，不要改变这个筛选过程，这对延续性增长至关重要。在这个流程中做决策应该循规蹈矩，因为企业面临的市场投资环境十分明朗。

但是那些想要通过新市场破坏性创新实现增长的企业需要另外一个平行的流程为潜在的破坏性创新机遇开辟道路。进入这个平行流程的创意都是未经打造的初始理念，管理者需要按照前面提到的典型模式中的每个要素打造这个创意，使其成为破坏性创新业务计划。主管资源分配的高管应该以典型模式而不是数字规则为标准衡量新计划，做出预算决定。在变化多端的新破坏性市场环境中，符合典型模式的业务计划比单纯的数据量化方案更具潜力。在进行破坏性创新的初始阶段，符合典型模式的业务计划成功的胜算更大。[8]当然，最终的胜利还依赖于接下来的行动和决策，我们将在下文中详述这一点。

用破坏性渠道做产品推广

在本章的结尾，我们将探讨新市场破坏性创新成功模式中的第四大要素：以破坏性渠道进行市场推广。"渠道"这个术语在商业领域指的是配送和销售产品的分销商或零售商。然而在此，我们为这个词语赋予了更宽泛的含义：一家企业的渠道不仅包括批发商和零售商，也包括"一切"能帮助企业把产品送到客户的手上并从中创造价值的实体。例如，IBM、康柏等计算机制造商就是英特尔微处理器和微软操作系统触及客户的渠道；医疗护理产品就是通过内科医生这个渠道被推广到患者的手中。企业的销售团队也是产品推广的必经渠道。

我们给予"渠道"更宽泛的定义，是因为在将产品送到终端客户手上的这条渠道中，我们要确保各个环节都能获取利益并产生动力。如果一件产品不能保证渠道中的实体企业更顺利地完成任务，也就是沿着它们自己的延续性发展轨迹向高端市场转移，打造利润率更高的业务，那么它就难以取得成功。如果你的产品能为这些企业提供足够的"燃料"，助其赢得更多利润，它们也会投入全部精力推动你的产品在新的冒险历程中获得成功。

破坏性创新不会让别人对你所做的事情产生兴趣，这也正是你希望竞争对手所采取的态度——你希望他们忽略你。但是如果破坏性创新产品不能引起你的客户（也包括整个下游渠道）的兴趣，那就是一场灾难了。你的渠道团队同样也是你的客户，他们也有"需要完成的任务"，那就是增长、赢利。

零售商和分销商也需要通过破坏性创新实现增长

零售商和分销商面对的经济竞争环境和前文提到的小型钢铁厂相似，它们必须向上突破，否则就要身陷和实力相当的对手苦战的境地，获利将微乎其微。"向高端市场转移"对渠道来说是强劲的、持久的破坏性力量，这种力量对成功来说至关重要。

如果零售商或分销商能将其业务模式带入利润更丰厚的高端市场，先入者的毛利润就会直接跌到谷底。因此，创新管理者应该选择那些视新产品为助推动力的渠道商，帮助他们向高端渠道挺进。当破坏性创新产品帮助渠道商击溃了他们的竞争对手，渠道商就能成为构建破坏性业务的可靠力量。

本田依靠小巧廉价的 Super Cub 摩托车破坏北美摩托车市场时，根本无法说动销售哈雷摩托车的经销商代销其产品，这不但不是坏事，反而是件好事，因为销售人员推销哈雷摩托车后提取的佣金比本田的高。本田的摩托车业务是从电力设备和体育用品零售商那里发展起来的，因为本田让这些零售商有机会销售利润更高的摩托车，向高端市场迈进。在我们研究的每个成功的破坏性创新案例中，产品和渠道都具备类似的双赢关系。

索尼公司能成为优秀的"破坏者"，很大原因也在于此。凯马特等折扣零售商没有足够的售后力量去维修真空管产品，于是选择和索尼公司的破坏性创新产品相依托，共同发展。固体电子收音机和电视为折扣零售商点燃了破坏性电器商城的引擎。索尼公司选择了具备向上发展的潜力的渠道商作为合作伙伴，最终也让自己的产品搭上了向高端市场突破的快车。

破坏性创新企业为渠道提供的"燃料"总有一天会耗尽，因此你想让自己的产品在渠道中稳定赢利，必将不断面临挑战。索尼公司也遇到过这个问题，折扣商把电器商城逐出电子消费品市场后，就开始与成本相当的竞争对手厮杀，其产品利润更是降到谷底，消费型电子产品也就不再是折扣商进军高端市场的助推剂。因此，它们放弃了电子产品，使之流向了成本更低的零售商（如电路城和百思买）手中。折扣店则开始向服装类的高端市场转移。

增值分销商或代理商的驱动机制也和零售商相同。例如，英特尔公司和SAP公司于1997年创建了一个名为Pandesic的合资公司，专门向中型企业销售SAP公司的ERP软件中一些较为简单和廉价的版本——属于新市场破坏性创新。[9]SAP的产品在过去是定位于大型企业的，光软件本身的售价就高达几百万美元，安装运营费用更是高达1 000万~2亿美元。SAP公司产品的销售和安装运营主要由它的渠道合作伙伴来实施，例如埃森哲（Accenture），该公司是专业的软件安装顾问，它乘着ERP软件的浪潮，以惊人的速度成长起来。

Pandesic公司的管理者决定将低价格、易操作的ERP软件包交由同样的渠道伙伴去推广。但是，IT安装顾问现在面临的选择是，将时间花费在向国际化大公司销售大额SAP安装项目上，还是把精力用在向小公司销售低价的Pandesic软件上。你认为他们会怎么做？显然，他们会选择SAP项目，这样的项目能让他们在现有的规模和成本结构下赚取更多的利润。Pandesic公司的破坏性创新产品完全没有能量带动这些渠道，于是这个合资公司计划失败了。

同样的事情甚至会发生在公司内部的销售团队当中（如果他们是佣金制团队的话）。销售人员每天都要决定给哪些客户打电话，放弃联系哪些客户。当他们和客户在一起时，他们必须决定要推荐和销售哪些产品，忽略哪些产品。即使他们是你的雇员也一样：销售人员只会把他们认为利润高的商品放在首位。销售主流延续性创新产品的销售人员很难成功推广破坏性创新产品，因为这会让他们分心，顾不上销售最有利润的产品。破坏性创新产品需要破坏性渠道。

客户也是渠道

对材料和组件厂商来说，终端产品厂商就是它们的重要渠道。同理，服务提供商也是它们所使用的产品销往终端用户的渠道。例如，康柏和戴尔之类的计算机制造商就是英特尔微处理器销往终端市场的重要渠道。英特尔微处理器性能的提升也为计算机制造商提供了助力，让它们有机会向高端市场挺进，和成本更高的计算机制造商（如太阳微系统公司）展开竞争，赚取更多利润。

相同的情况也发生在服务行业。性能较低的产品在低端市场站稳脚跟后，便开始了破坏性技术突破，于是技术含量较低的服务提供商也可以依托这类产品向高端市场进发，破坏那些训练有素、成本高昂的服务提供商。就像英特尔和戴尔的关系一样，潜在的破坏性服务提供商就是能提供破坏性技术的生产厂商的渠道。

让我们再来看看在医疗护理行业开辟破坏性渠道的重要性。如今，在这个行业，很多医生都像小型钢铁厂一样陷入了激烈的竞争。他们打价格战，努力工作以提高收入。一家大型医疗设备公司开始推广一系列破坏性创新产品，帮助小诊所的医护人员打开破坏性局面——与费用高昂的诊所争夺市场。

其中一例为对结肠病症的诊断和治疗。今天，如果一位病人疑似患有结肠病变或结肠肿瘤，收费高昂的诊所或者大医院里的医生就会为他进行结肠镜检查。检查的方式是将一根柔软的窥镜伸进一段结肠里，这需要很高的技术。如果结肠镜检查发现问题，病人就需要花更多的钱去更专业（更昂贵）的医院找外科医生实施手术。这家公司则引进了一种新的技术，能够让小诊所的医生更容易地诊断这种病症，并直接在小诊所内实施手术，从而把过去只能在高成本渠道运作的增值手术放入成本更低的小诊所渠道。

该公司也可以把这种设备作为一项延续性技术，推销给已经掌握复杂的传统窥镜技巧的专业医生。而我们也不难想象这些医生会对销售人员说什么："我要这个干什么？这能让我看得更清楚吗？这个设备便宜吗？这东西不会坏吗？"这就是典型的针对延续性技术的提问。

而当公司将其作为破坏性技术推广给小诊所的医护人员时，他们多半会问："这需要培训吗？培训收费吗？"这就是典型的针对破坏性技术的提问。

第五章

选择正确的
生产架构

在决策过程中，企业要想建立和维持一个新增长业务，没有比本章中所述的这些理论更合适的参考坐标了。这些理论相当健全，并且都基于情境而建立。当产品的功能和可靠性都不是太好，没有满足客户需求时，那些拥有专利性架构的生产商往往能够垂直整合价值链上所有的性能接口，从而具备更大的竞争优势。当产品已经具备充分的功能和可靠性之后，竞争的重点就放在了产品的推出速度和需求的相应程度上，这时，一大批分包式的专业企业应运而生，用模块化的产品结构和行业标准抢占市场。

在新市场破坏性浪潮的初始阶段，由于产品"不够完善"，那些拥有专利的整合型企业往往会取得最好成绩。经过多年的锻造，产品的性能得到提升，那些破坏市场的先锋往往容易被成长速度更快、策略实施更灵活的分包式企业超越，因为这些企业的专精模式使其大大节约了管理成本。

对一个要应对多级市场客户的企业来说，管理变革是一项颇具技巧性的工作，符合高端市场高需求客户的运营策略和业务模式，不见得能够满足低端市场的客户。要想同时抓住两头的业务，就需要设置多元化的业务部门，我们将在后面两章中详细叙述这一问题。

哪些工作可在内部完成，哪些工作要外包给供应商和合作伙伴？这些决策对新兴企业的成功与否至关重要。然而比较常用的决策依据是核心竞争力理念。如果某个产品属于企业的核心竞争力范畴，就应该在内部解决；如果是非核心产品，其他企业能做得更好，那么就让别的企业帮你完成这项任务。[1]

真是这样吗？其实，在某些时候，采用核心竞争力和非核心竞争力来分类会带来这样的问题：有些在当前看起来不是核心产品的东西，在未来有可能成为绝对关键的核心资产，反之亦然。

以 IBM 为例，早在 20 世纪 80 年代初，IBM 就把微处理器交给了英特尔生产，操作系统则使用微软的产品。IBM 这么做的目的是专注做自己最擅长的事——设计、装配和推广计算机系统。从历史经验来看，它的选择相当明智。IBM 的组件供应商曾经有一段悲惨的、无利可图的日子，那时的商业媒体却交口称赞 IBM 将 PC 组件生产任务外包出去是一个明智的决定。这种做法大大缩减了研发成本和研发时间。IBM 将这些业务看作非核心业务，而在它将这些业务外包出去的过程中，它所放弃的东西却成了两家接包公司的核心增长力量，成为行业内最成功的赚钱机器。

IBM又怎能预知，这样一个看上去十分合理的决定最后却使其付出惨重的代价呢？从更广义的角度来说，企业高管在启动新增长业务时——就像IBM在20世纪80年代早期创立计算机事业部时——又如何知道哪些业务才是未来竞争力所在，必须在公司内部完成呢？[2]

过去的经验可能会误导未来的方向，因此只有正确的理论才能指引未来方向。在这种情况下，我们需要建立基于情境的理论，通过这个理论看清因果机制，由此才能确定哪些业务可能成为核心业务，哪些业务只能被边缘化。本书第五章和第六章将主要描述这种因果机制，并说明管理者该如何应用该理论赢得成功。

内部开发还是外包

IBM和其他公司已经展示，也可以说是已经证明，核心/非核心业务的分类有可能导致严重的甚至致命的失误。管理者不应该只看到公司目前最擅长从事的业务，他们应该问的是："我们当前应该掌握哪些业务？我们在未来应该掌握哪些业务？怎样才能一直沿着备受客户关注的轨迹线上升？"

答案就在"要完成的任务"里：客户的购买行为取决于你的产品能否帮他们解决重大问题。但是一个"解决方案"的构成分为两种不同的情境（如图5.1所示）：当前市面上的产品是"不够好"，还是"过于好"。我们发现，对于市面上"不够好"的产品，内部开发更有优势，而外包（或者说是专业、独立的生产方式）则适用于那些"过于好"的产品。

为了更好地解释该图，我们首先需要探讨两个工程概念——交互式和模块化，以及它们对于产品设计的重要性。然后，再回到图 5.1 中具体阐述这些概念在破坏性图表中起到的作用。

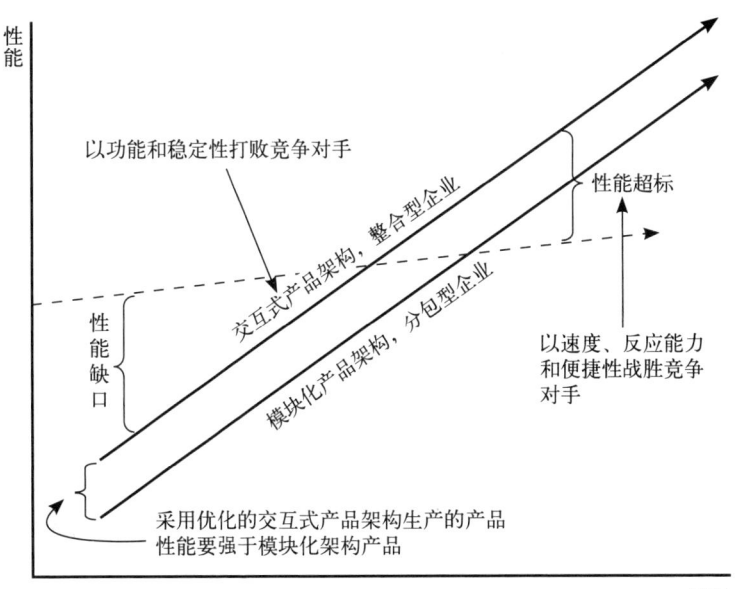

图中文字：
- 性能
- 以功能和稳定性打败竞争对手
- 性能超标
- 交互式产品架构，整合型企业
- 模块化产品架构，分包型企业
- 性能缺口
- 以速度、反应能力和便捷性战胜竞争对手
- 采用优化的交互式产品架构生产的产品性能要强于模块化架构产品
- 时间

图 5.1 产品架构与集成

产品架构：交互式和模块化

产品架构决定了它的组件和子系统的构成和互动方式：不同的组件和子系统互相适配，共同工作，从而实现既定功能。两种组件相互适配的位置被称为"接口"，接口既存在于一件产品的内部，又存在于两个不同的增值环节之间。例如，设计和生产环

节之间存在接口，生产和分销环节中也存在接口。

如果产品中的某一部分无法独立于其他部分（某一环节的设计和制造方法要依赖于其他环节的设计和制造方法），那么这个产品的架构就必须依赖接口实现联系。如果产品内部存在交互接口，那么当企业打算升级其中某一组件时，就必须同时升级相关组件。

交互式产品架构往往能优化产品的功能和可靠性。当然，这些架构都受知识产权保护，因为每家企业都会开发自己的交互式设计模式，从不同的角度优化产品性能。关于本章提及的"交互式架构"这一术语，读者也可以将其理解为"优化的、有自主知识产权的产品架构"。

与此相反，模块化接口相对比较简洁，这类组件或价值链上不存在不确定的相互依赖关系。模块化组件彼此适配，共同运作，高度结合。模块化产品架构中所有元件的规格和功能都是完全适配的，所以无论由谁来制作这些组件或子系统，都不会有什么区别，因为它们采用的技术规范是一致的。模块化组件可以由不同企业的独立团队远程制作。

模块化产品架构需要在灵活性方面进行优化，因为它们对技术规范有严格的要求。在设计方面，这种模式限制了工程师在产品设计中的自由性。因此，模块化产品的灵活性往往建立在牺牲产品的某些性能的基础之上。[3]

纯模块化和纯交互式产品架构组成了一个光谱的两端：所有产品最后都会落在这个光谱的某一处。如果产品架构能够匹配上当时的竞争环境，那么这家企业很可能取得成功。

性能缺失：大企业占据竞争优势

如图 5.1 所示，当产品出现性能缺口时，也就是当产品的功能和可靠性满足不了某个市场的用户需求时，企业必须推出最好的产品参与竞争。在这个过程中，有专利性和交互式产品架构的企业往往占据竞争优势，因为模块化产品架构的内定标准削弱了工程师的设计自由，降低了产品性能的可优化性。

为了弥补新一代产品的性能缺口，巨大的竞争压力迫使工程师在组装系统时力求越有效越好，尽可能提升产品性能。如果一家企业必须用性能最好的产品参与市场竞争，那么它就不能只是组装标准化的组件，因为从工程师的角度来看，标准化接口限制了设计的自由及对前沿技术的应用。当市面上的产品并没有达到完全成熟、完善的水平时，采用保守的技术就意味着你将在竞争中败下阵来。

选择自主开发交互式产品架构，意味着企业必须将生产过程全部整合起来，必须掌控产品系统中每个关键组件的设计和制造。例如，在大型计算机产业发展的早期，产品的功能和可靠性尚未满足主流客户的需求时，大型计算机的独立分包商并无生存空间，因为机器的设计理念依赖于其使用方式和制造模式，反之亦然。在设计和生产环节之间并不存在简洁的接口。同样地，你也无法作为独立供应商来为大型计算机生产操作系统、核心内存或逻辑电路，因为这些关键的子系统都已经由大型计算机制造商自行设计。[4]

当市面上的产品都不太完善时，不成熟的新生技术往往会作为延续性改良方案被投入使用。新进入者很难将超前技术应用于大量商品化的市场，原因之一就是它们需要突破延续性技术的壁垒，这些延续性技术与现有的系统能够即插兼容。[5] 在生产具备高精尖技术的产品过程中，我们总会遇到一些无法预料的相连关系，这些相连关系会使系统中的其他环节发生相应的改变，经过调适，我们才能生产出可推广上市的合格产品。因此，如果想依赖破坏性创新技术提升产品性能，就会导致新产品的研发变得曲折且漫长。放眼技术发展史，用高档陶瓷材料制造引擎，在公共通信网络的入户部分使用高带宽的 DSL 线路，光纤通信网络从模拟信号到数字信号的全盘转变，等等，这些高端技术都只能诞生在高度整合的企业中，这些企业的规模可覆盖交互式系统生产过程的方方面面。这类业务往往是新进入者无法跨越的鸿沟。

正是基于这些原因，以内部整合能力见长而称霸业内的企业，包括早期计算机行业中的 IBM、汽车行业中的福特和通用等，都主导了"不太完善"的产品竞争市场。同时期的 RCA 公司、施乐公司、AT&T 公司、标准石油公司、美国钢铁公司掌控了它们所在的行业，也是源于同样的规律。这些企业享受了近似于垄断的权利。它们的市场控制力恰恰源于"不太完善"的市场环境，源于对产品、价值链体系的交互式管理和垂直整合。[6] 但是，事实证明，它们的主导权只持续了一段时间，这些企业在竞相生产出最佳产品之后，就会发现它们的产品已经"过于好"了，超过了用户的实际使用需求。走到这一步，它们的竞争优势便逐渐减弱。

性能过剩：分散的竞争者脱颖而出

如果销售人员回到办公室开始抱怨"为什么客户就是看不出

我们的产品好在哪里，他们把我们的东西当成大路货了"，就预示着产品的功能和可靠性开始转变，市场上的产品开始"过于好"了。这就是"过度服务"的证明。这样的公司在市场上的位置如图 5.1 的右侧部分所示，它们的产品性能已经超越市场需求。客户都乐于接受更高级的产品，但没有人愿意为此买单。[7]

"过度服务"并不是说客户不愿意为产品的改进花钱，而是指客户愿意花钱购买的已经不是在原来类型上改良的产品了。一旦产品满足了他们对某些功能和可靠性的需求，他们就会重新定义哪些方面是"不够完善"的。新的"不够完善"的地方就是当前无法立刻达到客户要求的标准特性，因此客户愿意在新的创新轨迹线上为产品的速度、方便性和个性化程度支付额外的费用。发生这种情况时，我们可以说，这个级别的市场竞争基础发生了改变。

新的改进轨迹线上的竞争压力使产品的架构逐渐进化，如图 5.1 所示，产品渐渐远离交互式的专利性架构（这类架构在"不够完善"的市场上拥有竞争优势），进入模块化设计时代，迈向性能卓越的竞争市场。模块式产品架构能够帮助企业在破坏性竞争中赢得低端市场。它们能够独立升级某个子系统，无须全盘重新设计产品，因此加快了新产品推向市场的速度。使用标准化组件接口的代价是牺牲系统性能，尽管如此，企业还是能够轻松地把产品销售给客户，因为当前产品的功能"过于好"了。

模块化生产给行业结构带来了深远的影响，它催生了一系列独立的、分散式的组织部门来完成销售、采购和装配子系统和组件的任务。[8] 在交互式产品世界中，企业必须亲自生产全部的重要组件；而在模块化产品世界中，只需要外包或者承包某种组件的生产任务就可以搞活一家企业。究其根本，模块化接口的规格最终都将形成行业标准，当一个行业走到了这一步，业内企业就都可以混搭最佳供应商生产的组件，从而轻易满足个性化的客户需求。

如图 5.1 所示，这些分散经营的竞争者破坏了整合式领先企业的市场。尽管为了简便起见，我们在本图中只画出了两个维度，但是从技术上说它们都是混合型竞争者，因为它们在破坏性创新图表中都是在同一个纵向轴上竞争，在这个纵向轴上，它们努力为每位客户迅速提供他们想要的产品。然而，因为采取了分散式组织结构，大大降低了管理成本，所以它们拥有了在低端市场以折扣价格竞争的盈利能力。

从交互式向模块化演进

随着产品性能不断超越客户需求，产品的设计也一次又一次地从交互式向模块化演进。[9]一波又一波的破坏性浪潮席卷整个行业，这个演进过程就在每波浪潮中不断重现。以计算机行业为例，在最初的主流价值网络中，一开始的 10 年间，IBM 依靠其交互式产品架构及垂直整合模式，毋庸置疑地居于行业统治地位。然而，到了 1964 年，承受着成本、复杂性及市场推广时效的压力，IBM 开始在 360 系统中采用更多的模块化设计。模块化潮流使 IBM 不再追逐尖端的产品功能，从图 5.1 中产品性能改良轨迹线的左边转移到了右边。这就为高端市场的竞争者［如数据控制公司（Control Data）和克雷研究公司（Cray Research）］留出了市场缺口，这些竞争者继续在交互式产品架构下进行设计研发，不断推出新的技术。

对 IBM 来说，开放产品架构并不是一个错误的选择：它是在以更经济有效的方式参与市场竞争。大批生产即插兼容式组件和子系统（如硬盘驱动器、打印机、数据输入设备）的分包式供应商在降低了管理成本后，开始将矛头一致指向 IBM。[10]

微型计算机对大型计算机展开新市场"破坏"时，这个循环再次开始。起初，当微型计算机的性能普遍还比较差时，DEC（数字设备公司）以其拥有专利性产品架构的优势统治了整个市场，它的硬件和操作系统是交互式的设计，这样做出来的产品性能是最好的。然而，技术进步带动了性能提升，超越了市场需求后，其他竞争者（如通用数据、王安电脑、Prime 等公司）则能够以最快的速度将新产品推向市场，从而赢得大量的市场份额。[11]这个过程就像大型计算机时代面临的情况一样，微型计算机市场盛极一时，在激烈的竞争中涌现大量性能优越、价格便宜的产品。

个人电脑的破坏性浪潮中也重演了这一幕。苹果电脑（专利性最为集中化的电脑制造商）在个人电脑发展的早期曾经是最好的台式电脑。它比模块式组装机更方便使用，也更耐用。后来，随着台式电脑性能的提高，IBM 的模块化、开放式标准架构成为主流。苹果公司的专利性架构在"不够完善"的市场里虽然拥有强大的竞争力，但是在"过于完善"的市场环境中则成了累赘。最终，由分包式厂商生产的模块式机器占据了个人电脑市场的统治地位，而苹果电脑则沦为非主流机型。

随之而来的两大计算机产品（笔记本电脑和手持无线设备）在破坏性浪潮中重现了这一幕。那些拥有优化的交互式产品架构的企业在一开始抢尽风头。模块化的生产企业在最初几年挣扎求生，努力提高产品性能，因为在当时，产品性能就是竞争的基础。之后，产品架构和行业结构都开始向开放式和分散式方向演化。

图5.2用非常简明的方式描述了个人电脑产业的三次转型，显示出拥有专利化系统和垂直整合结构的生产企业在产品"不太完善"的行业初期的强大，以及它们后来是如何为拥有非整合式的平行式生产结构的竞争者让路的。整个行业看起来就像腊肠切片机一样，在每个价值网络中绘制出的这种图表看上去都一样。在每个例子中，模块化和分散式生产的本质驱动力并不是所谓的时间或行业的"成熟"。[12] 真正的驱动力是以下几个因果相关、可以预测的过程。

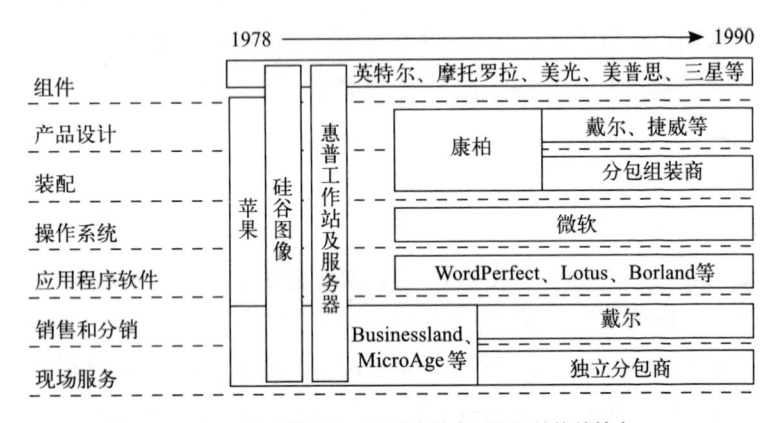

	1978				1990
组件				英特尔、摩托罗拉、美光、美普思、三星等	
产品设计	苹果	硅谷图像	惠普工作站及服务器	康柏	戴尔、捷威等
装配					分包组装商
操作系统				微软	
应用程序软件				WordPerfect、Lotus、Borland等	
销售和分销				Businessland、MicroAge等	戴尔
现场服务					独立分包商

图5.2 微型计算机行业从垂直整合到平行结构的转变

1. 技术的改进步伐超越了客户的需求，于是曾经功能和可靠性都不太完善的产品在后来变成了"过度服务"的产品，客户对产品的使用程度较低。
2. 企业的竞争环境发生了变化，竞争的基础改变了。客户越来越不愿意为功能和可靠性的改进支付更高的价格，那些能够更好、更方便地满足客户需求的供应商也能赢得可观的利润。
3. 当竞争压力使得企业必须快速响应市场需求时，它们不得不放弃过去的拥有专利性架构和交互式设计的产品，采用模块化的解决方案。
4. 模块化制造促进了整个行业的分散生产。分散式的小企业现在能够在竞争中战胜集成式的行业大鳄。集中整合的业务模式在一个时期是竞争优势，而在之后却变成了竞争劣势。[13]

图 5.2 简要说明了一点：集中整合的业务模式并不是一夜之间就被消灭的，它是在每块市场的每个层级中逐渐被模块化生产模式吞噬的。

我们还要强调的是，性能缺失和性能过剩这两种驱动力，在影响产品架构和企业整合的过程中也面临不同的情境。理所当然的是，如果情境再次发生改变，相应的战略方案也要随机而变。事实上，1990 年之后，计算机行业在某种程度上回归到了"整合为王"的状态，我们将在下一部分详述"再度整合"的驱动因素，在第六章也将重提这一观点。

"再度整合"的驱动因素

由于技术改良的轨迹线不断上升，超越了所有市场中的客户的使用能力，因此市场潮流的引领者就会由采用交互式产品架构和集中整合生产模式的企业转向采用模块化产品架构和分散式生产模式的企业。但是要谨记，客户的需求也是不断变化的。客户需求的变化步伐通常比较平缓，在破坏性图表中常以虚线表示。客户对产品功能的需求偶尔会产生断层移位，图5.1中的虚线也随之上移。这就是行业趋势转向了图5.1的左侧，再次设定了新阶段的增长计时器，整合生产又重新成为竞争优势之源。

例如，20世纪80年代早期，苹果电脑采用了专利性的产品架构，软件和硬件之间的内部交互程度非常高。然而，到了20世纪80年代中期，出现了一批类似于WordPerfect和Lotus的专业公司，它们的产品能够通过完善的接口接入微软的DOS操作系统，这批公司的发展壮大最终剥夺了苹果公司在软件市场的霸权地位。20世纪90年代早期，用户对个人电脑软件的功能需求转移为"向Word文档中插入图片和电子表格"等。这就再次出现了性能空白，将整个行业扭转到"不够完善"的市场情境中，交互式系统又一次成为制胜关键。

微软因时而动，独立研发了Office套件产品（随后又研发了网络浏览器），植入Windows操作系统。这一举措使其瞬间靠近了用户需求，而那些分散式的专业软件公司（如WordPerfect、Lotus的123 spreadsheet）顿时就从市场中消失了。微软并不是靠垄断崛起的，它所做的只是顺应时势，在"不够完善"的市场条件下将价值链整合起来，迎合客户需求。[14]

然而，到了21世纪初，情势似乎又发生了逆转。随着计算机行业的互联网的集中化，采用模块式架构的操作系统（如Linux）及模块化编程语言（如Java）的公司在逐步破坏微软的市场。许多专业公司都借着模块化的潮流大举侵入市场。

无独有偶，20世纪80年代末，在光纤通信领域，由光纤连接获得的带宽已经超越语音通信的需求，于是其行业结构告别了垂直整合时代，步入平行发展阶段。康宁公司制造光纤，西门子公司将其组成电缆，其他公司制造多路复用器、放大器等。到20世纪90年代末，扩大带宽的呼声日益高涨，图5.1中的虚线又开始上移，整个通信行业转入了"不够完善"的情境。康宁公司发现，如果它们不自主设计放大器的话，下一代的光纤产品设计就会举步维艰。它们必须在内部整合所有的接口，才能参与市场竞争，康宁公司顺应了市场趋势。而在几年之内，光纤网络的带宽又一次达到令人满意的程度，于是垂直整合模式的生存基石再度消失。

一般的规律是这样的：企业整合价值链中的所有接口后，能够在性能"不够完善"的市场竞争中繁荣壮大。在整个行业增值链中，这样的情况会多次发生。这就意味着在一个行业中通常不会仅仅是分散型企业占上风，也不会仅仅是由整合型企业把控全局。我们通常能够根据时间的推移预测整合和非整合的竞争优势所在。[15] 我们将在第六章详述这一概念。

产品架构策略

在模块化产品世界中，只生产一种组件或者将外包的组件组装起来都是合适的"解决方案"。在交互式产品世界中，产品功能尚不够完善、只提供系统的一个部分是无法解决任何人的问题的。有了这个认知后，我们就可以预测，业务增长成败的关键在于管理者能否根据当时的具体情形选择正确的产品架构策略。

在功能"不够完善"的市场中尝试发展分散型业务模式的后果

只要向市场供应一种模块化产品就能启动一个新增长业务，这的确很诱人。对管理者来说，用专业化的产品做市场的敲门砖，比提供整体解决方案容易得多。成本的降低使新入者有机会关注其最擅长的领域，将解决方案的其他环节留给这个生态系统中的其他合作伙伴去完成。这个策略在破坏性环境中是可行的。但是当产品功能和可靠性都"不够完善"时，那些看起来并不高的门槛却横亘在合作伙伴和外包伙伴中间，产生巨大的增长风险，甚至导致失败。在很多破坏性创新产品发展的初期，模块化解决方案从技术上讲通常没有竞争优势。

想要通过分包式专业化策略获得成功，就必须确定自己的企业是在模块化的市场中竞争。在企业决定从供应商或合作伙伴那里采购产品，或向客户出售这种产品之前，必须满足三个条件：第一，供应商和客户都应该了解产品的专项指标，即哪些产品功能是系统必须具备的，哪些产品功能是无关紧要的；第二，供应商必须十分熟悉产品属性的衡量标准，才能生产出符合规格的产品；第三，在客户和供应商之间的接口处不能出现任何误解或不确定性的依赖关系，客户必须清楚掌握子系统和整个系统中其他部件的互动关系，才能更好地利用产品。只有具备这三个条件——专业性、可靠性、确定性，才能组成一个有效的模块化接口。

当产品性能"不够完善"时（在这种情况下，公司为了赢得竞争，通常会采用新技术和个性化的产品架构，尽可能地扩展产品性能），这三个条件通常不够成熟。当产品内部结构错综复杂，充满了交互式的不确定的接口时，所有的接口都必须整合在单一组织范围内进行生产，才能确保接口之间的连贯性和良好运作。如果不是在同一个组织范围内近距离作业，人们就很难有效地解决交互式产品生产中出现的问题。[16]

在交互式产品主导的市场中采用模块化策略将导致失败

1996年，美国政府通过了刺激短途通信服务市场竞争的法案。法案规定：私营企业可以利用现有电话公司的公共转接设施，向居民或企业用户提供电话服务。这样一来，很多具有竞争力的本地分包运营商（CLEC），如Northpoint Communications等公司，就开始尝试为客户提供高速DSL互联网接入服务。那些大公司和风险投资人开始向这类公司大量投入资金。

绝大部分的CLEC都失败了。因为在当时，DSL服务还处于图5.1所示的"交互式"领域。CLEC在客户的终端上建立DSL连接后，要接入电话公司并获得回应，这中间有太多微妙和不确定的依赖关系。问题在于，技术接口并不是最重要的。举例来说，电话公司的计费系统软件架构是交互式的，这就使得插入式的CLEC客户很难通过该系统开通账户并获得相应的计费信息。事实上，这些交互式接口为电话公司带来了巨大的竞争优势，它们谙熟其自身架设的网络布线和IT系统架构，因此能很快完成网络部署，并且不用担心在重新配置中控室设备时出现意外情况。[17]

同样，大多数急于投身于无线网络数据连接行业的欧美企业，最开始都试图以专业分包商的身份涉足其中，它们只提供系统中的某一部分组件。它们过早地依赖行业标准（如无线软件协议，简称WAP）定义手持无线设备、网络及其他新增设备之间的接口。在这条价值链上的每个环节中的企业都有它们自认为最佳的无线网络访问设备。结果这些企业均无利可图，大笔投资付诸东流。在见识到思科公司通过联盟合作大获成功后，"合作"理念成为通信领域投资商和企业家的新宠。然而事实证明，在不适当的情境中，这种理念会使企业惨遭痛击。

适当整合

与上述公司做法相反的是日本的 DoCoMo 公司和 J-Phone 公司的做法。这两家公司在把握无线网络领域的新市场破坏性机遇时，都是尽量整合了价值链上的所有环节，从而成功地吸引了上千万客户，赚得盆满钵满。[18] 虽然它们并没有彻底掌控价值链的所有环节，但是 DoCoMo 公司和 J-Phone 公司都小心谨慎地管理着内容提供商和手持无线设备制造商之间的接口。整合策略的实施让它们能够攀登技术高峰，它们创造了用户接口、盈利模式及为客户带来良好体验的无缝计费系统。[19]

DoCoMo 公司和 J-Phone 公司的网络中有互相对立的专利性的系统。这样做会不会影响产品的生产效率？事实上，高管和投资商在投入资金前，总是急于制定一个行业标准，以此杜绝其他公司先发制人，采取其他的对立标准控制整个行业，同时防止不必要的浪费。当然，如果业内产品的功能和可靠性达到了某一高度，在环境合适的情况下，这样做是行之有效的。然而，若外部条件尚未成熟，采用对抗性的专利性系统也并不是一种浪费。[20] 真正的浪费是贸然投入巨额资金建立不符合市场竞争基础的产品架构。的确，一个系统最终还是会被标准化的。那些不符合标准的系统，在品尝了最初的胜利果实后，最终还是要被弃如敝屣，或者沦为非主流产品。亚当·斯密和达尔文就为此类竞争现象写过专著。

顺便说一句，我们发现在某些海外市场领域，比如在和美国的AT&T无线的合作中，DoCoMo公司采取的是"联盟"策略，顺应行业标准，减少了在垂直整合方面的努力，结果遭遇失败，它在欧美区的事业部都有相似的际遇。所以说，DoCoMo公司在本土市场的成功不是因为它做了什么不同凡响的事，而是因为它在正确的环境中使用了正确的策略。

在不同时期选择不同策略

我们在早先的研究中发现，纯交互式企业和纯模块化企业都属于比较极端的例子，在一家企业的发展过程中，企业会在不同时期选择不同的发展方式。当竞争环境偏向功能性和可靠性时，提前采用模块化架构策略的企业并不一定会失败。它可能只会因为缺乏竞争优势而备受折磨，直至竞争基础转变、市场上盛行模块化架构模式。IBM及其效仿者在计算机行业的经历也是如此，苹果电脑的性能优势并没有成为IBM的绊脚石，IBM只需在选择模块化架构之后努力在产品性能上有所突破即可。

在透支了专利性架构带来的性能和可靠性优势之后，那些行业领头羊又会面临什么样的情况呢？答案是，它们必须走上模块化发展之路，大胆开放系统架构，将子系统作为独立模块卖给那些能够以低成本进行组装的企业，迅速打开市场。好的理论能提供正确的指导，例如，苹果电脑没有理由拒绝对自己拥有的专利性系统进行模块化设计，并将其自主开发的操作系统搭配上相关的交互式应用程序，卖给其他电脑组装商，以此阻击微软的Windows操作系统。诺基亚也面临同样的抉择，21世纪初，在市售无线手持设备的基础上再去添加更多功能对客户来说无异于画蛇添足，而那些采用塞班（Symbian）操作系统的非集成型手持无线设备则迅速成为市场新宠。在下一章我们将举例说明一家企业是如何顺应破坏性市场潮流，从专利性产品架构起步，之后又随着竞争基础的改变，因势利导地开放其产品架构，成为那些低成本组装商的关键子系统供应商的。遵循这条规律行事的企业，一方面能避免落入沦为非主流厂商的陷阱，另一方面能参与无差别的商品化竞争，稳坐供应商的宝座。这样的企业就是资本市场中伟大的冰球选手韦恩·格雷茨基（Wayne Gretzky），格雷茨基从来不会滑向冰球当前所在的冰面，而是会守候在冰球即将到达的地方。第六章将帮助管理者了解如何引导企业走向未来的利润增长点，而不是停留在过去的盈利业务当中。

第六章

如何避免
货品化

本章的发现对于想要创建成功的新增长业务、保持当前业务健康度的管理者来说，具有普遍性的意义。财富增长点会在价值链上随时转移，往往都出现在直接客户"不太满意"的产品市场中。在这些阶段，往往会诞生复杂的、交互式的整合——这种行为会形成很高的规模经济门槛，产品的差异性因此越发突出。如果客户感到"过于满意"，那么这一市场的利润就会溜走，因为其中充斥着标准化、模块化的产品。我们希望通过前文的描述，帮助管理者更精确地预测未来的财富增长点在哪里。这些转变开始于"破坏者"的改良轨迹线上，逐级向高端市场递升。在这个过程中，它们为新的整合型企业创造了大量的成功机遇，让它们能够从终端系统的后台出发，"逐级吞食，一路向上"。业界龙头企业的管理者也需要对此保持警惕，因为货品化和反货品化的进程都是从外围业务而非核心业务开始的。

很多高管相信，他们的创新不管多么神奇，最终都会面临不可避免的货品化命运。这种恐惧源自痛苦的经历：1992年世界上第一个1GB 3.5英寸磁盘驱动器问世，当时的价格能为生产商带来60%的利润。如今，生产商们却在用性能提高了60倍的产品争夺仅有的15%的利润。这太不公平了，这明明是机械化和微电子技术上的奇迹。我们当中有多少人有能力发明出能在每圈只有0.000 08英寸宽的磁盘表面存储和读取数据，并且每圈都不会发生错读现象的产品？然而到了21世纪初，这种磁盘驱动器却成为无差别的一般产品。如果连这样精密和复杂的产品都能被货品化，那么希望到底在何方？

事实上，希望仍然存在。在货品化研究过程中，最振奋人心的发现之一就是，在价值链上的任何地方只要出现了货品化现象，就会有相应的反货品化力量在价值链的某处产生影响。[1]并且，与货品化现象通过消除差异性来破坏企业的盈利能力相反，反货品化为企业提供了创造和捕捉大量潜在财富的机遇。这种相互作用的进程就意味着，当新的破坏性浪潮冲击一个行业时，差异化能力仍然在价值链上不断地转移。发生这种情况时，那些将自身定位于"不够完善"的价值链区间的企业就能够赢利。

我们写作本章的目的是帮助管理者了解货品化和反货品化的相互作用过程，以便让他们能够探知何时何地会有何种作用力发挥作用。我们希望通过对这一理论的介绍，帮助新增长业务的建立者将企业定位在反货品化作用力影响的价值链区间。同样，我们也希望能够帮助传统企业在价值链上重新找到能够捕捉反货品化潮流的定位。我们希望管理者能够像伟大的冰球选手韦恩·格雷茨基一样优秀，从此拥有滑向价值链上未来的财富增长点的判断力。[2]

货品化和反货品化

利润高、差异化程度高、具有专利性的产品变成一般产品的过程，就是其功能向"过度服务"和模块化转型的过程。在破坏性图表最左侧的成功企业都是在"不够完善"的终端产品市场采用整合式设计和组装策略的企业，这些企业的盈利能力来自两个方面：其一，交互式、专利性的产品架构为它们的产品构筑了直接的差异性；其二，在交互式产品架构的设计和制造过程中有相当高比例的固定成本和可变成本，这些成本构成了高耸的经济壁垒，使较大规模的竞争者拥有较强的成本优势，同时也为新选手树立了难以逾越的准入门槛。

例如，IBM是大型计算机行业最具规模的综合性竞争者，它占据了70%的市场份额却创造出业内95%的利润，原因就在于它拥有专利性的产品、强大的成本优势及较高的准入门槛。同样，

20世纪50—70年代，通用汽车以55%的美国汽车市场占有率斩获了80%的行业利润。与之相反的是，IBM和通用汽车的大多数供应商年复一年地拿着仅能糊口的微薄利润。这些企业的经历非常具有代表性。制造高度差异化的产品、享有强大成本优势的企业像是掌握了一台印钞机，并且印的都是大钞。[3]

我们必须强调，之所以很多企业达不到这样的水平，同时又有很多企业一直占据制高点，究其根本，就是因为当时的产品还处于"不够完善"的市场情境之中，使得拥有专利性架构的产品相较于其他竞争对手的产品来说，拥有更大的成本优势。当市场情境发生改变，也就是当占统治地位、享受高额利润的企业开始"过度服务"它们的主流客户时，这个游戏就玩儿不下去了，到了更换庄家的时候。客户不会再为"过于好"的产品支付更高的价格。不久以后，模块化产品开始统治市场，货品化时代随之到来。当你的产品性能不再由你自己决定，而是由你的子系统供应商做主时，你就很难再像过去那样大把赚钱，产品利润将被压榨到仅能维持生存。当你周边的世界开始模块化，你就该到价值链上去寻找新的财富增长点了。

货品化的进程是自然而然、不可避免的，会依据以下6个步骤发生。

1. 在新市场形成的初期，一家企业开发出一种专利性产品，其性能当然不是太完善的，但比其他竞争对手的产品更接近客户的需求。这家企业就能依赖这种专利性产品架构获取诱人的利润。
2. 这家企业在市场的角逐中为了独占鳌头，会不断增强产品功能和可靠性，最终将超过低端市场客户的使用标准。
3. 低端市场的竞争基础逐渐改变……
4. ……市场逐渐向模块化产品架构演进……
5. ……整个行业被推向分包型运营模式……
6. ……竞争者能够取得相同的组件，按照同样的标准组装产品，产品的性能和成本都渐渐失去差异化优势。这种情况首先出现在低端市场（"过度服务"现象也是首先发生在这里的），然后毫不留情地向高端市场转移。

需要注意的是，将破坏性和货品化现象联系在一起的是"过度服务"，也就是"过于好"的市场情境。破坏性和货品化可以被看作同一枚硬币的两面。如果一家企业发现自己正处于"过于好"的市场情境中，那么它毫无胜算：既有可能被"破坏者"乘虚而入，又有可能被货品化竞争者偷走利润。大部分市场霸主都是同时成为这两股力量的牺牲品的，尽管每个行业的货品化速度不一样，但货品化本身是不可避免的，那些狡黠的新玩家不会错过任何一个开拓破坏性立足点的机会。

然而，即使处在转折处，企业也照样能兴旺发展。在价值链上的某一处，依靠不同阶段或不同层次的增值服务，企业仍然有利可图，因为货品化的进程往往会引发一个与之产生相互作用的反货品化进程。具有讽刺意味的是，这个反货品化进程通常伴随着强大的盈利能力，往往发生在价值链上已经无利可图的环节：就隐藏在原来的模块化、无差别的生产程序、组件或子系统中。[4]

本书第二章提到的小型钢铁厂的案例对这个相互作用的过程有直观的解释。小型钢铁厂和大型综合性钢铁企业在钢筋市场竞争时，相对于大型钢铁企业而言，小型钢铁厂有20%的成本优势，因此其利润颇为丰厚。但是，一旦将最后一个高成本竞争者逐出钢筋市场，低成本的小型钢铁厂就发现自己身陷成本相当的竞争对手之中，踏上了艰辛的货品化市场竞争之路，而这种恶性竞争极易导致价格体系崩溃。模块化产品的组装商在成功将高成本的竞争对手及其专利化产品逐出市场之后，马上就要面对小型钢铁厂当初面对的状况了：这些胜利的"破坏者"开始和成本相同的模块化组件装配商在同样的供应商基础上展开竞争，没有任何独有的竞争优势，因此只能赚到仅够糊口的利润。低成本策略在高成本竞争者尚未退出市场之前方能奏效。[5]

模块化"破坏者"想要维持健康的利润率，唯一的出路就是将低成本的业务模式尽快推向高端市场，和生产专利产品的高成本厂商一较高下。模块化产品装配商则通过寻找性能最好的组件和子系统，并且赶在其他人之前，尽快将其加入自己的产品当中。[6]装配商需要用最好的组件跑赢市场竞争，重新赢利。这样一来，它们对组件性能的改良需求又将组件供应商扔回了破坏性图表中"不够完善"的一侧。

市场竞争的作用力最终对供应商产生了影响，在提供高性能组件的过程中，供应商开始在子系统中创建交互式、专利性的产品架构。因此，在终端产品开始模块化和货品化时，以性能为主导的子系统却成为反货品化的源头。

以下是反货品化进程的演变步骤：

1. 模块化产品的装配商只有在和高成本对手竞争时，才能依靠低成本策略获胜。这就意味着，一旦他们成功地将高成本的专利产品供应商逐出低端市场,他们就必须向高端市场转移,才能赢得丰厚的利润。

2. 这些企业向高端市场转移的速度由其提供的子系统性能好坏决定,于是竞争基础又变成了"不够完善"的情境,转向了破坏性图表的左侧。

3. 子系统供应商之间的角逐导致其工程师开始设计专利性的交互式产品,以生产高性能的产品,帮助客户在终端市场竞争中取胜。

4. 这些子系统供应商中的佼佼者会发现,它们靠销售差异化的专利产品赚取了丰厚的利润。

5. 这就是有利可图的专利性产品的再生过程,当然,也是下一轮货品化和反货品化循环的起点。

图 6.1 直观表述了 20 世纪 90 年代个人电脑行业价值链上的货品化和反货品化的循环情况。从图 6.1 的顶端开始,我们可以看到资金从客户流向设计和组装电脑的公司,然而随着时间的推移,电脑制造商可以获得的利润越来越少——利润更多地通过这些电脑公司流向了它们的下游供应商。[7]

结果,装配商从客户手中赚取的大笔利润最后都流向了微软公司,并在那里沉淀下来;另外一大块利润则进入了英特尔的口袋。也有一些资金流进了 DRAM 的制造商手中,例如三星和美光(Micron)这样的企业。但是在价值链上,这些资金并没有作为利润留在制造商手里,而是沉淀到了应用材料(Applied Materials)之类的公司的账上,应用材料公司为 DRAM 制造商提供生产设备。财富也以同样的方式经由模块化硬盘驱动器的装配商[如迈拓（Maxtor）和昆腾（Quantum）］流入了磁头和磁盘制造领域。

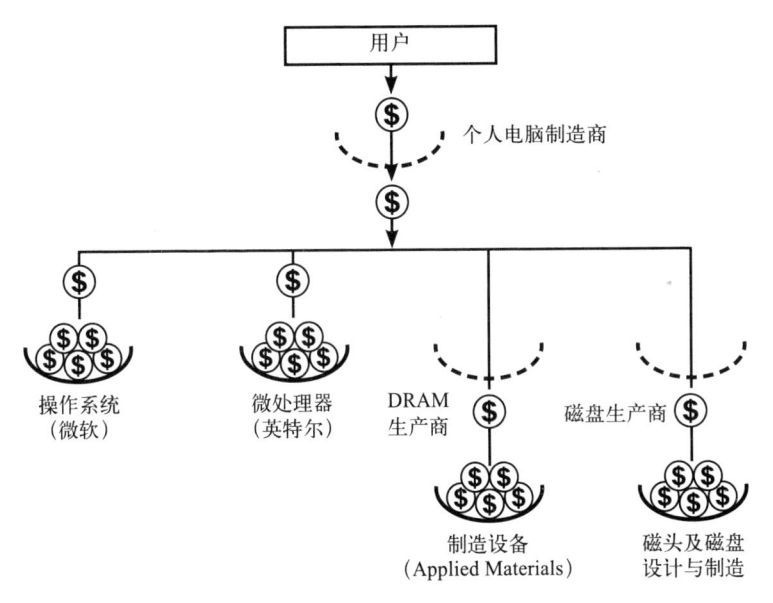

```
                        ┌─────────┐
                        │   用户   │
                        └────┬────┘
                             │
                            ($)
                             ┊
                             ▼
                         个人电脑制造商
                             │
                            ($)
                             ┊
         ┌───────────┬───────┴───────┬───────────┐
        ($)         ($)              │           │
       (聚宝盆)    (聚宝盆)          ┊           ┊
                                     │           │
       操作系统    微处理器         DRAM         磁盘生产商
       （微软）    （英特尔）       生产商
                                     │           │
                                    ($)         ($)
                                  (聚宝盆)    (聚宝盆)
                                     │           │
                                  制造设备     磁头及磁盘
                              （Applied Materials） 设计与制造
```

图 6.1　20 世纪 90 年代个人电脑行业价值链上的财富增长点

能留住财富的聚宝盆和让金钱溜走的漏水篮有哪些不同呢？最能攒钱的聚宝盆就是价值链上那些性能"不够完善"、尚未达到客户需求的产品。这些产品都倾向于采用交互式、专利性架构。而那些漏水篮式的企业只能赚取微薄利润，原因在于它们的产品功能好得过头了，它们的产品架构也因此被模块化了。

当一家企业为它的上游客户的产品供应配件，而且该配件市场整体处于"不够完善"的状态时，这家企业只要能以产品性能为导向，就能捕获诱人的利润。以 DRAM 行业为例，DRAM 生产商自身的芯片产品都已经模块化，要想跑赢市场，它们必须在

第六章　如何避免货品化　　145

提高产量的同时降低成本。在这种情况下，设备供应商（如应用材料公司）就必须生产出更加完善的设备来帮助DRAM生产商实现这一目标。当然，只有通过生产交互式的专利性设备，设备供应商才能够逐步迎合客户的需求。

千万别以为磁盘驱动器或者DRAM生产商根本就赚不到钱，也不要以为其他行业（比如微处理器或半导体制造设备）就是天生的聚宝盆。"行业"通常只是一个不完善的分类法。[8] 真正让一个行业看上去利润可观的原因，其实就是一家公司在合适的时间、在恰当的市场环境中正好处于合适的增值链上，而且这条增值链正好顺应了利润增长的法则（详情请参阅本章最后一部分内容）。让我们来深入解读磁盘驱动器行业，了解一下具体原因吧。

在20世纪90年代的很长时间里，磁盘驱动器主要销售给个人台式电脑制造商，磁盘驱动器的容量、访问速度等技术指标都已经超过使用标准。磁盘驱动器的产品架构随之模块化，3.5英寸磁盘驱动器装配商能从个人台式电脑制造商那里获得的毛利润降到了区区12%。分包式磁盘驱动器装配商，如迈拓和昆腾，统领了整个市场，这两家公司的市场份额加起来达到90%之多，因为像IBM那样的综合性厂商根本无法靠这样微薄的利润生存下去。

尽管磁盘驱动器的容量达到了标准，但即使能够拿到最好的磁头和磁盘，装配商还是不知足，因为如果能在同等大小的磁盘空间里放下更多的数据，那么就可以减少磁盘和磁头的使用量——这就是强大的成本驱动力。因此，磁头和磁盘陷入"不够完善"的市场竞争情境，随之向复杂化、交互式方向演化。磁盘和磁头生产开始成为赚钱机器，事实上，许多主流的驱动器制造商也因此重新自行生产磁头和磁盘。[9]

然而，这里的赚钱并不是指整个磁盘驱动器行业都有丰厚的利润空间，在这个行业中只有进入模块化市场情境的3.5英寸磁盘驱动器制造商发现自己在赚钱。证据就是，与此同时，用于笔记本电脑的2.5英寸磁盘驱动器的功能并没有达标，因此，这个领域的主角仍然是大型综合性企业和它们所生产的具备交互式架构的产品。作为20世纪90年代最强大的、拥有最高端的磁头和磁盘生产技术的综合性生产商，IBM坐拥2.5英寸磁盘驱动器市场40%的利润及80%的市场份额。与之相反的是，IBM在台式电脑市场的磁盘驱动器销量只占不到3%的市场份额，其整合型的运营模式在这一市场可谓毫无竞争力。[10]

1999年，我们第一次发表关于此现象的研究报告时，2.5英寸磁盘驱动器的市场刚表现出"过于好"的倾向，这个对IBM来说曾经无限美好的业务，也走上了货品化之路。[11] 我们的推断是，IBM作为最大的整合型磁盘驱动器制造商，只要它"出对了牌"，就能一直坐享丰厚的利润；只要它利用即将到来的模块化潮流，将磁头和磁盘运营从磁盘驱动器的设计和装配业务中分离出去，就相当于提前滑到未来的财富增长点守株待兔了。如果IBM开始销售最好的磁头和磁盘，参与2.5英寸磁盘驱动器制造商的竞争，以摧枯拉朽之势将它们推入2.5英寸驱动模块装配业务领域，那么IBM最后就能弱化自己在磁盘驱动器装配业务上的投入比重，从而专注于生产利润更高的磁头和磁盘组件。这样一来，IBM就能继续享受行业中最丰厚的利润。换句话说，在破坏性图表中"不够完善"的那一侧，IBM能够一直保持旺盛的战斗力并获胜。而在"过于完善"的那一侧，最好的策略就是把"子弹"卖给交战双方。[12]

IBM 早在几年前就在计算机业务范围内展开了这一系列行动，当时的决策是分解垂直业务链，直接将技术、组件和子系统拿出去销售，迅速占领市场。与此同时，IBM 在高端市场创建了一项咨询加系统整合的高级业务，弱化了原有的计算机设计和装配业务。当 IBM 选择滑向增值链上的这一点时，它就开启了复杂的、非标准化的整合型市场竞争，随之而来的是巨额的利润，并且它成功地在 20 世纪 90 年代转型为航母级的大企业。

　　我们在此要不厌其烦地重复之前的基本原理：那些定位在价值链上"性能不够完善"的市场中的企业最终会赢得高额利润。这个市场创造出来的是差异化的产品、规模化的成本优势及超高的准入门槛。

　　当类似于 IBM 这样的整合型大企业能够随意扩大或缩小运营范围，而不是断绝一切后路地出售某块业务时，IBM 在很长一段时间内还是会拥有比分包型企业（例如康柏公司）更多的潜在盈利筹码。因为货品化和反货品化一直在持续产生作用，使得财富在整条价值链上随着时间的推移而不断流动。

死亡旋涡：核心竞争力和投资回报率

　　货品化常常让企业忘记了与之同时发生、相互作用的反货品化进程，这个过程既可能发生在同一层次的子系统中，也可能发生在与之关联的相邻生产流程里。这些企业不仅错失了致富良机，并且被在货品化进程中把握了增长机遇的其他企业直接绞杀。事实上，投资人想要提高投资回报率的强烈愿望和无情鞭策使很多装配商错过了接球点，错失赢利机会。这些企业没有意识到模块化、货品化的市场情况，它们会依靠基于产品特性的核心能力理论做决策，而这将令其后悔不已。

模块化产品的装配商该如何迎合投资者提高投资回报率的需求呢？它们无法提高投资回报率分子式中的分子值，因为它们的产品不可能做到差异化，它们也不可能将产品的成本降到比竞争对手还要低的水平。它们唯一的选择就是消灭分母值，也就是剥离资产。对于生产交互式产品的整合型企业来说，这很难做到，但是这对拥有模块化结构的分包型企业来说很容易。我们将假设一个例子对此做进一步说明，这件事情发生在一个组件供应商和一个模块化个人电脑装配商之间。我们将这两家企业分别命名为组件公司和TCC（得克萨斯计算机公司）。

组件公司一开始为TCC供应简单的电路板。当TCC的投资人施加压力要求提高投资回报率时，组件公司提出了一个有趣的建议："我们在生产小电路板方面已经驾轻就熟，让我们给您供应主板吧，这样不就很容易降低您的成本了？"

"天哪，这真是个好主意！"TCC的管理层反应积极，"电路板制造本来就不是我们的核心竞争力，而且我们还得投入大量资金。这个主意马上就能降低我们的成本，而且我们的资产负债表能更好看一点儿。"于是组件公司启动了增值业务，收入暴增，并且由于它提高了资产利用率，盈利水平也水涨船高。这一点也反映在其股价上。而TCC闲置了这些资产后，收入并未受到影响，但是其投资回报率明显提升了——当然也相应地反映在股价上。

不久以后，组件公司又来找TCC管理层："您看，主板是电脑的心脏。让我们帮您组装整机吧，反正这也不是贵公司的核心业务，再说我们还能帮您降低内部成本呢。"

"天哪，这主意不错！"TCC管理层又激动了，"组装电脑确实不是我们的核心业务，如果你们能搞定产品组装，我们就可以把这一部分的生产资料从资产负债表上砍掉了。"于是，组件公司再次启动了增值业务，再次提高了资产利用率，大赚了一笔，股价再次上扬。TCC又一次砍掉了一部分资产，其资产负债表变得更加完美，股价也跟着上扬。

没过多久，组件公司又找到TCC管理层："您看，既然我们都能为您组装电脑了，为什么贵公司还要亲自管理组件采购和发货物流呢？让我们来帮您管理供应商，帮您发货给客户吧。供应链管理还真不是贵公司的核心业务，交给我们做，不就降低了成本吗？"

"天哪，绝妙的想法！"TCC管理层兴高采烈，"这样一来我们就可以把当前资产从资产负债表上砍掉了。"于是之前的故事再次上演，两家公司各有盈利，股价上涨。

仍然没过多久，组件公司的人又来了。"您想想，既然我们都替您管理供应商了，让我们来设计电脑如何？模块化产品的设计多少应该是下游厂商饭碗里的事儿，再说我们和厂商的关系比贵公司近一点儿，如果我们从设计环节就开始与他们合作，一定能拿到价廉物美的产品。"

"天啊，这主意太棒了！"TCC领导层神采飞扬，"这样我们就能砍掉固定成本和可变成本了。而且，我们的法宝是品牌力量和客户关系，而不是产品设计。"于是组件公司启动了新的增值业务，由于在原有业务模式中引入了更高级的增值业务，其收入、利润和股价也比翼齐飞。TCC呢，削减成本之后，收入没有受到影响，但是盈利水平提高了，股价也上了一个新台阶，一切都那么完美，直到分析家们意识到，游戏结束了。

具有讽刺意味的是，在这个古希腊式悲剧里，组件公司最后在价值链上的整合程度比 TCC 高得多，组件公司必须重新组合各个环节，才能在新的竞争基础上求生存。所谓"新的竞争基础"，就是要在更细分的市场中以更快的速度和更好的产品响应客户需求。TCC 每次将资产和生产任务释放给组件公司，都是以自己的"核心竞争力"为决策基础。TCC 从来没有考虑到这些工作同样也不是组件公司的核心业务。不管一项工作是不是公司的核心业务，对该工作的取舍都不能成为寻找财富增长点的决定因素。

这个故事同时可以作为"不对称动机"的佐证，即组件供应商想要整合每块增值业务，而模块装配商想要甩掉这些业务。这个故事不是要证明某家企业缺乏竞争力，而是要说明，貌似合理的、完美的、按照利润最大化标准做出的决策可能导致什么样的后果。由于这样的决策，很多企业（都是那些在"过于完善"的产品市场中组装模块化产品的企业）都陷入了投资回报率最大化的死亡旋涡。与此同时，在这个"过于完善"的产品市场里也有另外一条通向创新增长业务的道路，在这条路上我们能发现破坏性机遇。装配商砍掉资产、决定将后端运营外包给供应商后，其利润和收入在短期内不但没有减少，反而有所提高。而供应商拿到这些业务后，同样兴高采烈，因为这些业务提高了他们的后端收入，增加了利润，抬高了股价。很多供应商都想在价值链中不断向上蚕食，争取设计子系统的机会，因为内部结构不断优化的子系统逐渐成为客户方（也就是模块化产品的装配商）产品性能的关键。

英特尔也是按照这个增长模式发展成为芯片组和主板厂商的，和微处理器相比，芯片和主板才是计算机的增值要素和性能关键点。耐普罗公司（Nypro）原本是定制喷射式压模机的厂商（其

第六章　如何避免货品化

产品用来制造精密塑胶组件，我们将在本书的后面章节提到这家公司），它也采用了相同的增长策略，成为喷墨打印机墨盒、计算机、手持无线设备及医药产品领域的巨头。耐普罗公司之所以能够制造出结构复杂的精密压膜产品，和它的简化装配能力息息相关。

彭博公司也是采取这种做法，沿着华尔街价值链一路向上吞食。彭博公司最开始的业务是向客户提供简单的股价数据服务，然后便开始整合，使股市分析向自动化方向发展。彭博公司破坏性地为客户提供了在过去只有经验老到的股票分析师才能提供的服务，并且仍然不断地从后台向前端整合，于是今天彭博公司的理财顾问们能够利用彭博公司的终端，通过它专有的电子通信网络（ECN）完成大部分交易，而无须经纪人或股票交易所。某些政府债券发行商现在也能够通过彭博公司的专利系统对机构投资者进行拍卖。后台供应商［如第一资讯（First Data）和道富（State Street）］也享有和商业银行同样的地位。过去那些受人尊敬的华尔街传统机构被逐一攻破并赶出市场，因为这些传统机构在前端市场模块化和货品化后，都把资产密集型的后台业务外包出去了，并因而感觉良好，所以根本没有察觉到竞争局势的变化。

很多管理者都会提到"核心竞争力"一词，这其实是一个夜郎自大的危险信号。竞争力的本质在于实现客户价值，而不是只做自己擅长的事。在竞争基础发生改变时，要想保持竞争力，就必须有意愿、有能力主动学习新东西，而不是怀揣幻想、墨守过去的成就。对巨头们来说，最大的挑战是要在海上修理船体，而不是把船板一块块地拆下来，交给其他人去建一艘行驶更快的新船。

那些渴望获得增长的管理者该如何应对这一变局呢？从很多方面来看，这个过程是不可避免的。模块化产品的组装商必然会随着时间的推移砍掉部分资产,以便降低成本、提高回报——资本市场留给管理者的选择并不多。然而,在了解了这一过程后,这些管理者就有机会选择保留或收购资产,并且将其作为新的增长业务进行管理,不让组件或子系统供应商踩着这个梯子爬上来。这才是通往致富之路。[13]

品牌力量的转移

高管们往往想通过品牌力量规避货品化进程,维持盈利能力,但是品牌也会被货品化和反货品化。在整个增值链上最能凸显品牌价值的区间是"不够完善"的产品市场区间。当客户还不能确定产品的性能是否达标时,运作良好的品牌能够跨越鸿沟,走向客户,让他们不再为无名厂商的产品质量而发愁。好品牌的力量就体现在品牌产品的高价格上。同理,如果多家供应商的产品性能明显超出市场需求,品牌的溢价能力也就随之减弱。

发生"过度服务"的现象时,品牌的盈利能力往往转移到一些尚未诞生完美产品的增值环节,也就是产品当中以性能为导向的子系统,或者是更快、更直接、更便捷的销售手段。这些转变对品牌建立来说都是绝佳机遇。

这里还是以计算机行业为例。在最初几十年里,绝大部分管理者都将投资于复杂的、可靠性低的大型计算机系统视为畏途。因为IBM的服务能力是不可超越的,和同等级别的设备相比,IBM品牌享有30%~40%的溢价空间,没有哪个企业的IT主管会因为购买IBM的产品而被开除。惠普品牌也享有同样的优势。

那么在20世纪90年代,英特尔和微软又是如何从IBM和惠普手中盗走了如此强大的品牌力量的呢？这个过程发生在计算机的功能和可靠性超越了主流客户使用能力之后，当时，模块化和行业标准架构在这一市场逐渐盛极一时。就在此时，操作系统内部的微处理器开始变得"不够用"了，于是大品牌便向这些新领域进军。

品牌化的力量向多级市场转移并非一蹴而就，而是一个渐进的过程。因此，生产专利性产品的品牌企业通常会沿着技术改良的轨迹线逐步上行，努力满足客户对功能和可靠性的需求。但是，如果它们想从原来的起点向下移动，即朝依靠速度、便捷性和快速响应市场需求来获胜的模块化世界前进，创造品牌价值的力量就不再依托终端产品，而是转移到了子系统和渠道上。[14]

重型卡车行业也发生了这种变革，知名品牌马克（Mack）身在其中。卡车司机们得出更高的价钱才能买到引擎盖上有斗牛犬标志的马克卡车。马克卡车通过交互式的产品结构和大范围的垂直整合运营模式获得了卓越的产品性能。当大卡车的产品结构走上模块化之路时，购买者开始关注卡车是由谁组装的，帕卡（Paccar）、纳威司达（Navistar），还是福莱纳（Freightliner）？发动机用的是谁家的，康明斯（Cummins）还是卡特彼勒（Caterpillar）？

服装行业也是品牌力量在增值链上转移的例子。同其他行业一样，竞争基础改变后，服装行业开始重新定义"不够完善"的环节，上一代的高档品牌都被标在产品上。例如李维斯（Levi's）品牌的牛仔服和甘特（Gant）品牌的衬衣，由于其他竞争对手制造的成衣都不如它们结实，因此它们坐享了很大的市场份额和优厚的利润回报。李维斯的牛仔服和甘特的衬衣在百货商场出售，百货商场也因此宣称自己拥有销售最佳品牌服装的专业实力。

然而，过去15年，很多生产商的服装质量都渐渐有了保证，那些劳动力成本较低的国家也有能力生产高品质的纺织品和服装。服装行业的竞争基础转变了。专业的零售商开始挤占百货公司的市场份额，其丰富的产品种类让顾客能够更快、更便捷地选到自己喜爱的服装。在某些"不够完善"的市场领域，竞争基础从产品质量转变为购买体验的简便性。因此，创造和维护品牌价值的能力也从产品本身转移到渠道上。目前看来，渠道为产品提供增值服务的环节还处于"不够完善"的阶段。[15] 我们甚至不用过问是谁为 Talbot's 加工礼服，谁给 A&R（Abercrombie & Fitch）代工毛衫，盖璞（GAP）和老海军（Old Navy）的牛仔服又是谁生产的，这些知名渠道销售的成衣多数代表着渠道的品牌价值，而非制造商的品牌价值。[16]

汽车业的财富增长点

大部分货品化和反货品化的案例出自曾经发生的事情，为了说明这一理论如何预测未来的发展，我们将讨论这个变革在汽车行业是如何发展，喜人的财富增长点是如何大规模地从汽车制造商转向它们的特定供应商的。甚至连品牌价值的力量也将转入子系统。这个转变可能需要一二十年，但是一旦你了解了进化方向，你就能轻易看出这些进程已经不可逆转地启动了。

对主流市场客户来说，很多汽车的性能都"过于好"了。雷克萨斯、宝马、奔驰及凯迪拉克的车主可能还愿意在接下来的几年里为更好的产品支付更高的价格，但是在中档车和低档车市场，汽车制造商会发现，他们为了保有市场份额，已经为产品添加了更多更好的功能，并且竭尽全力地说服客户为这些改良支付更高的价格。丰田凯美瑞和本田雅阁这类车型的可靠性都非常好，以至于这些车都已经过保修期了还依然耐用。结果，在汽车市场的各个级别，竞争基础（针对"不够完善"的产品）都在发生改变。新款车型上市的速度越发重要。过去设计新款车型需要花费5年，到21世纪初只需要2年；过去针对小众客户量身定做的特性和功能，到21世纪初成了生存资本。20世纪60年代，单个车型年销售上百万辆并不是什么稀罕事，21世纪初的市场却已经高度分化，单个车型年销售20万辆就已经是了不起的成绩。有些制造商甚至承诺消费者可以到经销商处按需定制车型，5天交付使用——这种强悍的响应速度几乎可媲美戴尔电脑。

为了在速度和灵活性上占据竞争优势，汽车制造商开始给主流车型引入模块化的产品架构。大多数汽车制造企业现在都选择从一小批"顶级"供应商手中采购子系统（包括刹车、转向、悬挂，以及驾驶室子系统），而不是像过去那样，按照独特的设计模型从上百家供应商那里采购配件进行组装。这种在供应商基础之上进行整合的驱动力来自节约成本的机会，而这些机会通常都是被顾问公司定义和量化出来的。

为了在新的市场与其他对手比拼速度、灵活性和成本结构，整合型的美国汽车厂商都被迫重组。例如，通用汽车公司单独成立了德尔菲公司，向其转包零配件业务并支持其独立上市；福特公司将零配件业务都交给了它的子公司伟世通公司。于是，计算机行业发生的剧情在汽车行业重演："过度服务"引发了竞争基础的转变和产品架构的变革，迫使原本占据统治地位的整合型企业走上了分包之路。

与此同时，大多数子系统也开始向交互式产品架构演进。低端市场的业务模型需要从子系统中获得更好的性能，以此向高端市场的高成本业务模型和品牌企业宣战。如果起亚和现代依托低成本的韩国制造业征服了微型车市场后停留在原地，故步自封，那么它们之前赚取的利润都将在市场竞争中蒸发一空。它们必须向上爬，一旦它们的产品架构踏上模块化之路，其唯一的上行通道就是引进更好的子系统。

很多子系统现在采取了相互依赖的产品架构，这就迫使一级供应商降低外部接口的灵活性。汽车设计师们需要不断确认他们的设计是否符合子系统的产品规格，就好像台式计算机制造商必须确保它所设计的计算机能够匹配英特尔微处理器和微软操作系统的外部接口一样。因此，我们可以预测，利润已经从汽车装配商手中流入子系统厂商的囊中。[17]

在第五章中我们详述了IBM的PC业务部门将微处理器业务外包给英特尔，以及将操作系统外包给微软，从而变得更敏捷、更灵活的过程。在这个过程中，IBM一直停留在过去的财富增长点（设计和组装电脑系统），而将未来的盈利业务拱手让给了英特尔和微软。通用汽车公司和福特公司则在企业顾问和投行专家的鼓励下犯了相同的错误。它们不得不从垂直业务链上剥离部分业务以应对变化的竞争基础，但是它们为了保留以前的财富增长点，却把未来会赢利的增值业务拱手让给了别人。[18]

高利润守恒定律

从产品的角度描述了货品化和反货品化的进程之后，我们现在可以阐述一个常见的现象，我们称其为"高利润守恒定律"。我们的朋友，Tensilica 公司的 CEO 克里斯·罗恩（Chris Rowen）指出了这条定律的存在。他使用这个名词，是从"能量守恒定律"这一物理名词中得到的灵感。通常说来，高利润守恒定律适用于价值链上模块化和交互式产品架构同时出现的状态，也包括货品化和反货品化互相作用的状态（它的存在是为了优化"不够完善"的产品性能）。该定律指出，当模块化和货品化的共同作用使价值链上某一阶段的高利润凭空消失时，与之相邻的阶段往往会出现能够聚集高利润的专利性产品。[19]

我们将首先以手持无线设备行业来验证这个定律，以 RIM 公司的黑莓和奔迈公司的 Pilot 为例，这两家公司掀起了最新的破坏性浪潮，它们的产品功能还"不够完善"，于是二者都采取了专利性的产品架构，尤其是黑莓的"永远在线"功能对电池的使用有着近乎苛刻的要求。因此，黑莓的工程师们无法在其产品中植入规格统一的英特尔微处理器。英特尔微处理器的性能超出了黑莓的使用范围，黑莓需要的是模块化的微处理器（也就是专为黑莓产品打造的单系统晶片），这样就不会浪费产品内部的空间，并且能省电，同时节约了不必要的功能性成本。

微处理器必须是模块化的，并且符合产品规格，这样工程师才能借此优化"不够完善"的产品性能。需要注意的是，这和台式计算机面临的情况正好相反。在台式计算机领域，微处理器属于"不够完善"的产品。计算机的架构必须是模块化和符合规格的，这样工程师才能优化微处理器的性能。因此，无论是哪一方，总有一方必须是模块化和规范化的，这样才能让"不够完善"的环节得以通过交互式架构实现优化。

同理，如果要编写运行于微软 Windows 操作系统之上的应用程序，就必须顺应 Windows 的外部接口。反之，如果换作 Linux 的操作系统，则系统本身必须做到模块化，才能适配系统上"不够完善"的软件，使其达到性能最大化。我们发现这一"定律"可以被用来观察许多行业中的财富在价值链上的流动情况。在《远见：用变革理论预测产业未来》中，作者克莱顿·克里斯坦森、斯科特·安东尼和埃里克·罗斯对此做了深入研究。

该定律也有助于我们了解模块化产品和交互式服务并存的现象，因为随产品而提供的服务也会经历同样的货品化和反货品化循环，也会面临高利润的转移现象。

我们之前提到过，当产品的功能和可靠性都"过于完善"时，竞争的基础就转变了。市场推广速度及快速响应客户的个性化需求的产品配置能力成了"不够完善"的环节。在整个价值链上，客户接口是影响盈利能力的决定性因素。因此，在那些"不够完善"的市场中，企业要想更有成效地应对竞争，赚取高额利润，就应该以专利性整合型模式，针对客户接口进行生产，而不是以模块化方式远离客户制造产品。在这种市场情境中，享受超额利润的往往是那些将面向客户的零售接口整合起来的企业。

因此，以戴尔公司为例，我们不能说它是一个分包型的公司。相反，戴尔公司整合了所有对客户来说"不够完善"的接口。公司并没有整合"过于完善"的组件之间的模块化接口。个人电脑行业中专利性整合所带来的利润增长点是如何在价值链上变迁的，如图 6.2 所示。

图 6.2 左侧代表早期的台式电脑行业处于功能极为低下的市场环境中，苹果公司依靠其专利性的产品架构和整合型的业务模式成为当时最成功的企业，分走了最大的一块蛋糕。向苹果公司供应裸

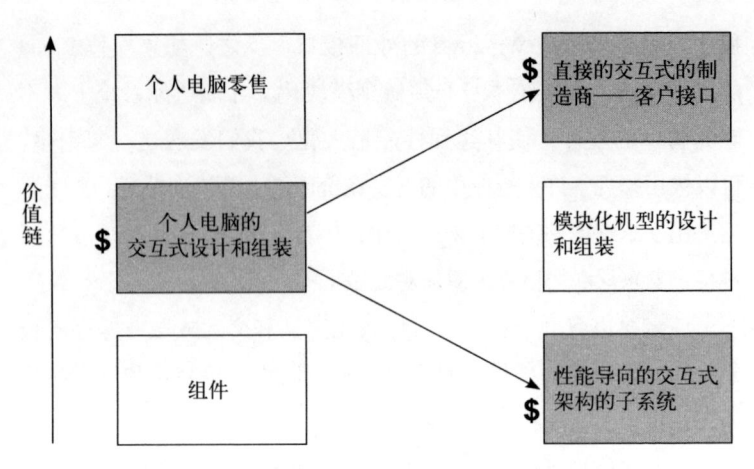

图 6.2 个人电脑行业流程价值链上的竞争优势变迁轨迹

机配件和材料的供应商,以及销售苹果电脑的外部零售商,都没有享受到太多利益。到20世纪90年代末,货品化和反货品化的风潮使增长点发生了转移,竞争优势开始转往面向客户的零售渠道接口(戴尔)及子系统接口(英特尔和微软)。

我们相信这也是戴尔公司在20世纪90年代战胜康柏公司的重要原因之一。戴尔公司在一个非常重要的"不够完善"的接口上进行了整合,而康柏公司却坐失良机。我们估计,如果进行一次合理的成本统计,戴尔公司从零售业务中获得的利润一定远远超过组装业务的利润。

第七章

你的组织是否有能力实现破坏性增长

当组织面对发展机遇时,管理者必须首先确定企业具备取得成功所需的人员和其他资源,然后再问两个问题:组织的传统工作流程是否适合新项目?组织的价值观能否对这一创新给予必要的重视?先入者如能启用以功能为主导的合适的重量级团队,将组织主体中属于延续性创新的部分进行货品化,并把破坏性创新置于自治组织中,即可提高其在破坏性创新领域成功的可能性。

成功的创新似乎难以进行,而且难以预料,一个主要原因是企业通常聘用的有才能的员工的管理技能在磨炼后能解决稳定企业的问题。但管理者工作环境中的流程和价值观往往并非为新任务而设计。高管应该拒绝放之四海而皆准的策略,将时间花费在确保有能力的人所工作的组织内的流程和价值观能与任务匹配,这样才能成功创建新增长所需的重要杠杆。

创新活动常常失败，不是因为一些致命的技术缺陷，也不是因为市场没有准备好，而是因为负责创新业务建设的管理者或部门所具备的能力与其所负责的业务不匹配。企业高管为什么会犯这种错误？在延续性市场情境中带领企业取得成功的技能，在破坏性市场中往往会将最好的创意扼杀在摇篮里。[1]本章提出了一套理论，目的是给高管在选择管理团队、建立组织结构时提供指导，从而成功建立新增长业务。本章还概述了应该如何因势而变，根据情况选择合适的管理者和组织结构。

组织能力：资源、流程和价值观

"能力"一词涵盖范围甚广，这个词到底意味着什么？我们发现将其分解为三个等级或三个因素，有助于加深理解。这三个等级或因素可用来定义一个组织胜任的业务范围，即资源、流程和价值观，我们称之为RPV（resources, processes, values）框架。虽然我们需要仔细定义分析这些术语，但我们发现这些词结合在一起就能非常有效地评估一个组织的能力,判断它能否成功推进破坏性创新。[2]

资源

资源是 RPV 框架三个因素中最为直观的,包括人员、设备、技术、产品设计、品牌、信息、现金,以及与供应商、分销商、客户的关系。资源通常是人或事物,可以被雇用、辞退、买卖、折旧或兴建。大多数资源是可见的,而且往往是可以被衡量的,所以管理者可以随时评估其价值。资源的配置往往非常灵活,在不同组织之间转移相对来说也容易。在一家大企业里贡献卓著的工程师可以很快成为新创企业的宝贵资源,针对电信行业开发的技术可以在医疗保健行业体现其价值,现金则是更灵活的资源。

为了成功创建新增长业务,人们要在多个环节做出选择,而在这些选择当中,管理者的选择不慎经常会导致投资失败。我们研究过无数创建新增长业务的失败案例,在多达一半的个案中,知情者反思之后都认为原因在于选错了领导者。[3] 为何企业在关键管理者的选拔上总是遭遇失败呢?

为何具备所需能力的人往往并非正确人选

我们怀疑企业在选择各个级别的管理者(不管是总裁、业务部门负责人还是项目经理)时,都秉持着所谓"胜任者"的理念。该理念源于汤姆·沃尔夫的名作《太空英雄》与 1983 年的同名电影。[4] 许多遴选委员会和人力资源负责人都按照"是否胜任"这一属性对候选人进行分类,他们认为成功的管理者可以用"善于沟通""结果导向""果断""高情商"等特性来辨别。他们往往会通过寻找某人过去的一连串的成功案例来推断，他在未来一定也能不断取得成功。普遍被接受的理论是，如果你发现某人有一系列完美成功的记录并具备"胜任"的属性，那么他就能够成功地管理新投资项目，但事实上"胜任"属性往往导致分类错误。[5]

摩根·麦考尔（Morgan McCall）教授阐述了另一种替代性的基于环境基础的理论。我们认为，这种理论可以更可靠地指导高管在恰当场合选出适合特定职位的人员。[6]麦考尔断言，使人们能够在新的工作任务中成功的管理技巧和直觉源自其职业生涯中积累的工作经验。因此一个业务单位可以被看作一所学校，而管理者面临的问题构成了学校提供的"课程"。管理者是否具备某项技能，很大程度上取决于他们在这些"学校"中是否选修过相应的"课程"。

那些在稳定的业务部门（例如电器行业中生产标准高容量电机的某个部门）成功地步步攀升的管理者很容易培养出具备在这个领域获得成功的必要技能的人员。这所"学校"的"毕业生"可能精通质量程序，善于管理流程、改良团队，懂得控制成本。但在这样一所"学校"中，即使是最有经验的高管都可能在新项目的启动上感觉力不从心，因为人们在启动新项目时遇到的问题往往与在管理运行良好的项目中遇到的截然不同。

当一家成长缓慢的企业的领导层决定推出新业务以激发企业的活力时，他们应该发掘什么样的人才来领导这项风险投资？是从核心业务部门挑选履历完美的管理者，还是选择曾经成功创业的外来管理者？"姜还是老的辣"，经验主义理念暗示这两种聘用选择都可能存在风险。内部候选人或许学会了如何控制预算、谈判主要供应合同、提高经营效率和质量，但可能在以前的工作中没有学习开展新业务的"课程"；外来企业家可能对快速建设新组织了如指掌，但在争夺资源或是在稳定、以高效率为导向的经营文化中抵制不当流程等方面缺乏经验。

  为确保管理者已经掌握在新任务中取得成功所需的技能，领导层应审查他们过去应对各种问题的能力。更重要的是，管理者成功解决问题之后，是否具备了成功迎接下一次挑战的技能和直觉。由过去的成功预测未来引发的一个问题是，管理者的成功往往并非基于自身能力，况且人们从失败中学到的东西比从成功中学到的更多。失败和对失败的反思往往是"经验学校"中的关键课程。只要他们愿意并有能力学习，犯错和改错的经历都能提升管理者的直觉，使其在下一次通过雷区时应付自如。

  管理者过去的经历能培养出他在未来完成任务时所需的技能。为进一步说明这一点，我们将继续讨论第四章提到的Pandesic的案例。英特尔公司和SAP公司于1997年开展了这个备受瞩目的新合作项目，将企业资源规划软件销售给小型企业，这是一个新市场破坏性创新。英特尔公司和SAP公司认真挑选了自己公司中最为成功的、久经考验的管理者来主导这个项目。

  Pandesic的规模迅速扩张，8个月内就雇用了100名员工，并很快在欧洲和亚洲多地设立了办事处。一年之内它就宣布与康柏、惠普、花旗银行等40家公司建立了战略伙伴关系。Pandesic的高管在第一批产品上市前就大肆宣传，以警告潜在竞争者远离小企业市场空间。该公司与IT咨询公司签订了分发和实施协议，这些IT咨询公司一直是SAP等大公司系统中的得力渠道合作伙伴。其产品最初被设计为通过互联网提供给小企业简单的资源规划软件，最后却演化成一个完全自动化的终端间解决方案。Pandesic由此惨遭失败，耗费了超过1亿美元后，只卖出少量的系统软件，最终于2001年2月宣告破产。

我们忍不住对这次失败进行事后分析：Pandesic的渠道合作伙伴没有动力去销售其产品，因为这种产品会扰乱它们的经济模式。该公司短期内投入大笔资金，建立了一个全球性机构，希望扩大自己的影响力。但这急剧扩大的影响力需要建立在收支平衡的基础上，其产品从最初设想的简单的小型企业软件演化成复杂的解决方案，在客户付费使用产品之前，产品的功能就已经被完全确立和锁定了。

Pandesic团队无疑犯了很多错误，但真正耐人寻味的不是它在哪个点做错了，而是英特尔公司和SAP公司优选的这样一批能力突出、经验丰富、具有威望的管理者居然会犯这样的错误。

要分析为何如此优秀的管理者会将投资项目带入歧途，我们可从经验主义的角度来看看他们是否够格承担任务。首先，想象你自己在Pandesic任职的第一天，高管层同意启动这个破坏性的投资项目。只能前瞻，不能后顾，你能否准确无误地预测这个投资项目会遇到什么样的挑战和问题？下面是你一定会遇到的几个问题：

- 可以肯定的是，你无法判断你的策略是否正确。然而，你必须制定正确的战略，发展共识，并围绕共识开展业务。
- 你不知道这个市场应该如何细分。"小企业"并不是一个合适的细分方法，"垂直行业"的说法恐怕也不对。你必须弄清客户正在设法完成什么样的工作，然后再有针对性地设计产品和服务。

- 你需要找到或开发一个能通过销售你的产品获得业务增长机会的分销渠道商。
- 你的企业领导会给你一些经验之谈，例如管理开销、规划要求和预算周期。你则要取其精华，去其糟粕。
- 你要实现盈利，而且你必须合理平衡现实和预期，使企业领导愿意继续为你的盈利增长投入资金。

其次，让我们应用麦考尔的理论，把 Pandesic 管理团队成员在以前的职务中获得的经验列成"学校课程清单"，这些经验为他们培养了一种直觉和技能，有助于他们掌控这类可以预见的问题。这一套经验清单应成为一个高级管理团队的"聘用规范"。第一步不是要求有"适当的能力"，而是定义出新团队将要进行管理的具体情况；第二步是将这些情况与新项目管理者曾经应对的挑战相匹配。

以 Pandesic 为例，我们需要一位有项目管理经验的高管，也许在项目进行之初，他自认为正确的战略并非如此，但是他能马上制定可行的新战略。我们还希望有一位能洞察市场的营销主管分析出新兴市场构造，以帮助我们形成一项新产品和服务套餐，为过去的"零消费客户"完成重要的"任务"，并分管其他一些工作。

最后，完整列出清单之后，就要比较 Pandesic 高管简历上的经验和清单上的所需经验和视角。尽管接受任命管理这家合资企业的管理者在管理成功企业的全球业务方面业绩非凡，但他们之前并没有应对这类问题的经验。他们曾学会如何管理庞大、复杂的全球性组织，这些组织的服务对象偏向常规市场，产品线也受到严格限制。他们都未尝试过用破坏性产品在新市场站稳脚跟。[7]

当稳定发展的企业试图通过推出新业务重新刺激增长时，其面临的最棘手的难题之一就是，其内部的各派经验主义者已经为管理者掌握如何启动新的破坏性业务提供了稀少而宝贵的"课程"。在许多方面，那些最受高管信赖的管理者之所以被委以重任，是因为他们一直都能在核心业务中取得预期的成绩。恰恰因为如此，他们不能被任命来领导新业务。人力资源部的高管此时必须承担主要责任，他们需要监控"经验学校"所需的课程可能在什么场合开展，并确保有前途的管理者在领导新业务前有机会接受适当的培训。当无法在企业内部找到这种训练有素的管理者时，他们需要确保，作为一个平衡整体的管理团队在适当的"经验学校"中形成了自身需要的理念。

找到接受过良好培训的管理者是聚集成功所需人才的关键性的一步。但这仅仅是第一步，因为组织的能力指的不仅是人员，还是资源的运作；也不仅是简单的资源，还包含其他因素，即操作流程和价值观。

流程

在公司将资源投入（人员、设备、技术、产品设计、品牌、信息、能源、现金等）转化为产品或更大价值的服务的过程中，组织也随之创造了价值。人们在实现这些转化中的互动、协调、沟通和决策时所采用的模式就是流程。流程包括产品的开发、制造方式和采购，市场研究，预算，员工发展及补偿，资源分配的方法。[8]

不同流程的差异不仅在于其目的，还在于其表现形式。有些流程是"正式"的，也就是说，它有明确的规定、清晰的记录并被人们自觉遵循。另外一些流程是"非正式"的，因为这些是随着时间推移形成的习惯性工作程序，人们遵守它只是因为"我们就是这样做事的"。还有另外一些工作方法和互动方式长久以来被证明非常有效，人们不自觉地遵守着它，以至于它构成了组织文化的一部分。无论操作流程是正式的、非正式的还是扎根于文化的，流程都决定着组织如何将投入转变为更有价值的东西。[9]

事实上，定义流程或使流程演变都是为了解决特定任务。当管理者遵照为完成某些任务专门设计操作流程，该流程可能会有效运行。但当看起来同样有效的流程被用来处理一个截然不同的任务时，它往往会显得死板且效率低下。[10]换句话说，定义执行某项任务的操作流程的可行性的同时，也定义了该流程在执行其他任务时的不可行性。与许多资源的灵活性相比，操作流程本质上是不可改变的。它们形成的目的是帮助员工在执行任务时保持一致，组织能运作良好的原因之一就是它们的操作流程永远向任务看齐。[11]

创新管理者在启动新增长业务时，往往会尝试使用那些旨在使主流业务有效运行的流程。他们屈服于这种诱惑，因为新的游戏开始之前，旧的游戏尚未结束。破坏性创新通常需要在低端市场或新型竞争中扎根，而此时核心业务仍如日中天，在这时启动变革看起来愚不可及，遵照一个放之四海而皆准的流程做事看起来更为省心，但通常一个新投资业务失败的原因就是创建过程中采用了错误的流程。

企业通常要检讨的最关键的流程不是和后勤、开发、制造、客户服务等相关的显而易见的增值流程，而是那些能够左右投资决定的支持流程，包括市场研究的常规操作方式，分析结果如何体现在财务计划上，业务计划和财务预算制订过程中的商谈方式，数据的提交过程，等等。这些流程是许多组织在创建新增长业务时极为欠缺的。

这其中的一些流程比较隐蔽，因此我们很难判断主流组织的操作流程能否促进或阻碍新增长业务的发展。一个好办法是询问该组织是否遇到过类似的情况或任务，如果没有多次处理某些特定任务的经验，就很难指望一个组织制定好完成该项任务的流程。例如，如果一个组织曾多次制订现有市场中固有业务的战略计划，那么在制订规划时，规划者遵守的操作流程就会趋于一致，而管理者会本能地遵循这样的计划。但是，如果该组织并没有多次为潜在市场制订竞争计划的经验，我们完全可以断言制订这种计划的操作流程根本不存在。[12]

价值观

影响一个组织完成某项任务的第三个因素是价值观。有些企业的价值观是基于道德的，例如强生公司的决策以确保患者健康为指导，美国铝业公司则以安全作业为指导。但在RPV框架中，价值观有更广泛的意义。一个组织的价值观是员工决策的优先标准，他们会依此判断一份订单是否有吸引力，哪个客户更重要，某个新产品的构想法是否有可行性，等等。[13]

各级员工在做决定时都有一定的优先级。在高管层面，这些决定往往表现为是否投资新产品、服务和操作流程。[14]对销售人员来说，则体现为每天临时决定将拜访哪些客户，将哪些产品推荐给这些客户，以及不推荐哪些产品。工程师选择设计方案，生产调度员安排产品生产顺序，这些都是根据优先级做出的决定。

企业发展得越大越复杂，就越需要高管培训各级员工，使之学会遵照企业的战略方向和业务模式自主确定决策优先级。这就是为什么成功的高管会劳时费力、不厌其烦地建立明晰的、能够得到整个组织广泛理解的一致的价值观。随着时间的推移，企业的价值观必须随之演变，以符合其成本结构或资产负债表，因为该企业要想生存，员工就必须按照企业的盈利模式优先考虑能帮企业赚钱的业务。

资源和操作流程往往能决定组织的能力范围，而价值观代表限制——它决定了组织不能参与的业务范围。例如，如果一家企业的管理费用要求它的毛利率达到40%，这时将产生一个有效的价值观或决策法则，在此价值观上，员工不会提出、高管也不会通过那些承诺的毛利率低于40%的业务构想。这样的组织将无法在低利润业务中取得成功，因为那不是它优先考虑的业务。同时，在不同的组织里，因为有着完全不同的成本结构，就会形成相去甚远的价值观，那么被前者弃如敝屣的项目可能成为后者优先实施的项目，这些分歧便创造出"破坏者"和"被破坏者"之间的不对称动机。

随着时间的推移，成功企业的价值观趋于以可预见的方式在至少两个范围内发展。第一个范围涉及可接受的毛利率。随着企业升级产品和服务以不断吸引自己市场中处于溢价层的客户，它们往往会增加管理费用。因此，在有些市场显得相当有吸引力的毛利率在其他市场可能会丧失吸引力。在市场迁移的过程中，企业的价值观也会不断转变。[15]

在第二个范围内，价值观可以随机改变，它涉及企业的规模和吸引力之间的关系。因为企业的股票价格代表了其预期收益折扣后的现值，大多数管理者通常不仅希望股价维持增长，而且希望股价保持稳定的增长速度。一家总资产 4 000 万美元的企业要想让其业务规模增长 25%，就需要在下一年拓展 1 000 万美元的新业务。一个让小企业欢欣鼓舞的机会对大企业来说吸引力微乎其微。事实上，成功带来的效应苦乐参半：企业在壮大的同时，实际上也失去了进入小型新兴市场的能力。一方面，其扩大的规模和成功让它们掌握了丰富的资源；另一方面，这些企业无法部署资源对抗日后不断发展壮大的小型破坏性市场，原因在于它们的价值观不允许。

为了节省开支，高管和促成超级大企业合并的华尔街的金融家们需要考虑这一行为对合并后企业的价值体系造成的影响。虽然合并后的企业拥有更多的资源去投入新产品的开发，但其视角变得狭窄，只能瞄准大市场。巨大的规模反而成为新增长业务中一块实实在在的绊脚石。只要大企业灵活地保留小型业务，它们就可以持续保有决策者对新机遇的兴奋状态。

能力的转移

在初创企业中，大多数工作的进行得益于它的资源，尤其是它的员工。几个关键人员的加入或离开都可能对其成功产生深远影响。然而，随着时间的推移，该组织的能力会转向其流程和价值观。随着员工们一起不断成功地解决常规任务，流程被固定下来。而随着商业模式的形成，便可清楚哪些类型的业务需优先考虑，这样价值观便开始凝聚。其实，很多生产热门新产品的初创企业一经上市就蓬勃发展，但很快就失去了动力，原因之一是它们最关键的资源——创业团队——未能建立操作流程或价值观，而只有这两者能帮助企业在后续不断推出热门产品。

企业的创新能力如果能成功地从资源转移到流程和价值观，成功就会变得更容易。哪种员工被分配到哪种项目团队反倒不重要了。例如，在成功的大型管理咨询公司，每年都有数百名新入职的MBA，几乎也有同等数量的MBA离职，这些公司能够年复一年完成高质量的工作，正是因为公司能力扎根于公司的流程和价值观，而不是资源。

在新企业的流程和价值观凝聚过程中，企业创始人的行为和态度通常有深远的影响。创始人往往会向员工表达出强烈的意愿，希望他们按指定方式共同努力，以达成一致并把事情做好。创始人同样会将组织优先次序的观念施加给员工。当然，如果创始人的方法有缺陷，该企业可能会失败。但如果这些方法是有益的，全部员工会共同体验创始人有效解决问题的决策方法和标准。这样随着他们不断成功运用这些方法共同努力完成常规任务，流程便被确定下来。同样，如果该企业根据创始人的标准决定资源使用的优先次序，从而在经济方面取得成功，该企业的价值观便逐渐凝聚。

随着成功企业日趋成熟，员工会认为，他们已接受的优先次序、处理事情的方式及做决策的方式就是正确的工作方法。一旦组织成员开始根据经验判断来选择工作方法和决策标准，而不是根据理性的判断去做，那么这些流程和价值观就构成了组织文化。[16] 随着企业从少数员工发展到成百上千人，要使所有员工在需要做什么和如何做的问题上达成共识，保证持续正确地完成工作，对最优秀的管理者来说也是严峻的挑战。在这些情况下，文化是强大的管理工具，企业文化能使员工自主行动，并使他们的行为保持一致。

因此，决定一个组织的能力和弱点的最重要的因素会随着时间的推移不断变动：从资源变为有形、有意识的操作流程和价值观，然后转化为文化。当组织的能力主要体现在员工身上时，改革以解决新问题会相对简单。但当组织的能力被升华到操作流程和价值观，尤其是当它植根于文化时，改变可能会变得异常困难。

组织上的每个改变都意味着资源、流程、价值观及这些因素组合的变化。控制每种类型的变化需要的工具是不同的。此外，根基稳固的组织通常面临创造新增长业务的机会，并需要因此发展出不同的资源、流程和价值观，而此时主流业务仍然在健康发展，这就意味着高管不能改变维持核心业务成功的资源、流程和价值观。这一切需要以更合适的方法实现管理转变，但许多管理者都忽视了这一点。[17]

寻找正确的组织结构

前文已经指出，一个行业的现任领导者几乎总能在延续性技术的战场获胜，但过去他们却常常折戟于破坏性战役。RPV框架有助于我们弄明白为何领先企业的业绩会在这两项任务上截然不同。业界领袖反复将延续性技术引入市场，《创新者的窘境》一书主要研究了计算机磁盘驱动器行业的情况，116项新技术中有111项是延续性技术。年复一年，为取得竞争优势，先入者引进新的改良产品，不断完善技术潜力的评价流程，并评估客户对替代的延续性技术的需求。换句话说，组织会发展持续创新的能力，这一能力就体现在流程中。对延续性技术的投资也符合领先企业的价值观，因为它承诺提供更好的或成本更低的产品，从而提升利润率。[18]

另外，破坏性创新一般会断断续续地发生，没有一家企业对此有一个经过实践检验的处理流程。此外，因为破坏性创新产品的单价较低，毛利润不高，而且不受大客户青睐，所以破坏性创新业务不符合领先企业的价值观。先入者拥有诸如工程师、资金、技术等资源，这些都是在延续性和破坏性创新技术上取得成功必需的条件，但它们的操作流程和价值观构成了取得破坏性创新成功的绊脚石。

与此相反，规模较小的破坏性创新企业实际上在新兴的市场中更有竞争力。它们缺乏资源，却也不受资源限制。它们的价值观符合小市场运作规律，其成本结构允许其在产品单价较低的基础上赢利。其市场调查和资源分配流程均不太正式，让管理者能够不必通过认真研究和分析就可直观地操作。从不同的角度看，这些优势叠加起来可能构成巨大的机会，也可能构成近在眼前的灾难。建设新增长业务的高管不能仅仅指派有合适经验的管理者来解决问题，他们必须确保将企业获得成功的责任赋予特定组织，这些组织的操作流程有利于完成企业需要做的事情，其价值观使之能够优先考虑这些事情。理论上，一个创新举措必须与上层组织的流程和价值观相符，否则创新就难以成功。

RPV框架在许多方面是通过对变革的管理进行思考的方式，变革涉及创造新资源、新流程或新价值观。一家成功的企业在这些方面能保证极少发生大规模变化，因为通常现有资源、流程和价值观能有效支持已建立的健康发展的企业，就像新的资源、流程和价值观是支持新企业所必需的一样。如果高管们能在创新中停止使用那些放之四海而皆准的流程和政策，就能大大提高增长性投资取得成功的概率。

图 7.1 提供了一个框架，以帮助管理者决定何时可以利用现有的组织能力，何时又应创造或获得新能力来开展新增长业务。图 7.1 左边的纵轴衡量了现有流程，即互动、沟通、协调和决策模式在组织中的应用，这一点可确保有效完成新任务。如果图 7.1 下端的指数匹配良好，项目经理可以利用组织的现有程序协调现有职能单位的工作；如果匹配不了，则需要建立新流程和新型的团队。

图 7.1 中位于下方的横轴要求管理者为保证成功，要评估组织的价值观是否允许为新业务配备所需资源。如果匹配程度低，那么主流组织的价值观将给予该项目低优先级。也就是说，该项目相对于其商业模式具有潜在破坏性。图 7.1 位于上方的横轴显示了一个意在进行某项创新的组织所需的自主度。对于破坏性创新举措，建立一个自治的组织来发展投资项目并使之走向商业化，对成功来说必不可少。然而在另一个极端，如果长期以来二者匹配程度很高，那么管理者就可以预计主流组织的能源和资源会随之聚集，因为该项目是可持续的。在这种情况下不可能出现内部研发兴趣小组或子公司。

图 7.1 右侧的纵轴列出了三种组织结构，企业可利用其中适合的结构进行开发，或克服现有流程造成的障碍。负责领导创新的开发团队可以是重量级、轻量级或功能型的。图 7.1 的四个区域将处理不同种类适应度的挑战同主流组织的流程及价值观综合在一起。A 区域表示管理者面对着突破性的延续性技术变革，该

状况符合组织的价值观,但它给组织带来了需要解决的不同类型的问题,因此需要团体和个人之间有新型的互动和协调。在这种情况下,组织需要一个重量级项目团队。在 B 区域,项目符合公司的流程及价值观,新投资项目可以很容易地通过协调现有的组织内部职能得到发展。C 区域是指一种颠覆性的技术变革,它与组织的现有流程和价值观都不相符。为了确保在这种情况下取得成功,管理者应该建立一个自主性组织。D 区域以特定项目为例,说明迎合主流的产品或服务需要以管理成本较低的商业模式销售。这些投资项目可以与主要组织的物流管理流程形成杠杆关系,但是它们的预算、管理、资产负债表则完全不同。[19]

实际参照图 7.1 时有必要注意,破坏性是相对而言的,一项业务对一家企业来说是破坏性创新,对另一家企业来说可能属于延续性改良。例如,戴尔公司首先通过打电话销售计算机,对戴

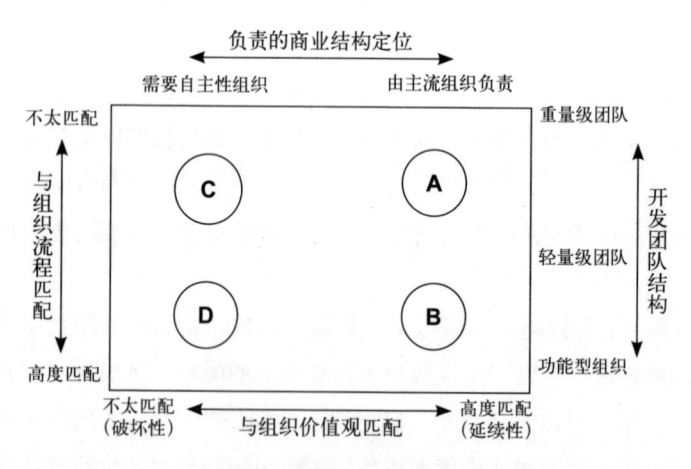

图 7.1 寻找正确的组织结构及业务归属的框架图

尔公司来说，在网上销售的创举是延续性创新，它帮助戴尔公司依据自身的盈利结构来赚更多的钱，所以戴尔公司在互联网零售业非常成功也就不足为奇了。但对康柏、惠普、IBM等公司来说，直接向客户销售产品绝对是破坏性创新，因为这影响到它们的零售渠道合作伙伴。它们无法在其现有的组织中腾出空间开展互联网销售，因此它们在这个新渠道的销售业绩远不及戴尔公司。它们要想在计算机零售市场占据领导地位，唯一的办法就是成立一个自主业务部门，最好能开发一个新品牌。

同样，对 Lands' End 这样的广告目录邮购公司来说，互联网属于延续性技术，因此，我们期待它们能将之纳入其现有的流程。但对梅西百货这样的实体零售商来说，互联网则是破坏性创新，这就需要其内部自建独立组织拓展网络营销，从而创造真正意义上的破坏性增长。[20] 同样，互联网对德美利这样的折扣股票经纪公司来说属于延续性技术，而对美林证券这样的综合服务提供商来说是破坏性技术。

组织不能破坏自身。因此，当美林证券在其主流经纪组织内实施互联网证券交易时，其作用主要是为了给提供全方位服务的经纪人更有质量的信息，帮助他们更好地满足高资产净值客户的需要。美林证券将互联网系统塑造成了延续性技术——其他结果自然是不可能有的。此外，美林证券的这种做法相当明智，因为它的客户经纪业务前景美好，美林证券自然会不遗余力地把这一业务做得更好，使其更有利可图。[21] 但美林证券的高管层不能就此认为他们已经解决了嘉信理财网上经纪折扣业务对他们构成的威胁，或把握了随之出现的机遇。只有创建一个自主组织，其价值观或成本结构有助于它以优惠的价格赚取丰厚的利润，才能下此结论。

前文指出，先入者倾向于把破坏性构想硬塞入主流市场，强行使其在延续性基础上展开竞争，其中一个重要原因就在于此。如果企业固守既有策略，在主流组织内发展破坏性创新并将其货品化，那么后果可想而知。一个组织的流程和价值观决定它只能实现延续性创新。

创建新能力

对企业高管来说，如果组织的现有能力无法适应新增长业务的需求，那么组织就要创造新的能力，恰好RPV框架可以作为其使用指南。同时，RPV框架可以作为"自制或外购"的决策框架，此类决策通常与资源有关，如培训内部管理者或聘用外部管理者。当然，企业也可以制造或购买流程和价值观，接下来我们将讨论这一点。

创建管理人才优势

从许多方面来看，要培养管理人才，就要启动一系列新增长业务，这实际上是一个先有鸡还是先有蛋的问题。想要最大化成功的概率，就要识别出有能力的管理者，他们能够在此时此地成功地应对建设新业务的挑战。但要为企业未来的发展培养管理者，组织需要让崭露头角的管理者负责处理一些他们尚不能胜任的情况和任务，只有这样他们才能学到取得成功所必需的技能。你需要创建成功的业务，确保在内部经验的学堂中有合适的课程，以使新一代管理者可以从中学习。然而，使有能力的管理者到位是创立新增长业务的先决条件，成功摆脱这些方面的创新窘境是人力资源总监的重要责任。

企业达到一定规模后，大部分高管都建立了一整套流程，以识别一批资历虽浅但极具潜力的管理者，让他们做好准备，积累成功所需的技能，直面企业的未来。许多企业都是根据员工早期表现出的特点所预示的潜力轨迹来选择管理人才的。在这些企业里，征聘和提升新领导者的过程需要经历多次筛选，以便找到少数有潜质但能力还处在萌芽阶段的人才。

然而，"经验学校"的理论提出，潜力不是用特征来衡量的，而是由获得特征和未来环境所需技能的能力来衡量的。换句话说，企业要寻求的是能够从未来经验教训中吸取教训、具有较大潜力的员工。通过聚焦学习能力，就可以避免员工一厢情愿地认为目前清单上列出的重要能力在未来同样是必需的。旨在识别高潜力人员的业绩表格当然会包括基本技术和认知需求，但它不会按照特征的合适程度来排名。这会集中反映学习导向的标准，如"寻求学习机会"、"寻求和利用反馈"、"问正确的问题"、"着眼于新的角度观察事物"和"从错误中学习"。当然，优秀学习者的特征往往反映在其取得的成就中，但企业真正的目标是确定员工是否愿意学习新技能。

然而，把员工放在学习的位置上也会遇到一些困境。那些已经"准备好了"的、完全能够处理分配工作的人，显然很难在这样的位置上学到什么。而那些最需要学习的人却无法通过任务积累经验。因此麦考尔指出，那些把注意力集中在寻求不断改进结果的管理者往往在激发下一代管理人才实力上表现最差。高管们既要部署好完全合格的员工以达到预期效益，又要为企业进一步发展所需的高潜力员工提供学习机会。要想平衡这两者的关系，他们必须具备非凡的专业能力和远见。不管怎样，他们必须达到这种平衡。

一些企业希望不断通过劳动力市场处理紧张局势，与其他企业争夺那些具备成熟的必需技能的人员。回顾本书第五章和第六章的内容，我们认为，内部管理培训越来越普及，其中一个原因就是管理者表现不够好。在许多方面，内部管理的发展可以创建一个管理者技能与企业流程和价值观之间运行良好的接口。在管理业绩还不够好的情况下，外聘"模块化"的管理者并试图将其插入企业复杂、相互依存的资源、流程和价值观中，其发展往往举步维艰。[22]

一家致力于发展新增长业务的企业可以在管理发展过程中建立一系列良性循环。一次又一次地反复启动增长业务，可以形成一系列严格苛刻的经验，下一代高管可从中学习如何领导破坏性创新。那些偶尔尝试建立新增长业务的企业，只能为下一代高管提供少得可怜的机会，很难使他们从中学习并成功维持企业增长。

创建新流程

图7.1的右纵轴显示了为开展新增长业务创建适当流程所需的团队。当需要创建不同的流程时，就需要哈佛商学院教授金·克拉克（Kim Clark）和史蒂芬·惠尔赖特（Steven Wheelwright）所提到的"重量级团队"。[23]这个术语指的是从功能型组织中抽调一批人，将其置于另一种团队结构中，在这里他们能与不同的组织群体针对不同的问题以不同的节奏互动。这一点一般来说在功能正常的组织界限之间是难以做到的。重量级团队是创建新流

程或新的合作方式的工具。反之，轻量级团队则是开发现有流程的工具。

我们可以使用本书第五章中提到的交互式和模块化的概念，虚拟一个重量级团队，并弄清何时需要创建这样的团队。当两组不同人员或组织团体的活动有一个清晰明确的接口，也就是说能够清楚地阐明两者各自的责任时，你就可以评估和验证双方履行的责任，一方的行为和另一方的行为相对应，这种交互关系都在可预知范围内，这样大家无须在同一团队就可以近距离互动。当这些条件得不到满足，那么所有不可预知的交互关系应该设定在一个重量级团队的范围内。该团队的外部界限可以根据模块化接口来决定。在这个团队处理新任务时，新的合作方式可以在其内部凝聚。如果团队不断解决类似任务且保持完整性，这些方式则可以演化为流程。[24]

要取得成功，重量级团队应该设在同一地点。团队成员将为整个大团体提供他们的专业技能，但他们在大团体中并不代表原运作团队的"利益"。团队成员的职责只是各尽所能，以使项目取得成功，即使有些行动对他们的原运作团队来说并不是最佳的。许多企业成功地利用了重量级团队来开发新流程。例如，克莱斯勒公司曾把其产品研发群体构建在电力系统这样的具体部门周围。20世纪90年代初，汽车行业的竞争基础不断变化，迫使克莱斯勒公司加快新型汽车的研发步伐。克莱斯勒公司围绕着小型货车这样的平台组织开发团队，而不围绕技术子系统。因此，克莱斯勒公司组建的重量级团队并不擅长集中组件设计，但该团队创造出的新流程在全新的汽车设计中表现得更快、更有效。这是一个随着竞争基础转变而实现的重要成就。一些多样化的企业，如心脏搭桥行业的美敦力（Medtronic）、硬盘行业中的IBM和精神分裂症药物奥氮平片（Zyprexa）生产行业的礼来公司（Eli Lilly），都用重量级团队为主体创建了差异化的快捷流程。[25]

绘制流程图不会产生完全不同的流程。相反，通过让重量级团队解决那些组织过去从未经历的新问题，高管还可创建新的流程。成功应对挑战之后，团队需要重复多次面对类似问题。最终，这种新的工作方式将建立在团队内部，进而扩散到整个组织中。

创造新的价值观

企业只有建立拥有新成本结构的新业务部门，才可能创建新的优先级标准或价值观。例如，嘉信理财设立的破坏性网上经纪业务就是一个完全自治的组织。它的在线交易费用为29.95美元，而它通过以办公室和电话为基础的经纪交易的平均价格接近70美元。这个独立的组织对主流业务而言确实是破坏性的。它发展如此之快，以至于18个月后公司决定将主流业务并入新的破坏性组织。公司的价值观在我们的模型中与其成本结构相符，现在却因成功开展破坏性业务而发生了改变。当破坏性业务代替了旧的组织，嘉信理财的价值观也随之改变，因为旧的价值观无法优先考虑破坏性增长业务。

一个组织不能进行自我破坏，其原因在于，成功的组织自然只能优先考虑那些相对其目前成本结构来说，能够贡献更大利润率的创新。因此对嘉信理财来说，在原有组织内减少开支以达到能在破坏性价格下赢利，倒不如直接创建一个新的商业模式，使之在29.95美元的价位上依然有利可图。这是改变价值观最好的方法，因为在破坏性的新项目开始时，原有业务仍然保持着持续盈利的巨大潜力。

自治意味着什么？我们的研究表明，在地域上与核心业务的分离并非自治的关键层面，所有制结构同样不是。破坏性投资项目不能完全由母公司控股，这样做没有任何意义。自治的关键要点涉及流程和价值观。破坏性创新业务需要自由空间来创造新的流程，并建立独特的成本结构，从而做到在制造和销售最早期产品时，也能赢利。在构建新增长业务时，CEO的关键职能之一就是决定在新的投资项目中采取主流企业的哪些流程和管理费用。

收购后的组织能力

管理者常常觉得，从竞争和经济意义上讲，与其培养企业的一系列新能力，不如照搬别人的。不幸的是，企业记录中通过照搬而成功发展新能力的例子极其罕见。RPV框架可以有效地解决企业因合并已收购企业所带来的挑战。每当一家企业收购另一家企业时，它也购买了对方的资源、流程和价值观。因此，收购方的管理者首先要问自己："为何我收购的这家公司如此昂贵？是否因为其资源（员工、产品、技术或市场地位）或者其价值的很大一部分在于其流程和价值观？是否正是这独特的工作和决策方式使该公司能够理解和满足客户，并在具有破坏性潜力的成本结构中及时开发、制造并推出新产品？"

如果被收购企业的流程和价值观是其成功的真正驱动力，那么收购方的管理者千万不能妄图将其合并到新的上级组织中。合并会使许多被收购企业的流程和价值观化为乌有，因为其管理者必须采用收购方的经营方式，他们的新增长建议也要按照收购企业的决策标准接受评估。如果一家企业的流程和价值观是其曾经取得成功的原因，那么让被收购企业独立运作，由母公司向其流程和价值观注入资源，则是更好的策略。这一策略实质上真正构成了对新能力的收购。

另外，如果企业的资源是收购的主要目的，那么将其并入母公司自然无可厚非。这种将收购的人员、产品、技术和客户融入母公司的运作流程，可视为对母公司现有能力的一种补充。

我们可以通过RPV框架分析戴姆勒-奔驰公司对克莱斯勒公司的收购行动，以及其随后合并这两个组织所做的努力。与竞争对手相比，克莱斯勒公司的特色资源少之又少。克莱斯勒公司在20世纪90年代的市场成就主要体现在流程上——尤其来自其重量级团队的产品设计流程，使之可以在24个月内创造出优雅的新外观设计。克莱斯勒公司的价值观也很珍贵，因为它设计生产一辆汽车只需相当于戴姆勒公司1/5的员工开销。收购后，戴姆勒公司如何才能充分利用克莱斯勒公司的能力呢？就是通过保持其独立性，并将资源注入其流程和成本结构。相反，随着华尔街开始大肆鼓吹节省成本，一些没有多少流程意识，更没有价值观意识的分析师向戴姆勒公司施压，要求合并两个组织以降低成本。我们担心，合并两家公司会损害克莱斯勒公司的许多关键流程和价值观，而这些正是戴姆勒收购克莱斯勒的价值所在。

相比之下，思科公司的收购活动则运作良好，因为思科公司总是从正确的角度来看待资源、流程和价值观。思科公司收购的公司都是建立不到两年的小公司，如市场价值主要建立在资源上的早期组织，特别是工程师、产品等资源。思科公司有着界定明确、考虑周全的操作流程，通过这个流程，思科公司基本上将这些资源插入了母公司的流程和系统,而它又精心开发出一套方法,使被收购公司的工程师能愉快地融入思科公司的系统。在融合过程中,思科会丢弃任何随着收购而来的不成熟的流程和价值观,因为这些因素不是收购的目的。有几次它收购了更大、更成熟的组织,特别是在 1996 年收购 StrataCom 公司时,思科并没有将其并入母公司。相反,它让 StrataCom 公司独立经营,并向其注入了大量资源,以帮助它以更快的速度成长。[26]

组织犯错的代价

若管理者很看好一个宝贵的机遇,却将其置于一个不适合任务实施的组织环境中,他可能会错失这一机遇,或造成数百万美元的巨大浪费。关于这一点有两个著名的例子,一是 20 世纪 90 年代末美国第一银行(Bank One)创建 Wingspan 网上银行,二是 20 世纪 60 年代伍尔沃斯试图把伍尔科(Woolco)建设成为领先的折扣零售商。

美国第一银行旗下的 Wingspan 网上银行

美国第一银行的信用卡部门和一家领头的管理咨询公司合作,于 20 世纪 90 年代末推出了名为 Wingspan 的网上银行。Wingspan 网上银行归美国第一银行所有,是拥有独立客户及独立品牌的自治组织,因而它可以轻松地从美国第一银行得到客户。该策略的制定者显然认为,网上银行的新颖性和破坏性意味着 Wingspan 网上银行作为独立公司成功的机会更大。

但是,本书第二章的试金石测验表明,从商业模式上看,对领先的零售银行来说，网上银行属于延续性创新。网上银行无法在"零消费市场"赢得竞争，因为美国几乎所有的计算机用户都已开设银行账户。因此，网上银行破坏新市场是不可能的，只能参与主流消费市场的竞争。另一个破坏性替代方案着重于进攻低端市场，它首先需要找到一个新的客户群，这一客户群觉得目前银行的产品和服务的运作过程虽然稳定可靠，却过于烦冗。其次需要确立一个商业模式，使银行在折扣价格中能赚取丰厚利润，要赢得低层次市场中的客户必须依赖这种价格优势。鉴于吸引客户需要高额的广告费，这样做不具备成本优势，因此也行不通。[27]

由于破坏市场是不可能的，人们只能将网上银行当作在传统银行模式基础上的延续性技术。其实有很大一部分优质客户注重便利性，而且在大多数情况下，每笔网上交易的成本比在分行或通过取款机办理时要低，因此美国第一银行没有理由单独开展这项业务。的确，在延续性技术战争中，地位稳固的公司几乎总是赢家。

伍尔沃斯和折扣零售

1962年，作为世界领头零售商之一的伍尔沃斯成立了折扣百货分店伍尔科，虽然其所有权完全归属伍尔沃斯，但作为一个自主管理、独立经营的部门，这样做自然是个英明的决定。从价值观来看，折扣零售业具有破坏性，所以需要全新的操作流程。伍尔沃斯的杂货店的平均毛利率达35%，每年库存周转3.4次。而折扣零售业平均毛利率只有23%，要赚取可接受的回报，这些零售商需要把库存周转率提高到每年5次。[28]

1971年，伍尔沃斯公司管理层决定将伍尔科的管理、采购和后勤职能融入伍尔沃斯主体，以使这些固定费用充分体现在两项业务上。结果如何呢？不到一年，主流企业的价值观要求伍尔科的利润率高达34%，而伍尔科的存货周转率下降到每年4次，这两点都是参照伍尔沃斯商店的盈利模式规定的。伍尔科最终不得不关门大吉。速度如此之快，正如我们在美林证券公司的网上经纪业务中看到的，具有潜在破坏性业务的经营模式必须调节自身，以符合它所在组织的价值观。这是组织性质的基本法则，没有其他任何可能的结果。组织不能破坏自身，管理者只能根据自己的工作环境按照理性行事。作为破坏性机遇，伍尔科需要保持独立；作为延续性机遇，Wingspan网上银行必须并入美国第一银行的主流业务。

第八章

策略开发
流程的管理

企业只寻求正确的策略还不够，关键是要管理策略开发的流程。策略性举措会从两个来源进入资源分配流程——谋划型和应急型。在延续性创新和某些低端市场破坏性创新的情境中，竞争环境十分清晰，企业可以周密地设想和实施策略。然而，当破坏性创新处在新市场的初始阶段时，人们几乎不可能处理好策略的细节。在这种情况下，管理者需要实施生成新策略的流程，而不仅仅是执行这个策略。

管理者在战略决策上有三个行政杠杆点：第一点是管理成本结构或企业价值观，这样理想客户的破坏性创新产品的订单可得到优先考虑；第二点是以探索为导向的规划，这个有秩序的流程加速了对可行性与不可行性的了解；第三点是要提高警觉，确保谋划型策略流程和应急型策略流程在合适的业务情境中得到执行。只有极少数高管能够应对这个挑战，它也是先入者创新失败最重要的原因之一。

在创建新业务的过程中，和策略有关的大多数问题都与策略的实质有关。管理者总担心他们的决策出错。然而大多数管理者忘了问自己一个更重要的策略问题，正是对这一点的忽略，最终导致许多企业制定了有缺陷的策略。这个关键问题涉及策略的制定流程，投资项目的管理团队正是依赖这一流程成功制订和实施计划的。虽然管理者痴迷于寻找正确的策略无可厚非，但他们实际上可以通过管理开发策略流程来确保在适当的情况下采用适当的流程，以发挥其更大的作用。

　　我们注意到，创新的想法总是出现在一个不成熟的、尚未成形的环境中，接着在形成过程中转化为充实完整的业务计划，成为能够得到投资的完整策略。本章介绍了两种同步但本质不同的策略开发流程，并提出了基于情境的理论。该理论指出了在企业的不同发展阶段，哪些管理流程可能成为最有远见的、最可靠的策略来源，然后描述了资源分配流程的运作，所有策略都要经由这个流程筛选，以带动整个企业的运作。本章结尾描述了一些方法和概念，以供管理者制定有效的管理策略时参考。

谋划型策略和应急型策略

每家企业在策略制定过程中都有两个同步进行的流程。如图 8.1 所示，这两种策略制定流程——不管是谋划型还是应急型——总是存在于每家企业当中。[1] 谋划型策略的决策流程是有意识的、分析式的，它往往基于对市场增长、细分规模、客户需求、竞争对手的优劣势、技术轨迹等数据进行严格分析。在谋划型流程中制定的策略通常是有始有终并自上而下地实施的。我们希望本书提及的理论可以帮助高管和他们的顾问在制定策略时摒弃传统的数据分析方式，以更有计划性的流程来制定策略，从而创造和保持业绩增长。

如果能满足下面三个条件，那么谋划型策略可成为规范组织行为的合适工具。第一，该策略必须包含和正确处理影响成功的所有重要细节，负责实施策略的管理者也必须对这些细节了如指掌。第二，如果组织要采取集体行动，所有员工必须能从他们看问题的角度理解该策略，就像高管那样，这样他们才能采取恰当一致的行动。第三，集体意图的实现必须尽量避免不可预料的外部政治、技术、市场力量等因素的影响。鉴于这三个条件很难同时满足，应急型策略在制定流程过程中几乎总会和企业实际实施的策略有所不同。[2]

如图 8.1 所示，应急型策略在组织内部如气泡般涌现，这是中层管理者、工程师、销售人员和财务人员日常做出的优先次序和投资决策的累积效应。这些往往都是战略性的日常运作决策，做出这些决策的并非那些富有远见、具备未来意识或战略精神的人。例如，山姆·沃尔顿决定不把第二家沃尔玛连锁店的选址定

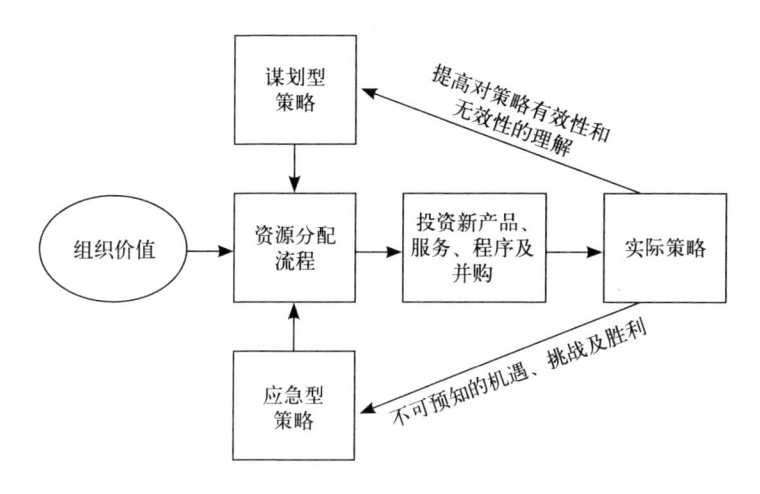

图 8.1 策略制定和实施的流程

在大城市，而是建在附近的阿肯色州，目的是提高该店的后勤和管理效率，这一决定后来演化成沃尔玛的辉煌战略，即在小城镇开折扣店，使竞争对手没有能力与之抢占市场。应急型策略往往出自管理者对某些问题或机遇的反应，管理者未能在谋划型策略的分析和规划阶段预测到这些问题或机遇。当人们发现应急流程中形成的高效策略时，便可使之正式化并加以改进利用，从而将应急型策略转化为谋划型策略。

在未来形势不明时，或不知如何选择正确策略时，应急型流程应占据主导地位。一家企业在早期几乎总是出现这样的情况。然而，只要情况有变，预示着在过去工作中有效的方法可能在今后不再有效时，就需要拟定应急型策略。另外，一旦取胜的策略已经明朗，谋划型策略就该占据主导地位，因为在这些情况下策略执行有效与否往往是成败的关键。[3]

策略过滤器：资源分配流程

图 8.1 绘出了谋划型策略和应急型策略在确定实际策略时重合的部分。意见和倡议，无论是谋划型的还是应急型的，都在资源分配流程中被过滤了。资源分配流程决定了哪些谋划型和应急型的策略可吸引到资金并被执行，而哪些将被否定。只有通过对新产品、流程、服务，以及被收购单位进行资源分配的流向进行分析，才能显现出实际的经营策略。

资源分配的流程通常复杂而分散，它运行于每个层面和每个时间段。如果指导资源分配优先级的价值观不能与企业的谋划型策略结合在一起（实际上它们往往也确实没有有机地结合起来），那么企业的谋划型策略和实际经营策略之间可能出现很大差距。对组织的日常资源分配所依循的标准进行积极的监测、了解和控制，是管理者在谋划和实施策略过程中需要应对的具有意义重大的挑战。

与策略意图相对应，从资源分配流程中获得资助和其他资源的倡议可被称为"策略行动"。英特尔公司董事长安迪·格鲁夫提出："要了解公司的实际策略，就要注意公司管理者的行动，而不是他们的言论。"[4] 按我们的说法，这意味着企业的策略是资源分配流程的结果，而不是其成因。

在企业着手处理这些问题的同时，管理者则开始应对突发性危机和机遇，他们的经验又回到应急型策略流程中。当这些管理者在竞争激烈的市场上了解到哪些方案可行、哪些方案不可行时，他们便依据更深刻的理解回到谋划型策略流程中。每个资源分配的决定，无论多么微不足道，都会塑造企业行为。这就会产生一系列新机遇和新问题,并向流程中注入新的谋划性和应急性因素。

这个关键的资源分配流程如何运作?如前文指出的那样,它受企业价值观的有力推动,这些价值观是管理者和员工在做出优先决策时遵循的准则。大多数有关新产品、新服务和新业务的开发构想都在企业内部此消彼长、不断涌现,然而中层管理者并不能把全部构想都传达到高管那里以申请批准和拨款。中层管理者所遵循的价值观或准则决定了他们可能将哪些想法报告给上级、将哪些想法扼杀掉,这对资源分配流程的结果而言意义重大。前文指出,一旦中层管理者认为某个想法有其优势,他们就会与创新者密切接触,将想法塑造成一个切实完整、能够赢得投资的业务计划。影响高管注资决定的价值观,同样也决定了各种构想能否被遴选到资源分配流程中。[5]

以下两个因素对指导资源分配决定的价值观有特别重要的影响。第一个因素是企业的成本结构,它决定了必须用于支付的管理费用和获得利润的毛利率。优秀的管理者在这个问题上往往进退两难,因为如果在资源分配过程中优先考虑创新建议,可能难以维持或提高组织的利润率。[6]第二个因素是新机遇为了通过资源配置而必须符合企业规模。随着企业规模变大,阈值也会随之变大。当企业规模较小时,在企业的资源分配流程中被视为充满活力的机遇,在企业规模变大后会被淘汰,因为它"没有大到足以令大企业感兴趣"。

除了在资源配置中的这些直接有力的价值观可以影响高管处理事务的优先级,还有些标准则微妙地根植于整个企业的分散流程,基层员工就是按这些标准来决定自己的优先级的。这几个因

第八章 策略开发流程的管理

素结合起来进一步影响到哪些倡议可以通过资源分配这一关。其中一个例子就是,具有发展潜力的员工一般在职业发展中担负重任的时间不会很长。在大多数企业的管理发展系统中,具有发展潜力的员工每两三年就会更换新职位,以使他们在各业务部门全面掌握管理技能。这种做法在管理发展中至关重要,但其效果是影响中层管理者在他们的任期内优先考虑那些能够带来收益的计划。他们希望取得更好的成果,以获得具有吸引力的晋升机会。

其他因素都根植于销售团队的激励补偿制度。销售人员决定重点对待哪些客户、哪些产品,是分散的资源分配过程中的关键要素,并深受补偿方式的影响。客户也将对资源分配流程中经历筛选而被保留下的各种决定产生重大影响。企业不能围绕一种客户不需要的产品开展业务,因为客户才是买单人。虽然管理者认为他们控制着资源分配流程,但事实上客户往往在资金消费上发挥着更强大的控制作用,竞争对手的举动也同样能够发挥有力的影响。当竞争对手的行动可能威胁到客户基础或企业增长机遇时,管理者几乎别无选择,只能通过资源分配流程做出回应。

换言之,资源分配流程通常是一个分散、无序且隐蔽的过程。对希望有效管理策略流程的高管而言,需要加深对流程微妙运作的理解,因为策略是由资源分配流程的结果决定的,而不是由渗入流程的意图和提议决定的。

英特尔的策略管理

英特尔公司的前身是一家半导体存储器制造商,创建公司的工程师们开发了世界上第一个商用 DRAM 芯片。[7] 1971 年,在日本计算器公司比吉康（Busicom）投资的开发项目中，一位英特尔公司工程师在无意中发明了微处理器。虽然 DRAM 在 20 世纪 70 年代一直为公司贡献绝大部分的销售份额，英特尔微处理器的销量却随着一批新生的小型应用程序逐渐增长起来。

英特尔的生产调度员每月都会开会商议，确定每种产品的产能配置，这些产品包括 DRAM、EPROM、微处理器等。[8] 基于此，销售部门可预测各产品的出货量，会计部门会按单位用料的产出毛利率为所有产品拟定排序。最高利润的产品将被配以一定的生产量，以满足其预测的出货量；次高利润的产品也将被配以一定的生产量，以满足其预测的出货量。依此类推，直至最低毛利率的产品线只能配以剩余的生产量。换句话说，单位用料的毛利率体现了在关键的资源分配决策中企业的价值观。

20 世纪 80 年代初，日本的 DRAM 生产商打入了美国市场，导致产品价格急剧下降，DRAM 在英特尔产品毛利率的排名中降到最低。因为微处理器的竞争相对不是很激烈，在英特尔产品中始终保持着可观的毛利率，所以原本属于 DRAM 的生产量在资源分配过程中被有序地转移到微处理器上。这种情况的发生并未引起明显的管理策略上的转变。事实上，在资源分配过程中，DRAM 生产量被系统转移的同时，高管层继续把 2/3 的资金投入 DRAM 的研发业务。[9]

终于，到 1984 年，公司陷入财务危机，DRAM 的生产量缩小到总产量的一小部分，高管层意识到英特尔已经成为一家微处理器公司。他们停止了对 DRAM 的研发支出，戈登·摩尔和安迪·格鲁夫走出公司大堂的旋转门，以"老公司"的管理者身份退出，然后作为管理者重新加入"新公司"。[10] 英特尔公司从 DRAM

生产商转变为微处理器公司是由资源分配的过程决定的。英特尔卓越的策略转变并不是高管层有意识实施的明确策略的结果,而是通过中层管理者在资源分配中所做的日常决策实现的。[11]

一旦这个新的商业机遇变得清晰,那就该以果断、深思熟虑的模式进行策略管理,英特尔管理层在这一点上做得非常娴熟。通过对资源分配筛选过程始终进行严格(有时甚至是无情)的控制,英特尔淘汰了那些并未直接促进微处理器业务发展的建议。这两个策略流程都是至关重要的。一个可行的策略方向必须与流程中新兴的一面相符,因为谁也无法准确预料以微处理器为基础的台式计算机的发展前景。但一旦一眼认出了成功策略,英特尔的高管们随即便暂停了资源分配流程,立即从最高层开始实施成功策略,这一行为对其最终的成功而言至关重要。

策略并非一成不变

英特尔的发展历史表明,人们通常不会遵照从制定到执行的简单步骤来实施策略。此外,策略从来都不是一成不变的。大多数企业必须在一开始就谋划好它们的前进方向,这样才能有所成就。我们希望本书中的理论能帮助那些开展新业务的管理者比过去更加精确地制定可行的策略,但即使有了这样的指导,仍然有许多东西有待发现。

研究表明,在 90% 以上的成功的创新业务发展史上,企业创始人最初实施的策略都并非最终引导企业走向成功的策略。[12] 企业家很少在第一次就能选出正确的策略。成功者之所以成功,是因为他们在察觉最初的策略有缺陷后,还有资金再次尝试;失败者一般还未弄清谋划好的策略可行与否，就在实施过程中耗尽了资源。在创业之初，高管最重要的职责之一就是，在尝试中获得新的经验，以此判断策略的可行性，然后通过周密的谋划，将经验融入流程。正如明茨伯格（Mintzberg）和沃特斯（Waters）建议的那样："对应急型策略应采取开放的态度，使管理层在完全理解一切之前就能采取行动，以此应对不断变化的现实环境，而不是把重点放在一个稳定的幻想中……应急型策略本身就意味着学习可行的方式，一次采取一个行动，以寻找可行的模式并维持策略的一贯性。"[13]

卓有成效的管理者最终都能找出构造成功策略的可行模式。此时，管理者需要严格把握资源分配流程中的筛选标准，并将其落实为更周全的策略制定流程。他们要大胆地执行所学到的可行性策略，而不是继续在市场中摸索。英特尔、沃尔玛及其他公司都制定了各自可行的策略，而这些策略与它们的创建者所设想的有很大不同。但是，一旦模式变得清晰，这些公司便会积极执行这些策略。

从应急型策略转向谋划型策略

在大多数破坏性增长浪潮中，许多竞争者都被机遇吸引。那些不能脱颖而出的竞争者多在两个地方的某一处失足。第一步是，许多初入行的企业遭遇失败是因为在行业发展萌芽阶段，正确的策略尚不明了，它们却大量投入资金，实施谋划型策略。在有效管理应急型策略流程的企业看清市场和走向后，第二步失败出现了。最后被淘汰出局的企业的高管往往没有控制好资源分配，而是把重点刻意放在了抢夺市场的角逐中。

在一家企业最初的破坏性业务中，从应急型策略到谋划型策略的转化是成功的关键。但 CEO 的流程管理工作到此还没有结束，因为事先安排好的策略流程接下来往往会阻碍企业成功引领新的破坏性增长浪潮。这往往体现在两个方面。首先，成功的企业在资源分配筛选流程中习惯了采取所有成功的策略，因此它们会淘汰掉除维持现有业务之外的所有决议，导致他们忽略了创造下一个增长浪潮的破坏性创新。其次，一旦事先安排好的谋划型策略流程根植于企业内部，他们在开展新业务时便很难运用应急型策略流程。

企业要跟上新的破坏性增长浪潮，就需要经由应急型策略流程引导。同时，因为企业已确立的业务通常在破坏性新增长业务起步时就已保持多年的盈利，所以主流业务需要通过周密的策略流程引导延续性创新，以保持其竞争力并盈利。

在研究中我们发现，许多企业的高管在破坏性创新刚形成时，就察觉到需要配置资源以创造新的破坏性增长业务。但是，在一系列业务发展的不同阶段，很少有高管能持续表现出顺应管理策略发展流程的能力。在他们进入周密的策略模式后，便很难用应急型策略流程指导业务。

例如，西尔斯公司和 IBM 的合资项目"神童通信"，在 20 世纪 90 年代初是在线服务方面的先驱。西尔斯公司和 IBM 的管理者在资源配置方面非常大胆，他们把 10 亿美元投入一个尚不确定的、潜在的破坏性创新中，却没能成功管理好策略流程，没能帮助"神童通信"通过应急型策略流程以确定一个可行的策略，虽然此时母公司是通过谋划型策略流程来管理主流企业的。

"神童通信"在原业务计划中设想，消费者享受网上服务主要是为了获取信息和进行网上购物。1992年，管理层意识到"神童通信"的200万用户会花更多的时间发送电子邮件，而不是下载信息或进行网上购物。"神童通信"的计算机和通信基础设施架构是为优化交易处理和信息传递而设计的，因此"神童通信"开始向每月发送超过30份电子邮件的用户收取额外费用。公司没有把电子邮件看作一个实施应急型策略的信号，而是试图淘汰它。因为在周密的策略模式下，管理层的任务是实施既定的策略。

客户发现，订阅在线服务的首要原因就是收发电子邮件，此后美国在线（AOL）幸运地进入市场。它的技术基础设施为用户量身定做了信息发送和带有邮件提醒功能的签名，由此美国在线的成功远超"神童通信"。

在我们看来，"神童通信"的错误不在于过早进入市场，也不在于管理层把网上信息检索和购物作为在线服务的主要亮点，因为在一开始他们很难准确预知网上服务将如何被投入使用。[14]高管层的错误在于，在策略运用的可行性尚不明确之时就采用了谋划型策略流程。如果"神童通信"在策略和技术上保持灵活性来应对应急型策略，公司可能在业务上遥遥领先于美国在线和CompuServe（美国第三大在线服务提供商）。20世纪90年代初，一系列公司面临类似的挑战，这回应了一个普遍的观点，即手持式"个人数字助理"的大市场即将出现。许多主要的电脑制造商，包括NCR公司、苹果公司、摩托罗拉公司、IBM、惠普公司，还有一些刚起步的公司，如奔迈公司，都开始把目光转向这个市场。大家都意识到市场需要一个掌上电脑设备。苹果公司是这个领域的创新者中最积极的一个，它的"牛顿项目"耗资3.5亿美元，因为其中包含的技术（如手写识别技术）需要用来提供尽可能多的功能。惠普也为这个市场积极投资，设计并制造小鹰磁盘驱动器。

最后，市场上的产品还不足以好到替代笔记本电脑，于是各公司纷纷放弃努力，除了奔迈公司。奔迈公司原先的策略是为这种"个人数字助理"提供操作系统。[15]在其客户策略失败后，奔迈公司四处寻找其他应用程序，于是提出了"个人电子关系管理"的概念。

这些策略失误在哪里呢？电脑公司从始至终都在贯彻实施其谋划型策略，它们以大规模投资来实施其策略，然后在策略被证明错误时取消了投资项目。奔迈公司是唯一一家在原来的谋划型策略流程失败后转移到应急型策略流程中的公司。出现可行的策略后，奔迈公司又随着市场迁移回谋划型策略流程。

显然，这并不简单。

三大杠杆：成本、业务和管理

资源分配流程就像过滤器，所有行动必须经过它的过滤筛选。因为它非常复杂且分散在整个企业内，高管很难做到只制定一个新策略，就可以高枕无忧、按部就班地照它"执行"。相反，在确定和实施策略时，管理者需要根据企业各组织所处的不同环境，管理策略流程和资源分配流程的条件，使策略流程高效运作。有效、恰当的流程能激发企业的战略眼光。本章其余部分将重点讨论策略流程的三个行政杠杆点。

管理者必须做到以下三点：

1. 慎重控制新增长业务的初始成本结构，因为它会迅速决定价值取向，影响业务中关键的资源分配决策。
2. 通过运用"以发现为主导"之类的业务计划，测试和确定关键性的构想，积极加快流程运作，从而生成可行性策略。
3. CEO应亲力亲为、反复干预，逐一管理各项业务，判断各项业务在所处的环境中是应该采用应急型策略还是谋划型策略制定流程，绝对不能让政策、习惯或企业文化左右策略的制定流程。

创建一个能吸引目标客户的成本结构

请注意，我们没有用"高管指示"来描述影响组织价值观的方法，因为成本结构作为驱动资源分配决策的准则，其力量压倒了"具有重要战略意义"这一标准。[16]高管层必须谨慎创建初始成本结构和经营模式，这样前文描述的理想客户的订单便能赢利，否则企业就不可能围绕这些客户创建业务。[17]

让我们更进一步举例说明情况。克莱顿·克里斯坦森在退回到学术界之前于20世纪80年代初与麻省理工学院的几个教授共同建立了一个投资项目，该项目有资本雄厚的企业做后盾。该企业旨在利用令人振奋的技术，运用所谓的先进陶瓷这种高端原料生产产品。这段历史以"MTC"（材料技术公司）的名义记录在一系列案例中。[18]

MTC的策略是成为利用这些先进的陶瓷材料生产产品的主要

制造商。由于原材料业务是资本密集型，克里斯坦森和他的同事从一开始就知道，MTC需要足够的资金才能实现公司收支平衡，他们估计约需6 000万美元。在20世纪80年代初，要筹这么多钱很难。需要如此巨额的资金不仅仅因为公司的固定资产费用高昂，也因为其产品的开发周期长。由于MTC处在价值链的初始位置，它需要获得合同，为客户开发新组件，客户再用这些先进的零部件生产属于自己的下一代产品。开发和测试元件往往就要耗费一两年。到MTC成功时，客户才能启动自己的动作周期，设计和测试用MTC的先进材料生产的新产品，这一过程一般要再花2~4年。换句话说，MTC要想赢利，必须投入大量的资金和时间。[19]

克里斯坦森决定通过与主要企业合作伙伴谈判，共同开发数百万美元的合作项目，以应对MTC的研发支出，许多生物技术公司就是以这种方式为它们的长期发展筹资的。当MTC签下一个重大的开发合同，创建策略设想中所需产品的生产技术时，它就需要雇用科学家和工程师来完成这项工作。

该策略的良好效果保持了几年。MTC的第一个重大开发合同刚刚到期，用以支付3位博士科学家和5位工程师薪酬的款项就用完了。考虑到MTC的产品从开发到批量生产周期漫长，公司如何支付他们的工资？他们是世界上最好的原材料科学家，不能轻易流失。因此，公司不得不与愿意支付他们薪金和管理费用的组织签订开发合同。当下次资助项目到尽头时，公司不得不卖掉一个资助计划，以解决固有的高额成本，如此反复。公司起初的策略是成为大规模制造商，但很快，在不知不觉间，管理层开始实施新的策略，使其成为一个合约研究机构。MTC给第一批客户的合同需要高额的管理费用，最初生产量的毛利率无论如何也无法支付这笔费用。

MTC较长的开发周期和巨额耗资需求是一个极端的例子，但每个新的企业投资项目都会面临各式各样的挑战。规模大、基础稳固的企业往往习惯在获得收入之前支付高额的费用，因为在充满了谋划型策略和延续性创新的世界，这才是安全的赌注。但这些支出很快限制了成本结构，不知不觉间，企业就形成了自己的商业模式，它会主动定义一项业务到底有没有吸引力。最终，MTC确实成了一家制造公司，却要经历痛苦的裁员过程，从根本上重组成本结构。只有建立新的成本结构，新型客户订单才能表现出足够的吸引力，从而在资源分配中获得优先权。

这个例子说明，主管必须关注有利的初始条件。掌管新投资项目的管理者要想依靠初级产品在"零消费市场"赢得竞争，唯一的出路是建立一个成本结构，使得这些客户和产品显现财务方面的吸引力。低成本投入驱使投资项目的负责人积极追求小额订单，这些不起眼的订单是破坏性业务在项目初始阶段的生命线。

加快应急型策略流程

负责处在探索阶段的投资项目的高管们不用被动地观察应急型策略流程的发展，他们可以采用一种被称为"以探索为导向来制订计划"的严格理论，更快、更有目的性地发掘可行的策略，而不必在松散的结构中不断碰壁。[20]

多数谋划型策略流程都会经过四个步骤，如表8.1所示。第一步，创新者对未来和新业务理念可能实现的成功做出假设。这些假设可能立足于良好的预测理论，但多数情况下立足于事物过去的运作方式。第二步，创新者基于这些假设做出财务规划。第三步，高管通过基于这些财务规划的提议。第四步，负责新投资业务的团队开始实施策略。在这个计划周全的流程中，一个项目经历第二个步骤之后经常会回到第一个步骤，因为创新者和中层管理者通常都知道，为使提议得到资助，表面的利润率必须吸引人。为此他们通常会在这个循环中向前回溯并修订假设，使数据更具说服力。

这个流程适用于延续性改良和谋划型策略的制定流程。但是，当需要在破坏性环境中制定应急型策略时，这便会导致错误决定的产生，因为人们做出预测和决策所依据的假设往往都是错误的。

以"探索为导向来制订计划"是主动管理应急型策略流程的方式。如表8.1所示，它涉及重新排列以上四个步骤。第一步是做出财务预测，也就是目标投资项目所需的财务表现。这一点背后的逻辑引人深思，如果大家都知道，为得到资助，表面的利润率必须吸引人，为什么要周期性地装模作样地制定和修改假设，以改进利润率？项目的利润表和投资回报率应该作为每场演示的第一张标准幻灯片。第二步是真正工作的开始，要编制一个假设清单，它旨在回答一个问题："我们都知道利润率需要有多高，然后要使这些数字成为现实，我们需要证明哪个假设是真实的？"这份假设清单应该按照重要性从高到低排列。该清单必须与本书提到的各个理论假设相关：低端或新市场破坏性创新的可能；目标客户将使用新产品完成他们的工作；新投资项目将领导企业走到价值链的另一个位置，使企业在未来获得利润；等等。

在以探索为导向的规划中，第三步和第四步也颠倒了谋划型策略的顺序。第三步是实施计划,而这一步所实施的这个计划并不是一个经过深思熟虑的策略计划,而是一个测试计划,用以测试最重要的假设的有效性。该计划需要迅速被制订,并要以尽可能少的成本,对关键的假设信息进行验证,便于创新者在第四步之前,也就是在决定进行大规模投资之前修改策略。这可以在各种假设的有效性得到充分验证之后进行。

对采取以探索为导向的流程的创新者来说,他们通常很早就会知道某一计划背后的假设不具有合理性。也就是说,以该组假设为支撑的计划无法帮助组织取得其想要的数据。这可能意味着该想法根本无法转化为可行的策略,也可能意味着该想法应该在一个类似的业务部门内实施,而这个业务部门或许并不那么急功近利。

表8.1 谋划型策略流程和以探索为导向的应急型策略流程管理方式

延续性创新:谋划型策略 (注意:启动这些项目的决策可以基于数字和规则)	破坏性创新:应急型策略 以探索为导向来制订计划 (注意:启动这些项目的决策可以基于模式辨认)
1. 对未来做出预测	1. 做出目标财务预测
2. 基于这些假设制定策略,再基于这个策略做出财务规划	2. 要让这些规划成为现实,需要证明哪个假设是真实的
3. 基于这些财务规划做出投资决定	3. 实施一个学习规划,以测验关键的假设是否成立
4. 实施策略,达成财务目标	4. 引入投资,实施策略

管理应急型策略和谋划型策略的混合体

组织中的许多流程都会随着时间的推移而不断被修正,变得越来越高效，以至于高管们不再密切关注这些流程，而经理们则可以腾出手来关注那些特殊业务。然而，这种放任其自由发展的做法是危险的。总会发生一些特殊情况，导致一部分业务可能需要通过积极的、计划周详的策略流程来管理，另一些业务则需要用应急型流程来管理。

不管是在谋划型还是在应急型策略制定方向中，都会不断涌现出大量的机遇和挑战，而高管层不能简单地通过扭动阀门开关来选择接受或拒绝。这些事情总是不断出现，CEO 的职责是通过持续性的管理，通过管理手段来掌控企业的策略思路。资源分配流程这个阀门可能变得很难操控，这就是为什么 CEO 需要不断地、有意识地对其进行控制。当一个可行的策略已经出现并等待执行时，CEO 需要大胆地将策略思路切换到谋划型策略模式，停止资助其他项目，因为其他项目可能会分散企业对取胜计划的注意力。

然而，一旦这项工作完成，高管往往患上健忘症，只是选择性地记住了周密地执行那些取胜策略所带来的成功，却无视那些孕育了成功策略的应急型流程。因此，在建立下一个新增长业务时，他们忘了在组织内把策略流程重设为应急型策略模式。结果，几乎所有企业都运用了那些放之四海而皆准的谋划型策略模式，这是许多大型企业和风险投资公司在新的投资项目上惨败的常见原因。[21] 根据具体情况管理策略流程可以大大提高投资成功的可能性。

第九章

钱能载舟，亦能覆舟

在任何情况下，选择经验老到、智谋超群的投资者投资并监管企业成长都是非常重要的。除此之外，资本投资环境决定了资金的"好坏"，资金的"好坏"对企业成长有着巨大的影响力。无论是企业资本家还是风险资本家，一旦他们的投资环境改变，要求企业快速做大，企业成功的概率都会明显下降。如果其中任何一类投资者能够依照合理的理论，无论是有意还是无意的，他们都更有可能取得成功。本章向投资者和被投资者传达的核心信息可以用一句格言来归纳：耐心等待增长，积极追求利润。因增长不足卷入死亡旋涡，人们得有禅宗大师一样的定力才不会在不必要时追求增长。寻找破坏性立足点的关键是抓住小规模的隐性市场，特别是以"零消费"为特征的市场。

尽早获得利润的压力使投资者愿意投入所需资金，为业务的增长提供资金基础。寻求早日赢利不但是一条良好的准则，也对持续取得成功至关重要，这能确保你关注那些潜在竞争对手忽视的市场。当你寻找到能够发挥增长潜力的早期延续性创新项目后，要保持赢利就必须持续关注该项目，其利润率可以确保你继续获得董事会和股东的积极支持。在内部，持续赢利会让你继续获得高管的积极支持，因为你的成功给他们带来了更大的声望；也会使你获得下属员工的热情拥护，因为你的成功奠定了他们事业的基础。除此以外，没有别的途径。而迟迟不能赚钱的项目通常永远都赚不到钱。

大多数志向远大的创新者都渴望获得资助，因此大多数有关筹资的研究都把重点聚焦于如何获得资金。对企业家来说，人们常常把资本预算流程描写成烦琐和官僚化的过程，并建议创新者在整个结构中找到一个处在有利位置的"代言人"，他精于和数字打交道，并善于使用政治手段，能够吸引资金。对于寻求风险投资的初创企业，大多数建议都集中在：如何集中建立不放弃太多控制权的交易，同时仍允许对方从风险投资公司提供的网络和信息中受益。[1]

这个建议尽管有用，却绕开了一个更具潜在重要性的问题：企业高管提供给新增长业务的资金类型，以及负责这些业务的管理者接受的资本类型，从根源上代表了启动新增长业务时的早期决策。在这个关键的岔路口，只能有一种选择，因为管理者接受的资金类型和金额决定了他们必须满足的投资者期望值。而这些期望值又极大地影响着新业务对市场和渠道的取舍。为了保证获得投资，许多具有潜在破坏性的想法被塑造为延续性创新项目，并且把目标锁定在大规模的显性消费市场，这样一来，原本是推动创业探险起步的筹资流程，却成了扼杀破坏性创新的绞索。

我们的结论是，在一项业务的萌芽阶段，最好的投资应该是"对增长有耐心，对赚钱没耐心"的资金。本章的目的是帮助企业高管理解为何这种类型的资金能够促进成功，而为何另一种资金（对赚钱有耐心，对增长没耐心）如果投资于项目初始阶段，却可能使创新者走上绝路。我们希望本章能帮助那些试图投资新业务的人，使其了解可能影响其投资效果的力量，以判断他们的资金是发挥正面作用还是在帮倒忙。

关于新增长业务中的资金到底是好是坏，最常用的理论是基于资金属性，而不是投资环境。最常见的属性分类是把风险资本与企业资本对立起来。其他分类包括公共资本对私人资本，以及亲友资本对专业管理资本。这些分类方案都没有足够的理论支撑，无法可靠地预测何种资金将更好地帮助新业务取得成功。有时每个类别的资金都被证明有助于成功，有时它们却都成了失败的代名词。

前文已经说明，为什么在投资新增长业务时需要对增长速度充满耐心。新增长策略制胜的关键就在于：在"零消费市场"竞争，并破坏性地走向高端市场。然而，就其定义来说，这些破坏性市场在一段时期内无法迅速扩张。一项业务要立刻扩大规模，唯一的办法就是诱使主流产品的现有用户大量转向使用新企业的产品。这是延续性创新的天下，初创企业很少能在延续性创新的战斗中取胜。企业投入资金后，应在项目发展后期，在周密的谋划型策略的指引下，再开始追求业务发展，因为此时新业务的取胜策略已经出现。

企业投入资金需要急于追求利润，这样才能加快创新业务在初创期制定应急型策略流程的速度。当新的投资项目需要尽快产生利润时，管理层就不得不尽快测试：客户是否乐于按照有利于企业的价格购买产品。也就是说，真实产品能否创造足够的实际价值，让客户支付真金白银。如果投资项目的管理层可以不断从企业的金库获得资金来填补持续的亏损，管理者就迟迟不会进行这一关键性的测试，反而会继续长期采用错误的策略。尽快赚钱的预期也可帮助负责投资项目的管理层降低固定成本。不管企业是采用新市场破坏性策略还是低端市场破坏性策略，以低廉的单位成本赢利的商业模式对企业来说都是关键的战略资产，因为企业的成本结构决定了哪种客户具有吸引力、哪种没有。起点越微小，发展空间越大。最后，即使企业的利润底线下跌，早期的盈利也可保护增长型业务免遭裁员的命运。[2]

下文将更详细地描述"好钱"如何变成"坏钱"。我们会从企业投资者的角度叙述这一流程，希望可以帮助正在寻找资金的管理者判断资金的好坏，并了解接受这两类资金可能带来的后果。我们还希望，提供资金的风险资本投资者和企业家能够从这段陈述中看到与自己的行动相关的内涵。和"好钱"一样，"坏钱"既可能来自风险投资，也可能来自企业内部投资。

资金导致的死亡螺旋

在资金由"好"转"坏"的过程中，其力量会不断增强，犹如向下的螺旋，即使是优秀的管理者也无能为力，只能看着企业走向衰亡。这个"螺旋运动"有五个阶段。一旦一家企业坠入这个运动轨迹，它就会几乎不受控制地下坠。

第一阶段：企业成功

一家初创企业运用应急型策略流程找到一个成功的方案后推出了第一个产品，以帮助客户比其竞争对手更好地完成一项重要的工作。随着制胜策略浮出水面，管理团队将应急型流程从策略制定流程当中剔除，审慎地将所有投资重点集中在这一机遇上。[3] 任何可能将资源转移出不断增长的核心业务的行为都会被坚决制止。这种专注力是此阶段成功的基本要求。[4] 然而，这意味着，当核心业务仍处于蓬勃发展阶段时，新增长业务就没有启动的可能。

企业如果这样抓重点，就能在延续性发展的赛道上跑赢那些不够激进又缺乏重点的竞争对手。由于高端市场的利润极具吸引力，当企业逐渐失去低端市场中那些因价格受限而被货品化的业务时，它几乎觉察不到。退出最低利润产品市场，进入延续性发展轨道上的较高端产品市场，一般来说会让企业感觉不错，因为企业整体的毛利率得以提升。

第二阶段：企业面临增长缺口

尽管企业取得了成功，但高管层很快意识到，他们正面临一个增长缺口。因为华尔街的投资者有种倾向，即将预期的增长纳入股票现值，通过预期增长使股价涨幅高于市场平均水平。要想做到这一点，管理者必须使企业的增长率超过投资者建立在当前价格水平上的期望值。因此，致力于创造股东价值的管理者始终面临增长缺口，即预期增长速度与实现高于市场平均回报率所需的增长速度之间的差距。[5]

一般来说，管理者可以通过延续性创新达到投资者的预期。投资者了解企业目前的竞争对手，以及企业在延续性轨道上的增长潜力，并将这些因素贴现到股票价格上。因此，延续性创新是"维持"公司股价的关键。[6]

而只有创造新的破坏性业务，才能使企业的增长速度超过投资者的预期，并且这样可以创造超乎寻常的股东价值。大企业容易低估破坏性企业的增长潜力，投资者也一直在低估破坏性业务的增长潜力（因此经常获得惊喜），两者的原因是完全相同的。要继续长期创造股东价值，唯一的途径就是创建新的破坏性业务。

当一家企业的收入以百万美元为计量单位，管理者为填补增长缺口所需的新业务数量（也就是来源未知而有待贴现的新的收入与利润）也是以百万美元来计量的。但当一家企业的收入增长到几十亿美元，这时且不提要超过投资者的预期，即使是为维持其增长速度所需的新业务的规模，也必须越来越大。在企业发展过程中的某个时期，企业报表将反映经济增长减速的情况，这会超出投资者的预期。此时投资者意识到，他们高估了企业的发展前景，而其股票价格也会遭受沉重的打击。

为刺激股价，高管们对外宣称，他们将创造非常高的增长率，这个数值往往大大高于核心业务实际的潜在增长率。这又给企业带来了一个从未遇到的巨大的增长缺口，企业必须推出新增长产品或服务来填补这个缺口。这时唯一可行的行动方针就是公布一个不切实际的增长率。不愿这样做的高管将被愿意这样尝试的高管取代。不愿这样尝试的企业将丧失市场资本，直到它们被另外一些迫切希望这样尝试的企业收购。

第三阶段：好的投资急不可待想获得增长

当企业面临巨大的增长缺口时，它的价值观（也就是在资源分配流程中批准项目的准则）将会改变。凡是不能保证填补增长缺口并迅速做大的项目，都无法在策略流程中通过资源分配这一关。创造新增长业务的流程就是在这里被淘汰掉的。当企业的投资资本急于追求增长，"好钱"就会变成"坏钱"，因为这会引发一系列不可避免的错误决定。

创新者为破坏性创新寻找资金，希望能为企业增长提供燃料，并创造高额利润，这时却发现，由于项目发展得不够快、不够大，他们放出去探路的气球都被打爆了。大多数破坏性业务的管理者都无法言之凿凿，保证能带动业务快速迅猛地发展，因为新市场破坏性创新意味着要打破"零消费市场"，必须遵循应急型策略流程。如果强迫他们承诺高增长率，也就等于迫使他们在公布策略时必须表现出充分的信心将创新项目带入现有的大型市场，并维持其增长规模。这就等于背离了破坏性创新的初衷，跑到已有的消费市场去竞争。

在高管们批准拨款支持这个充满"水分"的增长计划后，企业的管理者就不能再回头寻求能在"零消费市场"竞争的应急型策略。他们已经被套牢，必须继续实施其承诺的计划，因此必须不断地向该计划投钱。

第四阶段：高管暂时性地忍受亏损

一切开始变得清晰，在明显的大型消费市场中竞争是一项代价高昂的挑战。因为如果你想要客户购买某个产品或服务，这个产品或服务就必须比客户正在使用的产品或服务性能好。整个团队提醒高管，要想获得第一桶金，就必须先承受巨大的损失。高管们决心从企业的长远利益出发，因此他们接受了企业业务在相当一段时间内将承受巨大损失的现实，他们没有后路可退。高管们说服自己，为增长注入资金，最终会实现增长，就好像两者之间有着线性关系，越积极地投资建立新的业务，新业务就启动得越快。[7]

为了配合预算时间表，按时推出产品并试行大规模投产，在获得收入之前，管理者就规划好了成本结构，而由于他们必须尽快实现高收入，成本无疑将是巨大的。但是投入过多将危及新业务的健康发展，因为高昂的开支水平反过来也决定了客户类型，以及市场能否带来足够的收入支付这些费用。如果发生这种情况，那么新兴市场的"零消费客户"就会偏向于简单产品。简言之，破坏性投资的理想客户对企业来说必然毫无吸引力，而理想的渠道，也就是需要资金来推动自身在市场的破坏性增长以打击竞争者，也变得没有吸引力。似乎只有获得人口最多的市场的最大渠道，才能快速获得足够的收入。

这就使企业的资金性质发生了转变，"好钱"变成了"坏钱"：急于看到业务发展，而忍受利润的停滞。

第五阶段：不断攀升的损失引发经费缩减

当项目经理试图通过在常规消费市场竞争获得成功时，他们发现，客户愿意继续从他们一直信任的厂商处购买他们一直使用的产品。这背后原因颇多，基本上可归结为前文讨论过的交互关系。具有突破性的延续性创新很少能打入现有市场。通常情况下，要想让客户受益于新产品，就需要做出很多意料之外的改变。尽管收入不见起色，但预算中的费用不见降低。损失增加，股票价格再遭重创，这时投资者重新认识到，他们对业务增长的期望已成镜花水月。

新的管理团队马上到位，来挽救遭受重创的股票价格。为了止住资金流失，新团队停止了除维持核心业务活力的花费以外的所有支出。重新立足于核心业务是个好消息，这是业务表现进步的一个屡试不爽的准则，因为企业的资源、流程和价值观都是为这项任务而服务的。股票价格以反弹做出回应，但只要新的股价完全消化掉核心业务存在的增长潜力，新的高管层就认识到，他们必须继续投资才能获得增长。但现在企业面临更大的增长缺口，形势又循环回到第三阶段，也就是该企业需要发展更快更大的创新业务。这种压力造成管理层重复做出悲剧性的错误决定，直到许多价值出现损失，企业最终被其他企业收购，而收购方本身也是通过破坏性创新业务促进发展，只是把收购看作一种降低成本的协作机会。

基于投资的增长困境

基于投资的增长困境在于，只有在企业蓬勃发展时，企业资金的性质才是好的。在增长中的核心业务为新增长业务提供了掩护。高管此刻坚信：只要一直发展新的延续性创新，业务发展就能达到或超过投资者的预期，就可以为新业务争取时间，在稳定的企业环境中采用灵活策略在"零消费市场"竞争中获得成功。只有增长放缓时，高管们才发现，延续性创新不足以满足投资者的期望，这时再要求别人为业务增长投资，将越来越困难。当新业务迅猛发展时，企业的资金性质也会改变，这一情况将不允许创新者按照增长需求采取行动。当你是一个企业家，意识到企业发生这样的转变时，你最好当心。

几乎每家企业都会陷入这种进退两难的境地，"公司战略委员会"的研究报告《失速点》中提到的就是这样的因果机制。[8] 这项研究表明，1955—1995年入选《财富》杂志500家强的172家企业中，95%的企业的增长速度都下降至低于国民总收入的增长速度或与之齐平。在这些增长停滞的企业中，只有4%的企业能够成功地重新启动增长，使之超过国民总收入增长率的1%。一旦增长停滞，这些企业的资金又开始急于追求增长，这就使得它们失去了业务发展的真正推动力。

近年来，这一困境变得更加复杂。如果增长停滞的企业又能找到一种方法启动新的增长业务，华尔街分析师通常会抱怨，他们无法为新的机遇正确估值，因为这往往隐藏在增长缓慢的大企业内。于是他们以股东价值的名义，要求该企业分拆出新增长业务，这样就能在股价中反映其全部的增长潜力。如果高管层回应这一建议并分拆出业务，确实可能使股东价值"解锁"，但在"解锁"之后，这些业务又被锁在了低增长业务中，承受着提高股东价值的压力。

面对这个严肃的事实，高管层（其任务是为股东创造价值）必须让资本保持培育增长型业务的能力。当高管层允许核心业务的增长速度下降至普通水平时，新增长投资项目必须担负起从上至下地改变整个企业整体增长速度的责任。这迫使企业要求新业务迅猛地发展。这样他们的资本反而成为增长型投资项目的毒药。

唯一可以防止投资资本变质的方法就是在它仍然是"好资金"时充分利用它,也就是在一个足够健康的环境中投资,并耐心等待业务增长。

在许多方面,公开上市的股份公司犹如处在一个越来越紧的老虎钳中间。他们最主要的股东是养老基金,机构向养老基金投资经理施加压力,要求其提供有力且稳定的回报,因为投资业绩越好,划转养老基金负担义务之后的盈余就越多。因此,投资经理转过来向他们控股的公司施压,要求公司不断提高利润增长的速度。私人控股的公司不受这些压力限制,其资金带来的期望往往更适合建立新的增长型业务。

财务数据衡量的是过去

由于外界通常会用财务业绩衡量一家企业是否成功,高管都自然而然地以财务业绩为信号,来决定他们是应该松一口气还是采取行动。但这样做并不明智,因为最近一段时间的财务结果实际上反映了多年前为改善流程和开发新产品与业务所做投资的结果。财务结果衡量的是某项业务以前的业绩程度,而不是该业务现在的业绩程度。[9] 用财务结果作为管理破坏性业务的工具非常愚蠢,因为正如前文指出的,当企业向高端市场转移时,通常都会感觉良好。

高管在展望未来时,应谨慎地参照多类型的历史数据,因为可靠的数据通常都是对过去的记录,只有在未来与过去情况类似时,它才具有可参考的指导意义。[10] 为说明在破坏性业务中参照数据做决策的局限性,让我们再看一下克莱顿·克里斯坦森在他所教MBA班遇到的问题。他写了一篇论文，表达了他的忧虑，担心最顶尖的商学院为期两年的MBA传统课程会受到两个破坏性因素的威胁：其一，在低端市场，晚上和周末的行政MBA课程，可使在职管理者在一年内拿到MBA学位；其二，并且是最重要的，对新市场发起的破坏性行动风潮，即在职管理者培训，这类培训覆盖面广，涉及从企业教育机构（如摩托罗拉大学和通用电气的克罗顿维尔学院）到假日酒店设置的培训研讨会。

克里斯坦森在上课开始时要求学生投票："在阅读论文之后，有多少人认为MBA课程正在遭到破坏？"102名学生中只有3人举手，其他99人认为事态的发展与这些受尊崇的学术机构的命运不相关。

克里斯坦森随后请一个同样表现出忧虑的学生解释原因，他回答："这里有一个真正的模式。"接着他列出了这个模式的5个要素，包括MBA的薪酬水平超出了运营公司的负担能力；"破坏者"在争夺"零消费市场"；人们通过在职教育能解决完全不同的问题；竞争基础转移到快捷、方便和个性化定制；系统化与模块化课程的对抗。他总结说，这个模式是合适的：所有破坏性公司内发生的事情确实都发生在管理教育领域。"这就是我会认真看待这个问题的原因。"他总结道。

然后克里斯坦森转身向那些不担心的学生询问理由。他们往往把目光投向数据：那些依然拼命要进入顶尖大学的学生人数，刚刚从中毕业的学生获得的具有吸引力的起薪，教育系统的品牌信誉，忠实的校友支持，良好的校园网络机会，等等。没有哪个破坏性创新项目可以在这些方面与之竞争。

克里斯坦森接着问了一个踊跃为顶尖商学院辩护的学生："如

果你是商学院的院长，什么数据能说服你，让你觉得这件事情需要处理？"

"我会查询在全球1 000强公司的CEO中有多少是出自名校的。"他回答道，"如果这方面的比例开始下降，那我就会感到担忧。"克里斯坦森接着问，该数据能否作为需要解决问题的信号，还是预示着竞争已经结束？"哦，我想比赛届时已经结束。"他承认。

"还有其他人吗？"克里斯坦森接着问道，"想象一下你是院长，什么数据能说服你采取行动？"有几个学生提出了他们认为令人信服的若干建议，但不管是哪个建议，大家都总结认为，等有说服力的数据出现，高质量的两年期MBA课程就已经结束。

当克里斯坦森问"这些学校应该将此看作威胁还是机遇"时，学生还有一个有趣的反应。克里斯坦森提到顶尖商学院为在职管理教育提供的增长机会时，很少在班上掀起波澜。我们怀疑学生表现冷漠的原因是在本书第三章中重点提到的"威胁—机遇"的矛盾。在写这篇文章时，就金融、学术、竞争力等方面来讲，顶尖商学院都正如日中天，它们不需要增长就能健康发展。就力量和组织的活力来说，没有任何因素表明这些学术系统有可能发生变化。[11]

持续增长：创建投资规划蓝图

开车时，你可以等到汽油用完再加油，一旦油箱加满，你可以再次全速驾驶。但你无法以同样的方式管理增长业务，即等增长指标下降到零，再寻求新增长业务来填补。增长的发动机是一个更微妙的机器，你必须不断通过流程和政策使其保持运行，而不是在增长指标读数为零时才回应。为保持增长发动机正常运行，我们有三个具体的政策建议。合在一起，这些政策会迫使一个组织早着手，从小处着手，并早日获得成功。

在核心业务仍处于健康发展状态的同时，不断推出新的增长业务，它仍然可以耐心地等待增长，不要等到财务业绩发出预警。

保持对业务部门的划分，这样随着企业规模越来越大，启动增长业务的决定可由企业内有耐心等待增长的组织提出，因为这些组织非常小，能够在小的投资机会中受益。

尽量不使用原有业务的利润填补新增长业务的损失。要尽快获利，只有赢利才能确保高潜力业务继续争取到所需资金，即使企业的核心业务利润渐渐萎缩，也不会对新增长业务产生不良影响。

及早开始：在核心业务仍健康发展时，推出并启动新增长业务

只有制定策略，在完成预定的任务节奏下，推出新的增长业务，高管才能避免在增长引擎停滞后才有所反应。他们必须在核心业务依然良性发展时，就频繁启动或收购新的增长业务，因为当业务增长速度放缓，企业价值观随之产生的巨大变化会全面叫停增长业务。如果管理者能够按我们的建议行动，继续将这些业务策略打造成破坏性创新，可能很快就有一两个新业务成为每年的主要收入领域，从而维持整个企业的增长。如果高管在可以耐心等待增长的前提下，合理使用企业的投资资本，这笔钱就不会被浪费。这些资本仍然充满活力，能够资助新的增长业务。

在设定好的节奏下收购新的增长业务

一些成功的大型企业高管担心,即使他们为破坏性的增长业务制订具有很大发展潜力的战略构想和业务计划,他们还是无法创建流程和价值观来对其进行培养。因此,他们倾向于收购破坏性的增长业务,而不是自己在内部创建此类业务。如果有良好的理论作为指导,收购可以成为一个非常成功的策略。

许多企业间的并购都是通过投资银行家出售业务促成的。人们在决定是否收购一家企业时,其驱动力通常取决于对方的预期现金流贴现值、其企业价值是否被低估、其业务模式是否灵活,以及对方的业务能否通过与现有业务的融合降低成本。有些理论被证明是正确的,在这种理论的指导下开展收购,往往能创造巨大的价值。但大部分收购理论都没有效果。[12]

对企业业务开发团队来说,收购破坏性业务不是难事。当然,如果他们等到这些企业的增长轨迹成为有目共睹的事实,这家企业就会坐地起价了。但是,如果业务开发团队依据本书第二章到第六章的理论来筛选收购业务,而不是一味等待获取确定的事实证据,那么以正常节奏收购处于发展初期的破坏性增长业务,将是创造和维持公司增长的伟大战略。收购成熟的业务,能使企业处于一个更高但不见增长的收入轨迹中,相比较而言,收购处于发展初期的破坏性企业可以拉升增长轨迹。

强生公司的财富很大程度上就是通过收购破坏性业务构建起来的。在整个20世纪90年代,强生公司在很长时间内都由三个主要经营群体构成:处方药品、医疗设备和诊疗器材(简称MDD)、消费品(简称CP)。如图9.1所示,1993年,CP组和

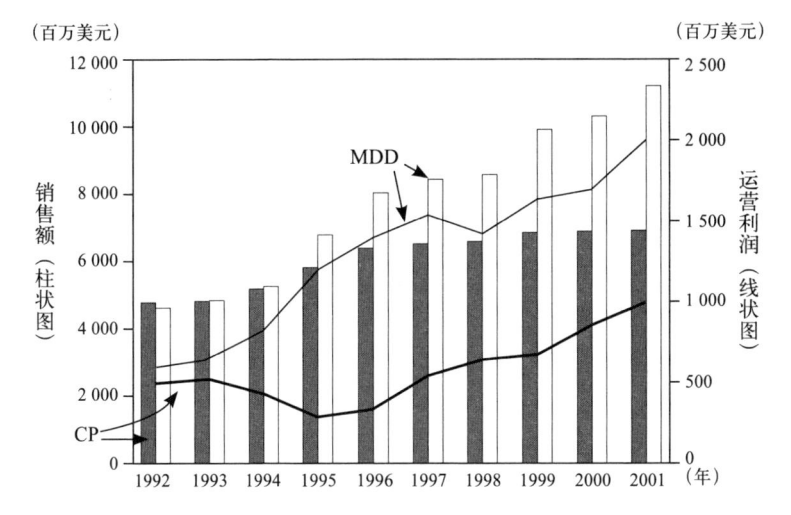

图 9.1 强生公司 CP 组与 MDD 组收入和营业利润对比（1992—2001）

资料来源：强生公司财务报告；德勤咨询公司分析报告。

MDD 组规模几乎均等，两者的销售额都有将近 50 亿美元。随后它们的增长率的差距被拉大。CP 组的内在增长轨迹平稳，它通过收购规模大的新收入平台实现增长，如露得清和艾维诺这样的增长轨迹同样平稳的公司。虽然这些收购使 CP 组迈上了一个更高的收入平台，但并没有拉高其增长轨迹。请记住，只有当平台的坡度上扬，而不是平台的水平提高，企业才可能以高于平均水平的速度为股东创造价值。因此，即使加上收购业务，CP 组总收入的年增长率在 10 年内也只达到 4%。

相比之下，同一时期 MDD 组的年增长率超过 11%，这主要得益于企业收购的 4 个破坏性业务：爱惜康公司主要生产微创手术仪器，相对于传统的侵入性手术工具，这是一种破坏性创新业务；康蒂思公司制造用于心脏支架手术的仪器，相对于开胸搭桥手术工具，这也是一种破坏性创新业务；Lifescan公司制造便携式血糖测量仪，使糖尿病患者不用去医院化验室，就可以测试自己的血糖水平；卫康公司的抛弃型隐形眼镜，相对于博士伦公司的传统隐形眼镜来说，也是破坏性的。所有这些业务的发展策略恰恰符合第二章所述的新市场试金石。自1993年起，这些业务的年增长率达到43%，收入约合100亿美元。而集团的整体增长速度只达到11%，因为其他的MDD小组——那些不处在破坏性轨迹上的团队——合计年增长率只有3%。CP组和MDD组都通过收购实现了增长，但这两个小组的增长率不同，是因为MDD组收购的是具有破坏性潜力的业务，CP组则是溢价收购了非破坏性的业务。[13]

惠普公司在核心业务发展成熟后持续20年保持增长，它采用了一种混合策略来开展破坏性创新业务。惠普公司收购了领先的工作站制造商阿波罗电脑公司，在此基础上建立以内置微处理器为基础的计算机业务平台，这对小型计算机制造商（如数字设备公司）构成了破坏性影响。惠普公司的喷墨打印机业务如今占据企业总利润的很大一部分，该业务是来自企业内部独立业务部门的破坏性创新。

20世纪90年代，通用电气资本公司是通用电气公司股东价值创造的主要动力，也一直是金融服务行业的一个大型破坏性创新业务。这家公司通过混合策略实现增长，一方面在某些行业培育破坏性创新业务，另一方面收购其他破坏性创新业务。

从细微处着手：分割业务部门，保持对增长的耐心

第二个当务之急是保持以小单位运营的状态。我们只有在分散型的企业中才能保持一种价值观，使其能够预见并热切追求破坏性创新，这一点是集中型大企业办不到的。这是因为小型业务部门所能支持的新破坏性创新业务往往规模不大，更能匹配创新业务带来的收入。

我们来比较一下两家公司，一家公司的业务品种单一，总资产为200亿美元，年增长率是15%；另一家公司总资产同样为200亿美元，但它由20个业务单元组成。第一家公司的管理者不得不研究每个创新提议，以实现超过上年利润30亿美元的收入。相比而言，第二家公司的20个业务部门管理者的目标，是需要在未来一年内，在新业务中创造1.5亿美元的利润。在第二家公司中，有更多的管理者会去寻求破坏性增长的机会，市场上也会有更多能够吸引他们的机会。

事实上，在过去30年中，大多数看起来明显转型了的企业（以惠普公司、强生公司和通用电气公司为例），都一直是由大量规模更小且相对独立的业务部门组成的。这些企业所采取的转型模式并不是用破坏性增长业务来全盘替换已有的业务模式，其转型模式都是创建新的破坏性业务部门，并关闭或出售那些已经在延续性技术曲线中走到了尽头的成熟业务。[14]

《创新者的窘境》一书中指出，独立的硬盘驱动器企业失败率非常高，原因之一在于它们都是业务单一的企业。即使是对较小的整合单一型组织而言，管理者也从来没有机会学会如何一边管理新生的破坏性增长型业务，一边管理规模较大、较成熟的业务。

因为该企业内不具备这样的流程。

即便按照我们建议的政策执行管理，管理者还是需要用理论而不是用数据来指导自己。会计师会辩解说，通过把经营单位整合成为更大的实体，可以节省多余的管理费用。这样的分析师很少评估实施这种整合之后对这些大型单位造成的影响，也就是今后启动的新业务不得不盲目求大求快。[15]

追求早期业务成功：将给予新增长业务的补贴最小化

第三个政策就是要求新的增长型业务快速产生利润，这有两个重要的作用。第一，它有助于推进应急型策略流程，迫使投资项目加快试错的速度，试探客户是否愿意支付有吸引力的价格来购买企业的产品。羽翼未丰的业务可以根据这些反馈决定是继续经营还是改变决策方向。第二，在可行的范围内迫使投资项目尽快赢利，这有助于避免核心业务在发展停滞时被淘汰。[16]

本田公司：一个被迫逆势挣扎的例子

本田公司进军美国摩托车市场时，并没有太多资金，但这反倒成了一件好事。[17] 本田公司由日本摩托车赛车爱好者本田宗一郎创立于第二次世界大战后。到了20世纪50年代中期，该公司以其生产的摩托车 Super Cub 享誉世界，这是一款功能强大且易于操纵的轻便摩托车，可以作为货运车辆穿过拥挤的日本街道。

当本田公司在1958年把目标锁定在美国摩托车市场时，其管理层凭直觉把销售目标设定在每年6 000台，大概占美国市场份额的1%。美国的业务要得到投资支持，管理者并不只是要说服本田先生那么简单，还需要日本财政部批准发放公司在美国经营所需的外汇。因为丰田公司推出皇冠车型失败,日本财政部不愿放弃国库中宝贵的外汇,所以只发放了 25 万美元,其中只有 11 万美元是现金,其余都打了白条。

本田随后用其库存的 50cc 组、125cc 组、250cc 组和 305cc 组车型启动了在美国的经营计划。其最大的赌注都压在最大型号的摩托车上了,因为美国市场完全被大型摩托车占据。就像我们说的那样,本田公司开始希望达到一种低端破坏,即以低价格、全尺寸摩托车吸引现有市场中对价格最敏感的目标消费者。

本田在 1960 年出售了一些大机型摩托车,但这些车很快就出现漏油、离合器爆裂等问题。原来,本田公司的顶尖设计师非常善于设计在拥堵的街道时停时开的车型,他们并不知道美国的摩托车使用者普遍需要的是能在公路上长时间高速行驶的车型。本田公司只好将公司宝贵的外汇用于将这些有缺陷的摩托车空运回日本。这一错误差点儿使本田公司破产。

本田几乎将所有资源都投入支持和宣传这些问题重重的大型摩托车,从而与资金实力雄厚、成功的现有市场产品竞争。后来,美国的本田公司管理者把目光转向了 50cc 组小型摩托车 Super Cub。作为有自己品牌特色的交通工具,这种车型性能可靠,价格低廉。本田公司负责人认为,在美国,他们无论如何都无法出售这些车型:这么小的摩托车根本没有市场,不是吗?

洛杉矶本田管理团队每天日常使用 Super Cub 代步,令人惊讶的是,这引起了个人和零售商的兴趣,这些零售商不是摩托车经销商,而是体育用品商店店主。由于在大型车销售中耗尽了全部现金,本田公司决定出售 Super Cub 以维持经营。

慢慢地,Super Cub 的销量不断攀升,大型车的销售却屡屡令人失望，本田最终把目标转向创造一个全新的细分市场——越野摩托车。它的价格只有大哈雷车型的1/4，因而很受那些穿不起皮夹克的人欢迎，这些人根本无力购买产于美国本土或欧洲市场上的车型。他们把摩托车当玩具，而不是交通工具。显然，从低端市场开始实施破坏并不是一个可行的策略，因为哈雷、胜利、宝马这样的品牌完全占据了长途公路摩托车市场，市场上已经没有足够的客户空间。本田公司所做的是，技高一筹地利用了新市场的破坏性机遇。

本田公司能够发现这个市场，是因为它缺乏财务资源。这使它的管理者无法容忍重大损失，这样反而创造出一种境况，使投资项目的管理者不会忽略意外的成功。这才是应急型策略管理流程的本质。[18]

我们要记住，这样的策略——限制支出，及早寻求利润，以加快应急型策略流程——并不是放之四海而皆准的，这一点非常重要。在尚未出现可行策略的情况下，如破坏新的市场，这是一个有益的策略。在低端市场策略中，正确的策略很早就浮出水面了。一旦市场应用开始明朗化，出现了可以应对市场变化的盈利业务模式，就可以采取对业务增长缺乏耐心的激进投资了。

为企业重归核心业务做好准备

及早赢利对新业务的成功很重要，其中的另一个原因是，新投资项目的资金来源往往被切断，这并非因为投资项目在计划之外，而是因为核心业务问题重重，需要企业投入全部资源才能恢复增长。经济衰退时，新的增长业务如不能直接帮助企业走出财务困境，就会被作为牺牲品，尽管大家都知道这样做完全是剜肉补疮。

生存的需要胜过增长的需要。[19]

尼克·菲奥里博士（Dr. Nick Fiore）曾定期与哈佛商学院的学生交流，他是一个经验丰富的企业创新者，他的经验说明了这些理论在实际中的作用。在职业生涯的几个不同时期，菲奥里受两家上市公司总裁之邀，帮助公司开展新的增长业务，这样可以使公司走上顺畅的增长轨道。[20]在这两次经历中，两家公司的总裁都是地位稳定的有权力、有信誉的高管，他们都向菲奥里表示，任何力图创造新的增长型业务的举措，都会得到公司董事会充分、耐心的支持。

菲奥里提醒学生们，如果他们有一天从身居高位、资金雄厚的总裁口中获得这样的保证，最好小心提防。

> 一旦你启动一个新的增长业务，就有一个时钟在你身后嘀嗒作响。问题是，这个时钟的运转速度不是一成不变的，它由企业的健康底线决定，而不是由小型业务是否在计划内正常运转决定。当底线处于正常状态，时钟便会不急不慢地嘀嗒作响，但如果底线受到威胁，时钟就会加速运转。当它突然走到12点，新业务的盈利水平最好非常高，以至于企业的底线缺了它会显得更糟。你必须帮助企业解决当前面临的利润问题，否则就会被送上"断头台"。之所以会发生这样的情况，是因为董事会和董事长无法选择，只能重新关注核心业务，尽管他们可能会带着最友善、最诚实的意图向你坦白。[21]

这就是为何急于追求利润是企业资本的良性特征。它迫使新增长业务快速找出最有前途的破坏性机会，并创造一层（总是不完善的）防御机制，使其不至于因大型组织的健康发展受到危害而夭折。

受政策驱动的增长的好处如图 9.2 所示。如果能很好地理解并正确地执行适当的政策，就可以生成一个螺旋式上升轨道，以

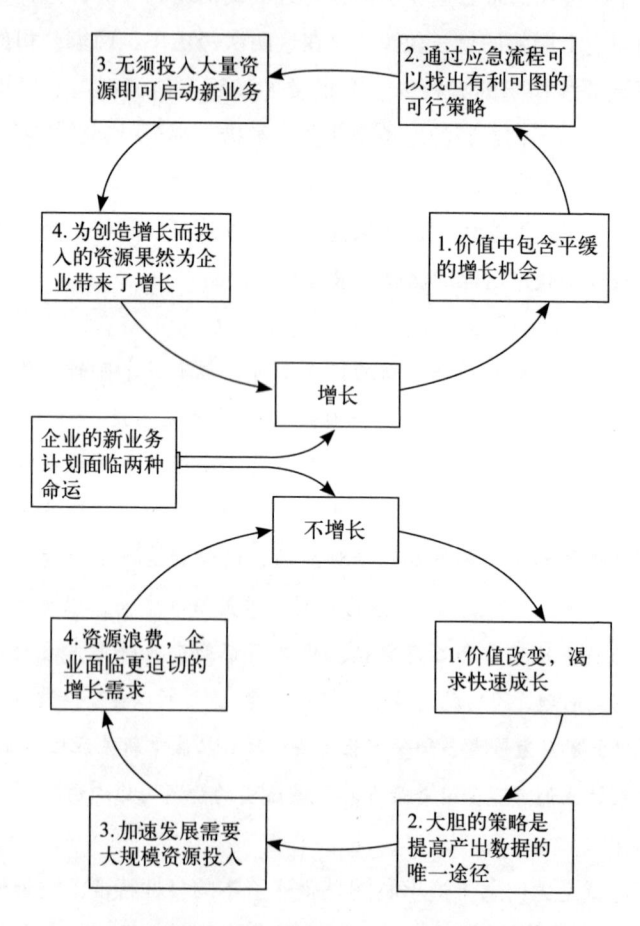

```
                    2.通过应急流程可
  3.无须投入大量资      以找出有利可图的
  源即可启动新业务      可行策略

  4.为创造增长而投      1.价值中包含平缓
  入的资源果然为企      的增长机会
  业带来了增长

                    增长

  企业的新业务
  计划面临两种
  命运                不增长

  4.资源浪费，企      1.价值改变，渴
  业面临更迫切的      求快速成长
  增长需求

  3.加速发展需要      2.大胆的策略是
  大规模资源投入      提高产出数据的
                    唯一途径
```

图 9.2 充分增长和不充分增长状态下不断自我强化的螺旋轨迹

取代前文描述的增长不足产生的死亡螺旋。发生这种情况时，企业要把自身定位在一个不断增长的状态。企业要做出良性投资，并避免投资变"坏"。这是避免让企业增长的发动机停止运行，并避开增长不足的死亡螺旋的唯一方法。

良好的创业资本也会变质

在大企业内部建立破坏性增长业务的创新者，有时会向往地张望企业围栏之外的"草地"，对独立创业的创新者羡慕不已——他们不仅能避免机构臃肿造成的负担，还能找风险投资人帮自己实现理想。风险投资人可以比机构投资人更加有效地注资给初创业务，这样的观念深入人心。事实上，除非有独立的风险投资公司参与共同投资，否则企业内部的风险投资部门很难出资支持内部创新。

但对企业资本与风险资本做区分并不重要，真正重要的是企业是否愿意耐心等待新业务增长。和本田公司一样，大多数成功的风险投资公司起初只有很少的资金可用于投资，缺乏资金反而使它们在实施应急型策略流程方面具备更卓越的能力。但是，当风险投资人开始受累于大笔资金时，其中许多人似乎会表现得和企业投资者一样，落入增长缺口旋涡的第三、第四、第五阶段。

20世纪90年代后期，风险投资人将巨额资金投入处于初创阶段的企业，并给予这些企业超高的估价。为什么经验如此丰富的人会做出如此愚蠢的事情，将大量资金投向尚没有产品和客户的企业？答案是，他们必须进行这种规模的投资。他们的小规模早期投资曾经非常成功，以至于风险投资人将大量资金投入他们的新基金，期待用数额更大的资金赚取与之相当的回报率。风险投资公司并没有根据所承诺的投资资产数额的增加，相应地增加其所投资的业务的数量。因此，只需 200 万美元即可起步的公司被塞了 500 万美元，这些公司当然不会陷入困境，反正都一样会成功。然而，风险投资的价值观发生了变化。他们必然要求这些企业迅速做大做强，这种心态和那些来自企业内部的投资已然没有区别。[22]

就像企业投资基金一样，风险投资基金随后也经历了本章开头描述的第三阶段到第五阶段。这些风险投资基金并非泡沫经济的受害者——这些经济泡沫导致 2000—2002 年出现崩盘现象。从多角度来讲，这些风险投资基金反而是泡沫经济的罪魁祸首，它们向高端市场转移后，其资金性质开始迎合大企业的谋划型策略，这与其实际投资的初创公司需要的资金类型和策略制定流程完全不同。[23] 缺乏初期资金的问题使许多怀揣伟大破坏性构想的企业家被迫在业务发展中途止步，这是许多风险投资基金处在第五阶段死亡旋涡的状态中（紧缩资源，集中所有资金和精力解决核心业务）的结果。

常常有人问我们，企业内部设立风险投资团队，出资创建新增长业务到底是好还是坏？我们的答案是，这个问题问错了，因为其分类是错误的。企业投资风险基金很少成功或长期存在，但其原因并非在于它们是企业资金还是风险投资资金。投入这些资金之所以不能培育成功的增长型业务，大多是因为它们将资金投入延续性而不是破坏性的创新项目；或是因为在企业需要交互性的产品策略时，却一味投资于模块化解决方案。很多情况下的投资失败，是因为资本来源企业急于追求增长，却对赢利有反常的耐心。

第十章

高管在领导新增长业务时所扮演的角色

高管在管理新增长业务时必须扮演四个角色。第一，在没有流程参照的情况下，他们必须在行动与决策过程中积极做协调。第二，当团队面临的新任务需要新的沟通模式时，他们必须打破既有流程的束缚。第三，当组织内出现循环行为或重复任务时，管理者必须建立流程，以正确指导和协调相关成员的工作。第四，由于企业内部会不断培育新的破坏性增长业务，要在企业内部建设并维持多个同步流程和商业模式，高管就必须跨界管理多个组织，以确保新的业务增长中那些有益的学习经验被反馈到主流组织，并确保能根据具体情况为相关组织配置合适的资源、流程和价值观。

当一家成熟的企业首次着手创建一个新的破坏性增长业务时，高管要扮演第一个角色和第二个角色。破坏是一个新任务，因而它缺乏适当的流程来帮助初创项目进行协调和决策。主流组织的某些流程必须被压制或被打破，因为这些流程将阻碍破坏性团队完成任务。当需要创建一个能长期维持公司增长的引擎时，高管必须熟练扮演第三个角色，因为推出新的破坏性业务需要成为一种有节奏的、经常性的任务。这需要高管反复训练相关员工，使他们能够本能地识别具有潜在破坏性的想法，并将其融入业务计划内以获得成功。第四项任务就是要把握好破坏性创新业务和主流业务的联系，积极监督资源、流程和价值观在新旧业务之间的流动，这是管理一家永远持续增长的企业的关键。

在一家企业中，力求不断创造新的破坏性增长浪潮的高管有三个任务。第一个是短期任务，即亲自权衡破坏性增长业务和主流业务之间的矛盾与冲突，通过判断，决定企业的哪些资源和流程应该、哪些不应该被分配到新的业务中。第二个是较长期的任务，即领导开发一个被称为"破坏性增长引擎"的流程，通过这个流程可反复成功启动增长业务。第三个是永恒任务，即感知环境的转变，并教会别人识别这些信号。因为任何策略的成效都与具体情境息息相关，高管需要把眼光看向地平线之外（那里往往处在市场低端或"零消费"状态）来寻找证据，弄清竞争的基础是否在发生变化，然后再启动项目、展开收购，以确保公司将变化作为增长机遇来给予回应，而不是作为一种威胁来加以预防。[1]

破坏性增长引擎

在一家不断重复同样任务的企业中，由于流程逐渐成形，并且企业管理得当，推动成功的引擎逐渐变得不那么依赖于个人能力，而是扎根于流程。在成功的企业发现了初步的破坏性立足点之后，反复出现的任务成为延续性创新，而非破坏性创新。因此，能成功处理延续性创新机遇的流程日趋成熟，并在最为成功的企业中成为套路。然而，迄今为止，我们还没发现哪家企业建立了针对破坏性业务的流程，因为开展破坏性业务尚未成为重复性的任务。[2]

因此，目前看来，通过破坏性创新创造增长业务的能力取决于企业的资源。在这些资源中，最关键的是 CEO 或具有同等影响力的另一位高管，我们将在下文中探讨其原因。我们之所以说"目前"，是因为情况并不会永远如此。如果一家企业反复完成破坏性增长任务，并将创造破坏性增长业务的成功之道注入流程，我们就可以将这一流程称为"破坏性增长引擎"。虽然我们尚未发现有企业已经开发出这样一个引擎，但我们认为这是可能的，并提出 4 个可供高管们参照的关键步骤。如果一家企业成功开发出破坏性增长引擎，企业就可以有预见性地实现可盈利增长，不断滑向未来的财富增长点。

跨界管理延续性和破坏性创新

在破坏性创新的管理流程凝聚之前，高管亲自监管是破坏性创新业务获得成功所需的最重要资源之一。高管生活中最沮丧的一面，是许多学者都在其管理学著作中喋喋不休地要求高管对任何事都亲力亲为，包括企业伦理、股东价值、业务和产品开发、收购、员工权利、企业文化、开发管理、流程改进等，这一切都如同吱吱作响的轮子，要求高管一一对其进行润滑。高管必须将大量注意力放在对顶层、底层及所有的层与层之间的关系的管理上。面对种种杂音，高管需要一个健全的基于情境的理论作为"参政指南"，用这种方式来辨别，在何种情况下需要亲自参与，在何种情况下应授权给他人。

高管是否参与决策，最常见的理论依据是决策的属性，即该决策涉及的资金量大小。该理论认为，较低层次的管理者可以做资金量小或涉及微小变化的决定，只有高管有足够的智慧做出重大决策。几乎每家企业都遵循这一理论来制定政策，把较小规模投资决策的审批权下放到低层管理者手中，而把重大决策交由最高管理团队来审核。

有时，这种理论准确地预测了决策的质量，但也并非时时如此。[3] 让"大人物"来做大的决定，这种理论体系有一个问题，就是数据往往存在于每个具体部门，每个组织的信息从纵向来看都不对称。报告系统确实可以按照高管的要求提供信息，但问题是有时高管并不知道自己需要哪些信息。[4] 因此，在大型组织中，高管除了了解下级管理者报告给他们的信息，对其他信息知之甚少。更糟的是，中层管理者在多次经历高管的决策环节之后，逐渐掌握了规律：必须提出哪些数据，才能被高管批准，而哪些信息不应该提交给高管，因为这可能会"迷惑"他们。因此，不少中层管理者花费了很多时间筛选信息，挑出他们认为重要的信息，以此赢得高管对该项目的认可。他们认为领导者不重视的建议，基本不会被上报到高层。高管自以为做着重大决策，实际上并非如此。

因为顶级管理者实际上无法干预决策的时间和地点。在延续性创新环境中,不受高管重视的决策流程往往运行良好,成为制胜的关键。延续性创新环境中已经存在健全的流程,并且因为组织内存在"信息不对称"的情况,即使在许多重大的决策上,高管的参与也不会提高决策质量。[5] 这时"把决策权下放到最底层"和"让最底层员工参与竞争"的呼声成了组织的福音。

另一种理论认为,大规模业务需要更多高管积极参与,而较低层次的管理者能够应付较小组织单位的要求。这种说法认为,更少的员工和更少的资产意味着对管理水平的要求更低。有时情况是这样,但有时并非如此。潜在的破坏性创新业务通常规模很小。但是,管理者的策略不够明确,项目又必须尽快赚钱,这样做出的决策经常让新业务"不入天堂则下地狱",而这些业务组织内部都缺乏正确的决策流程,所以管理者的决策水平直接决定了业务的存亡。相反,成功的组织内部较大型的业务通常具有稳固的客户基础,对客户的需求了如指掌,并有精湛的资源配置和生产流程为这些需求服务。这些组织的决策过程通常不需要"大人物"的参与,按照已经建立起来的正确流程执行即可。

这两种理论的分类都是错误的。管理者需要一个更好的、基于情境的理论,帮助其决定在什么层次应该做出什么样的决策。主流流程和价值观就能保证一些决策的有效性(主要是针对延续性创新),这些决策基本无须高管干预。只有高管们意识到,主流组织的流程和价值观已无法处理组织中的重要决定(通常是在面临破坏性创新的情况下)时,才需要高管参与。因为从定义上说,破坏性业务计划的塑造标准不同,而且由于主流业务的价值观在演变之后通常会剔除那些有破坏性潜力的想法,因此在面临破坏性创新的情况下，当权的高管必须亲自参与项目。在面临延续性创新的情况下，高管授权他人即可有效完成任务。唯有顶级管理者有权批准在适合的情况下使用企业流程，而在不适合的情况下则打破这些流程和决策规则的限制。

高管必须跨界管理延续性和破坏性创新，另一个原因是主流业务部门管理者需要充分了解新的破坏性业务中技术和业务模式上的创新，因为对整个企业未来最重要的改进往往就酝酿在破坏性创新中。如果高管在制定策略和管理方面都能得到正确的理论引导，他们也可以同时为重要的延续性和破坏性增长业务分别培养合适的管理者，使其能够根据特定情况采取适当的行动。确保根据具体情况正确采用谋划型或应急型策略流程，并聘请具备相关经验的经理人对业务进行管理，这对跨界管理来说是个持续性挑战。

高管干涉的重要性

我们最喜欢用耐普罗公司作为教学研究案例，说明何时及为什么顶级管理者需要亲自领导创造破坏性增长业务。[6] 耐普罗公司主营精密塑料部件的喷射式铸模业务，其运营十分成功。该公司的创新文化和财务上的成就主要归功于其所有者——刚退休的 CEO 戈登·兰克顿（Gordon Lankton）。

耐普罗公司的客户包括全球多家保健和微电子产品制造商，它们需要在全世界范围内寻找塑料部件，其复杂性和尺寸误差标准要求部件使用最先进的铸造流程。耐普罗公司希望能统一自己旗下位于北美、波多黎各、爱尔兰、墨西哥、新加坡和中国的28家工厂的铸造能力，它们都亮出"耐普罗公司是您的本地货源……在世界的各个角落"的口号。如果耐普罗公司为了达到这种统一的工作能力，而禁止旗下工厂偏离公司通用的标准工作流程，就将扼杀每个部门的创新，特别是工厂内部的创新。帮助耐普罗公司不断改善产品质量的重要流程创新，大部分都是工程技术团队在偏远的工厂中解决客户问题时发现的，而这些工厂往往不在高管的控制范围内。大多数公司都或多或少地在某些方面面临类似的困境：公司既要有统一的能力，又要能灵活变通；通常情况下，高管们甚至看不到创新计划的孕育和发展，更不要说决定投资哪些项目了。

为了应对这一挑战，兰克顿创建了一个系统，将那些最重要和最成功的创新拉出水面，这样就可以评估哪些改良行动可以放到全球工厂统一推行，从而使耐普罗公司拥有标准化的、不断能提升的全球范围内的制造能力。这个系统的关键要素是每月的财务报告制度，即在许多方面对工厂的运营表现进行排名。兰克顿认为，这些方面构成了公司近期财务表现及其长期战略成功的驱动力。这些报告向所有人展示，哪些工厂运作得更好、哪些需要改进。高管通过这些工厂报告中的运作表现评估管理者的绩效，管理者的声誉则受到他们管理的工厂排名的影响。换句话说，该系统为管理者提供了充足的动力，让他们努力寻找任何能改善其业绩和排名的创新机遇。

兰克顿在每个工厂都创建了互动的董事会，每个董事会都由几个其他工厂的管理者和工程师组成。这样就保持了工厂之间的信息流动。作为补充，公司每年还召开工厂管理者和工程师大会，他们会在会上交流各自实施的流程和产品创新方面的信息及结果。随着时间的推移，公司形成了这样一种文化氛围：管理者之间发生激烈竞争，都渴望超过对手，但在交流过程中又都保持合作，并共享各自开发出的创新流程。

一旦一个工厂的成功创新被其他工厂的管理者采用，兰克顿就会仔细观察这一情况。这是一个信号，表明他的想法有其优点。在几个受尊重的管理者都采用了另一个工厂的流程创新后，兰克顿有足够的证据认定应推广这种创新，再使其成为全球性的标准运作流程。这种方法开始被用来测试和验证延续性创新，然后用来加快那些被证明是重要创新项目的实施过程。

到了20世纪90年代中期，兰克顿清楚地发现，耐普罗公司在全世界范围内都在发生变化。它的工程师每月可以以极其严格的误差标准，铸造出上百万种复杂的塑料零件。即使对一些产品的应用需要更高的精确度，耐普罗公司的能力也已超越主流市场的需求，而其他竞争对手在经过改善后，也能够靠自身的成本结构和产品质量与耐普罗一较高下。换言之，兰克顿觉察到，公司的市场竞争基础发生了改变。他发觉，促使耐普罗公司成功的业务类型，即大批量、高精密度业务的增长速度，与多样化的小批量产品的需求增长速度相比相差甚远。其中有些部件对精度要求高，但成功的关键是能够迅速生产出达到这种精密度的产品。

感受到面对情况的变化并及时做出反应，这个角色只有CEO能扮演好。兰克顿极富远见地感应到这种变化，但当他放权给组织中的管理者来实施变革时，却遭遇了失败。这就是接下来发生的事情。

为了让耐普罗公司为竞争基础的转移做好准备，兰克顿在公司总部制订了一项计划，开发出一台名为"Novaplast"的机器，这台机器可以在不到一分钟内完成参数设定。[7]该技术的独特模具设计,可以在短期内对各种精密零件进行低压铸造。

为保持整个公司运作的一致性,兰克顿没有下令强制所有工厂使用新机器,他要求所有管理者了解这种技术的运作方法及战略目的。随即他下令,工厂管理者都可以租用该机器。他希望这种做法能消除机器在实验和应用中的障碍,并像往常一样,看看那些他认为有判断力的管理者是否会对这一技术投支持票。耐普罗公司的6家工厂租用了机器,但其中4家在4个月内就将机器退回总部,原因是他们得出这样的结论:没有任何业务可在这种机器上达到经济的运行效果。两家留下了Novaplast机器的工厂,从一家AA型电池主要制造商那里获得了长期订单,为其所生产的电池提供可装进金属外壳的薄壁塑料衬板。这两家工厂每月会生产数以百万计的类似的衬板。令人称奇的是,用Novaplast机器生产衬板可以提高产量并降低成本,而耐普罗公司传统的大批量、高压力的机器是无法做到这一点的。

在这个有教育意义的案例最后,兰克顿开始思索这一令人费解的结果。既然他准确地预见了市场对各种精密零件的需求会不断迅速地增长,为什么他的工厂没能靠Novaplast机器获得这些业务?Novaplast的最终成功得益于一个大批量的、标准化的、高精密度零件部门,这是一场胜利还是失败?

答案是,就支持现有商业模式的流程和价值观来说,这正是我们预期的结果。耐普罗公司不断精益求精的创新发动机使Novaplast机器成了一种延续性技术,因为这正是公司设计该系统的目的:按照公司的盈利模式,利用所有投资,帮助公司赚钱。一个组织不能破坏自身,它只能在保持其盈利或业务模式的前提下运用技术。耐普罗允许标准流程在公司占据主导地位,其后果就是,公司(迄今为止)已经错过创建一项重大的破坏性新增长业务的机会。

为了在"破坏"中获得成功,兰克顿需要创建一个销售组织,其薪酬结构要能刺激销售人员追求这种多品种、小批量的业务。他还需要建立一个组织,对其经营流程进行调整,以适应这项工作,并建立一个与促进核心业务成功不同的效益衡量机制。核心业务的流程无法对该项业务做出正确判断,这就是总裁要跨界管理主流业务部门和破坏性业务部门的原因。[8]

企业创始人和职业经理人的差异

就其本身性质而言,主流业务的流程和价值观是为管理延续性创新而设计的,没有哪家企业的总裁或具有同等权力的管理者在一开始会承担起监督破坏性增长业务的责任。是否只有部分高管能够有效地行使这种监督责任,或是所有高管都可能成功?前文指出,大多数近50年间股票业绩表现不凡的公司都植根于破坏性策略。这些公司中有少数后来加入或发现了另外的一些破坏性潮流,在一段时间内保留了母公司的强劲增长速度。

我们最发人深省的发现之一是,在众多公司当中,那些成功地捕捉到随后的几波潮流,并在行业中成为领头羊的幸运儿,在管理破坏性业务时,绝大多数的业务仍由公司的创始人操刀。只有少数公司的业务由职业经理人(非公司创办人)管理,并成功创建了新的破坏性增长业务。表10.1虽然并不详尽,但从侧面印证了我们的观点。[9]

表10.1　由创始人领导的开展新破坏性业务的公司

公　　司	破坏性增长业务	CEO/创始人
美国第一银行	单线信用卡（由美国第一银行收购）	约翰·马克雅[a]
嘉信理财	网上经纪业务	查尔斯·施瓦布[b]
代顿哈德森	折扣零售（目标商店）	代顿家族
惠普	以微处理器为基础的计算机	戴维·帕卡德
IBM	小型机	小托马斯·沃特森[c]
英特尔	低端微处理器（赛扬芯片）	安迪·格鲁夫
直觉	QuickBook 小型业务会计软件 TurboTax 个人税务助理软件 Quicken 网上理财软件	斯科特·库克
微软	以互联网为基础的计算机运用 SQL 和 Access 数据库软件 Great Plains 业务处理软件	比尔·盖茨
甲骨文	中央服务软件（应用型服务提供商）	拉里·埃里森
昆腾	3.5英寸磁盘驱动器·	戴夫·布朗 斯蒂夫·贝克里
索尼	基于晶体管的消费者电子产品	盛田昭夫
泰瑞达	基于 CMOS 处理器的集成线路测试器	亚历克斯·亚伯劳夫
盖普	老海军低价休闲服装	米奇·韦克斯勒
沃尔玛	山姆会员店	山姆·沃尔顿

a. 马克雅并非创始人，而是收购战略的主要构思者，正是他的想法把美国第一银行推向了全盛期。
b. 公司另一位总裁戴维·珀图科在这一方面给予了查尔斯·施瓦布很大帮助。
c. 小沃特森是创始人的儿子，但在主板数据运算上，他是 IBM 公司成功的首要动力。

值得注意的是，究其本质，这些由创始人领导的组织都是业务单一的企业（即在面临"破坏"时，业务相对单一）。在本书第九章中我们指出，这一点使得创建一个新的破坏性业务更加艰难。我们觉得，创始人在应对破坏性创新时处于优势地位，因为他们不仅具有必要的掌控大局的能力，同时也有自信心，为追求破坏性机会，跳过已确立的流程。另外，职业经理人在推进那些看似违反组织中大多数人直觉的破坏性举措时，往往重重困难。

但是，如表10.2所示，虽然客观规律是只有创始人能驾驭破坏性创新，但也有一些例外。有5家公司在成功开展破坏性业务时，是由职业经理人管理的。其中，强生公司、宝洁公司和通用电气公司都是业务多元化的典型。IBM和惠普的创始人在开始创建第一个成功的破坏性创新业务时，公司的业务模式还相对单一，因此，它们被列入表10.1。后来，当职业经理人掌管大局时，这两家公司开展或收购了更多的破坏性业务，但在此之前，公司已经走上了多样化经营之路。

我们认为，因为表10.2中列出的公司的职业经理人是在一个多元化、多业务的企业环境中开展新的破坏性业务的，因此他们更容易成功。作为管理资源，虽然他们的能力在这些行动中无疑是重要的，但一些创建或者收购新业务，并成功对其进行恰当管理的先例，以及其中的操作流程，也能帮助专业的CEO创建破坏性增长流程。[10]

表 10.2　由职业经理人掌管并启动破坏性创新业务的公司

公司	破坏性增长业务
通用电气	通用电气资本
惠普	喷墨打印机
IBM	个人电脑
强生	血糖仪、抛弃式隐形眼镜、微创手术与心脏支架手术仪器
宝洁	Dryel 家庭干洗设备、便宜的电动牙刷、佳洁士牌净白牙贴

创造增长引擎

　　启动成功的破坏性业务可以让一家企业实现长期获利性增长，就像通用电气资本公司为其母公司创造财富那样，那段时间，公司由杰克·韦尔奇全权掌控。正如我们在第九章中提到的，破坏性创新给强生公司的医疗设备和诊疗仪器团队带来了福音。惠普公司的破坏性喷墨打印机，现在是整个公司利润的驱动力。如果进行一次破坏性创新的感觉很好，为什么不多重复几次呢？

　　如果一家企业推出一系列增长业务；如果其领导人不断使用试金石测试来形成想法，或收购处在萌芽阶段的破坏性创新业务；如果他们反复使用可靠的理论，来正确引导其他关键的业务建设决策。我们相信，一个用来辨认、塑造并成功实现增长的可预测、可重复的流程，可以从中凝聚。如果一家企业能将这种能力根植于流程，就会拥有一个宝贵的增长引擎。

　　这种引擎将有 4 个重要组成部分，如图 10.1 所示。第一，它需要有节奏地按照经营策略而不是为了提升财务表现来运行。这将确保在新业务推出时，企业仍在强劲增长，这样新业务才不会被迫"快速做大"。第二，总裁或另一位在必要时有信心和权力从最高层领导全局的高管，必须领导这项业务。这一点在早期尤为重要，这时成功仍然取决于资源，而不是流程。第三，它将建立一个小型的企业级团队，由推动者和塑造者组成，其成员将建立一种久经考验的、可重复的机制，不断将各种创意打造成破坏性业务计划，并为其注入资金、启动增长。第四，该引擎还包括一个系统，该系统将在整个组织范围内对人员进行培训和再培训，以识别具有破坏性的机会，并反馈给推动者和塑造者团队。[11]

步骤一：在你需要之前就开始行动

我们在第九章中指出，投资增长的最佳时机就是在企业开始增长的时候。如果要建设一个5年后名声大振的增长型业务，你必须现在就开始行动。而且在这5年里，你需要按企业的增长节奏逐步为其添加新业务。那些一边增长一边建立新业务的企业，可以保护其萌芽阶段的高潜力业务免受华尔街的压力，给予每项业务足够的时间，使其走向一个可行的策略，然后被启动。想想沃尔玛公司的例子，到2002年，沃尔玛公司的收入达近2 200亿美元。但是，按今天的美元价值计算，从开设第一家折扣商店以来，沃尔玛花了12年才跨过10亿美元的收入门槛。破坏性业务需要较长的起飞跑道，才能实现可观的增长，所以你必须在年度报告中表明你要在当前业务已经没有起色之前启动新业务。

做到这一点最好的办法是为新业务设定预算，这不仅仅是为投资破坏性增长业务准备资金，也是为规划出每年需要推出的新业务的数目。[12]请记住，我们不是提倡建立企业风险投资基金，企业风险投资基金的理念是：没有人能预测投资的成败。我们认为，如果管理者利用可靠的理论，将构想塑造成合适的业务计划，就更有可能建立成功的增长流程。这样，企业每年都可以启动新增长业务，使成功指日可待，而非空中楼阁。

步骤二：委派一位高管，通过适当的产品塑造和资源分配流程培植创新构想

创建一个成功的破坏性增长引擎，需要总裁或其他高管的精心教导，他们有信心和权力使一项投资业务免受既有流程的束缚，有权宣布创建不同流程，又确保在资源配置中采用的标准适合每项业务的具体情况和企业的需要。这位高管必须熟悉破坏性创新理论，能够区分哪些构想具有破坏性潜力，哪些构想最好安排在既有的延续性增长轨迹上。这位高管的首要任务是确保将能够创建破坏性立足点的想法融入流程，并最大限度地提高成功的概率。

如前所述，这位高管的角色将随着时间的推移而改变。在开始的时候主要是监控和指导增长业务中的独立决策。这最终将包括：监控搜集、塑造并投资创新构想的流程，继续辅导和培训员工，以及在企业大环境中监测形势的变化。

步骤三：创建专门的团队和流程来塑造创新构想

我们在第一章中提出，那些陷于"增长停滞"的企业其实从来都不缺乏好的增长创意。问题是，为了获得投资，这些创意往往被塑造成面目全非的增长计划，失去了其破坏性的增长潜力。增长引擎的第三个组成部分所面临的挑战是，建立一个独立运作流程，将破坏性构想转化为高潜力的破坏性创新。

这样的流程可以在高层构思出来并立以明文，但只有在一个固定团队连续成功地解决了类似的问题之后，流程才会慢慢深入人心。因此高管层应建立一个企业级的项目团队，由其负责搜集破坏性创新想法并对其进行铸造，使之符合本书介绍的试金石测试。这个小组的成员必须从深层次了解这些理论，并团结在一起，经常对其加以应用。这些经验将帮助他们察觉到哪些想法可以、哪些想法不可以被设计为令人兴奋的破坏性业务，并将这些与延续性创新计划区分开。

尽管我们希望本书具有指导意义，但在成功的增长策略中，还是有很多参数是人们无法预知的。这意味着，在开展破坏性创新业务时，这个核心改进小组不能采用企业的标准策略规划和预算流程。在破坏性创新业务中，小组应该采用本书第八章中介绍的同样严格的、以探索为导向的规划流程。[13] 核心小组成员可对每个新投资项目的管理层进行培训，使其掌握策略规划、预算编制等技术。在这样做的过程中，相信他们对这些创新构想的直观感受和认识的提高会远超我们的想象，这也不是这样一本篇幅有限的书所能传达的。

步骤四：培训专人辨别破坏性想法

一个运作良好的破坏性增长引擎的第四个组成部分是对人员的训练，尤其是对销售人员、市场策划人员和工程人员的训练，因为他们在岗位上最有可能遇到有趣的增长型想法，也容易找到值得收购的具有破坏潜力的小型业务。他们应接受延续性创新和破坏性创新方面的训练，并加深对试金石测试的理解，这方面的素质提升至关重要。只有了解了这些知识，他们才知道应该把哪些想法引入现有业务部门的延续性流程，把哪些想法引入破坏性渠道，以及哪些想法在两方面都没有潜力。在这种情况下，即使是最低级别管理者的称职表现也能带来很多益处。从与市场和技术有直接接触的人那里获得对新增长业务的想法，远比依靠公司分析师或业务发展部门制定的策略更有效，只要队员们能凭直觉做第一层筛选，并提高自身水平。

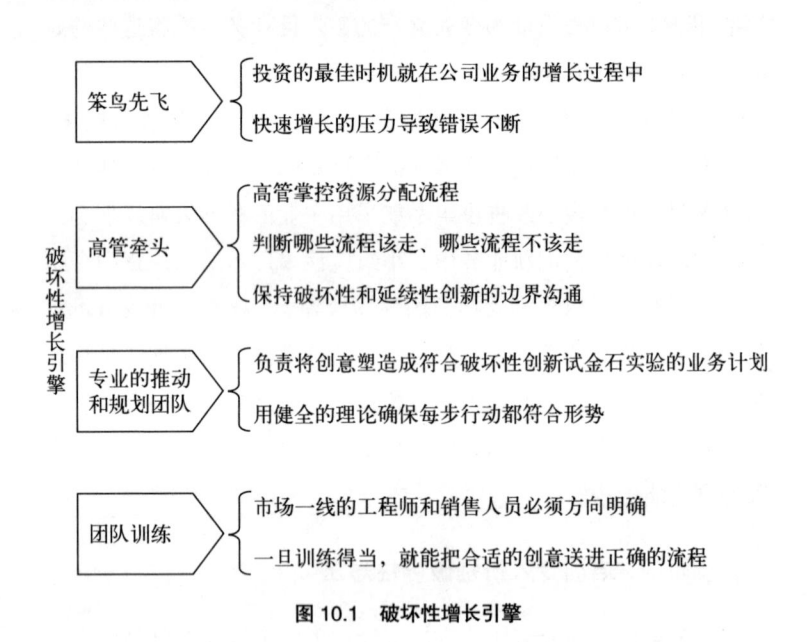

破坏性增长引擎

- 笨鸟先飞
  - 投资的最佳时机就在公司业务的增长过程中
  - 快速增长的压力导致错误不断

- 高管牵头
  - 高管掌控资源分配流程
  - 判断哪些流程该走、哪些流程不该走
  - 保持破坏性和延续性创新的边界沟通

- 专业的推动和规划团队
  - 负责将创意塑造成符合破坏性创新试金石实验的业务计划
  - 用健全的理论确保每步行动都符合形势

- 团队训练
  - 市场一线的工程师和销售人员必须方向明确
  - 一旦训练得当，就能把合适的创意送进正确的流程

图 10.1　破坏性增长引擎

后 记
传递接力棒

很少有管理者能够完全按照自由意志运用职权,他们的行为往往受各种因素影响。这些因素包括:为了保有利润而向高端市场转移的需要;满足现有客户的需要;货品化和反货品化;不断追求"以收入最大化为基础"的增长所带来的压力;有利于企业现有商业模式的流程和价值观,却会给其他业务模式带来不利影响。面对这些影响力,管理者虽说并非像加尔文教派宣称的那样"注定被左右",无法做选择,但是他们所做的选择严重地受到了这些影响力的制约,而这些影响力同样也决定着不同解决方案的不同盈利能力。我们在本书中试图说明,如果企业被这些力量牵制,其增长定会遭遇挫折。但是如果企业能够因势利导,正确驾驭这些力量,其前途必定一帆风顺。这些影响力是可以事先预见的,因此人们能够捕捉它们,并将其转化为强大的助力,由此发现、启动和维持新增长机遇。

如果这是一本为水手写的书,那么书中一定会着力讨论如何在潮汐与波浪之中航行,如何顺风扬帆,使读者易于了解在何时何地起航才能顺应各种自然条件,顺利抵达目的地。

同样，我们希望这本书能帮助读者更轻松地掌握从何处开始顺应竞争、技术、利润等各种力量的着力方向，获得远超他人的胜算，使创建新增长业务过程中所遇到的挑战变得更简单。这意味着，当你创立新业务时，不需要杞人忧天地操心战略细节，也不需要深谋远虑地预测技术发展。你需要关注的是初创期业务的基本条件是否合适。只要起点正确，那么成功的道路就近在眼前。要想走上这条道路，你需要建立一个正确的业务模式，为之配备合适的资源、流程和价值观，驾驭好通向成功的各种力量。

许多精确的研究案例和书面材料都揭示：很多成功企业的创始人（包括图2.4中的许多破坏性创新企业）在业务初创期考虑过的策略都是错误的。但是，基于直觉也好，运气也罢，他们最后顺应了正确的方向。走对了第一步，接下来的选择就都步入了良性的轨道。他们创业之初的起始条件及业务结构都成为其把握风向、随势而动、最终推动企业增长的良好助力。

本书列举了成功增长所需的业务结构和初始条件。其中包括：建立能够低价赢利的成本结构，并将其推向高端市场；选择破坏性定位，让竞争对手宁愿退避三舍，不愿背水一战；以"零消费客户"为起点，让他们满足于最简单的产品；将目标放在客户需要完成的"任务"上；永远向未来的财富增长点（而不是过去的财富增长点）行进；安排正确人选（必须是在"经验学校"修习过同样课程的管理者）到合适的工作岗位，为其配备能够促进增长的流程和组织价值观；保持弹性，执行随时出现的可行策略；创业初期要选择有助于业务增长的资金。如果你在启动增长时已拥有以上条件，就无须担心未来，一切都将水到渠成。反之，则可谓差之毫厘，谬以千里。

我们还深信，绝大多数企业都会遇到增长停滞的问题，并且增长一旦停滞就很难再次被启动，这中间的空白期可能比人们想象得还要长。高管们如果了解这些力量是如何阻断增长的，就能够在山雨欲来之前先行绸缪，化威胁为机遇。

本书坚决反对的一个观点是，无视情境理论的指导，盲目复制优秀企业的成功经验，就好像一个人被绑上两个翅膀使劲扑腾，以为自己能够起飞。重复他人的成功并不等于单纯复制其"特性"，而是要了解"如何"获得成功。好的理论通常是基于情境的，能够指导管理者如何根据变化的环境采用不同的策略，从而获得想要的结果。"放之四海而皆准"的流程和价值观一直都是增长路上的绊脚石。因此，想要创造新增长，最好密切关注环境变化，由此你才能了解自己应该在何时改变策略，以及为什么改变策略，进而步步抢占先机，在别人还没看清形势前就采取行动。

谁？我吗？使用理论？

《创新者的窘境》一书意在建立一个理论，而本书则是为了告诉管理者如何使用理论。如果你认为理论太过复杂，那么你就是一个行为驱动型的管理者，而非理论驱动型。请重读一下莫里哀的喜剧《小资产阶级绅士》，剧中的儒尔丹先生发现自己很害怕写诗。当他发现情书可以用白话文来写的时候，他非常兴奋！要知道，他已经不知不觉地说了一辈子的白话文。也就是说，你可能自己都没发现，你在你的管理生涯里其实一直是在不知不觉地运用某种理论。当你采取行动或制订计划时，你头脑中的某个理论就会告诉你，这个行动会产生你预想的结果。所以，不要觉得"运用理论建立成功的增长业务"是一件怪事,你本来就是(虽然你自己可能不知道)一个实践型的理论家。

在此我们将书中的建议汇总如下,为想要走出创新窘境的高管们提供参考。

1. 如果一个策略定位的客户群和市场范围对知名的竞争对手来说很有吸引力,那么你一定要拒绝这个策略。要不断地将团队赶回白板前,直到他们找出一个破坏性创新的立足点,这个立足点必须是知名的竞争对手不屑一顾、乐得放弃的。只要制造出"不对称动机",对手就会助你成功。虽然你以前可能没有经历过,但是这样做肯定比和对方在延续性创新领域血战一场好得多。

2. 如果你的团队定位的客户群对当前使用的产品感到满意,那么就让团队回去重新探讨如何抢占"零消费市场"。当你的客户满足于使用简单廉价的产品,认为"有总比没有好"时,你可以用从《市场营销101法》这样的书中学来的技巧轻松讨好他们。和大量投资与研发破坏性技术、让客户放弃已经用得很顺手的知名产品相比,这样做基本上没有什么压力。

3. 如果没有"零消费市场",就问问你的团队,能否从低端市场着手。他们必须设计出一种能够低价赢利的业务模式,用以捕捉低端市场客户,这些客户并不需要使用所购产品的全部功能。如果连这一点也做不到,那么请拒绝投资——至少投资时不要幻想该业务能成功。

4. 一旦项目主管说"如果我们能让客户怎么样",请立即终止对话。让团队回去重新思考如何帮助客户更方便、更便宜地完成"客户想要做的工作"。想要和客户的"优先任务"竞争，结果只能是浪费人才。

5. 如果团队的产品或营销计划针对的细分市场反映的是企业现有的市场领域，或者其市场是根据现有数据（如产品类别、价格点或人口结构类别）进行细分的，那就让他们回去，按照客户需求来细分市场。要提醒他们，他们现在除了奶昔别无选择，却需要用这杯奶昔完成两个以上的"任务"。奶昔业务停滞不前，是因为快餐店一直在改进奶昔的特性，而不是让奶昔更好地完成"任务"——只有后者才能够让奶昔从"真正的"竞争对手那儿挖走市场份额。

6. 如果你的团队提交了一份产品改良路线图，此图显示：竞争基础不会改变，也就是说，这些类型的改良在过去能够创造可观的收入，在未来依然如此。请往低端市场看一看，通常你会在那儿发现改变竞争基础的机遇。

7. 如果你的破坏性创新产品或服务还不太成熟、完善，而你的团队看上去沉迷于行业标准，热衷于外包或与人合作，请立即出示红牌警告。无论是过早追求模块化和开放式标准，还是在竞争基础改变后仍固守专有的产品架构，都会为你的成功之路增添重重险阻。要记住伟大的冰球选手韦恩·格雷茨基成功的原因。不要固守过去的成功技巧，要针对未来的财富增长点开发新的竞争力。

8. 如果你的团队向你保证，某个新业务和企业的核心业务非常匹配，因此一定能够成功，你可以告诉他们，你不接受混淆的概念。让他们回答以下三个问题：

- 你们是否有足够的资源确保成功?
- 你们的流程(也就是你们在现有业务的工作中积累下来的成功的工作方式)能否推动你们更好地完成新业务中的任务?
- 你们的价值观,或者说员工制定优先级时所遵循的标准,能否让重要员工将时间、金钱和才智优先分配给这项业务?

根据上述问题的答案为项目选择合适的组织结构和组织范围。

9. 不但要向员工提出这些问题,还要向新事业部门的所有渠道成员提出这些问题。你要留意的不仅仅是本部门的态度,渠道的流程和价值观(即他们的行事准则和动力所在)都有可能导致你的事业脱离正轨或者陷入停滞。

10. 不幸的是,在这个过程中,你过去无比信赖的管理者现在可能变得不再可靠。这些管理者曾经功勋卓著,却没有足够的技巧管理新增长业务。在为新业务选择管理团队时,不要把"个人属性"或"曾任职位"当作选人标准,要仔细阅读他们的履历,看看他们曾解决哪些问题,他们的经历是否有助于解决你的新业务将要面临的问题。

11. 请相信,在启动业务的最初几年,在产品、客户和市场应用方面,开发团队总是无法确定何谓最佳策略。你一定要坚持让他们尽快提交一个可行的策略。在不能证明策略可行之前,你可以叫停任何策略决定。

12. 要尽快赚钱。当高管告诉你,在新业务增长壮大、开花结果以前,你得先亏损几年,这就意味着他想把破坏性技术硬塞入现有市场去参与延续性竞争。某些延续性技术在价值链上具有相互依存的关系，的确需要多年的大量投资。让那些知名企业去做这些事情吧。在破坏性创新环境中，默默忍受多年亏损就等于放任团队长期执行错误策略。

13. 让你的企业保持增长，这样你就能对增长充满耐心。破坏性创新（尤其是和"零消费市场"竞争）需要一个更长的起飞跑道。如果企业增长缓慢，而你却强迫新业务快速铺开，那么管理层就会被迫犯下致命的错误。将角色置换一下，如果你被上头催促要尽快将新业务做大做强，那么他们的真实意图就是要你把破坏性技术硬塞入现有市场。一旦发现这种苗头，请拒绝这项任务，因为你几乎毫无胜算。

请注意，我们从来不认为新增长业务的创建过程必须由功勋卓著的策略家来领导。这也是本书的重点所在。第二章中列出的破坏性企业之所以成功，并不是因为其创始人预见了未来的整体策略。如果新增长业务的成功必须依赖于创始人的卓越才能和正确策略，那么成功就是不可预测的。

许多成功企业都走过破坏之路。很多公司，包括IBM、英特尔、微软、惠普、强生、柯达、思科及直觉公司，都曾经多次走上"破坏之路"。索尼公司在1955—1982年反复开展破坏性创新，直至破坏性创新引擎彻底熄火。就我们所知，至今尚无企业能够打造出一个永不熄火的破坏性增长引擎。本书给了广大读者一个颇具风险的建议，很少有商业图书会这样告诉人们："就这么做，别人还没干过呢。"但是我们别无选择，从历史的角度来讲，启动增长和保持增长对一些伟大的管理者来说是十分伤脑筋的问题。

鉴于我们只能提出原则,而无法援引先例,我们只能尽力让大家了解如何启动增长和保持增长。我们从几百家不同企业的成败经验中总结出一套理论,每家都面临创新的窘境,并从不同的角度给出了各自的启示。而我们在此郑重将接力棒交给你,希望你能在我们努力的基础之上打造出自己的创新解决方案。

致 谢

在过去10年里,有两个问题一直困扰着我。第一个问题是:经营不善的企业走上绝路很正常,但为什么那些历史上最成功的经营良好的公司最终也会失去行业领导地位呢?保卫胜利果实为何困难重重?《创新者的窘境》一书揭示了谜底。造成失败的原因并不仅仅是管理上的失误,某些曾经令公司大获成功的行为(比如迎合重点客户需求、专注投资于利润最丰厚的环节)也可能使其走向末路。

第二个问题则聚焦于困境中的机遇:如果我想打造一家卓越的企业,并以此颠覆行业领头羊的地位,我该怎么做?如果失败有因可循,那么我们也许能帮助管理者避开种种陷阱,做出正确的决定,引领企业走向成功。这就是《创新者的解答》一书讲述的内容。

在这次研究中,挑战接踵而至,几乎超出我的能力范围,所幸在几位杰出伙伴的无私帮助下,我最终还是完成了这项不可能完成的任务。其中包括在哈佛大学就读博士学位的迈克尔·雷纳,他同时也是我的特殊合作伙伴。我想使用"敏锐"一词来形容他对于艺术、文学、哲学、历史等诸多学科的融会贯通，就他本人的聪明才智而言，这样的描述算是相对保守的。

有了迈克尔的渊博学识做后盾，我就能审视和检验我的浅见粗识，从而自信地展示我的论据并修正其逻辑方面的缺失，为此我真诚地邀请迈克尔和我合写这本书。迈克尔将这本书的编写工作与他生活中的其他角色做了很好的平衡：他是一个丈夫、一位父亲，是德勤研究中心的主任，还是一名长年穿梭于多伦多和波士顿的"空中飞人"。得益于他的无私付出和不懈鞭策，本书的理念得以逐步被雕琢成型。他的确是我人生中难得的良师益友。

在此我还要感谢斯科特·安东尼（《创新者的转机》一书的作者）、马克·约翰逊和马特·艾林，他们为了加入我的研究，都放弃了待遇优厚的职位或推迟了前途无量的机会。作为我的首席合作伙伴，斯科特管理着我们所有人的行政工作、重要案例的书面文档，协助我培训工作人员、解释复杂概念，审校本书的每一页草稿并将之修订完善。马克和马特则以我们的公司 Innosight 为平台，将我们的理念转化成实用的工具和程序，助那些想要创立知名成功企业的经理人一臂之力——这样做也有助于我了解我们的理论发现能对现实管理工作产生哪些影响。这里我还要提到我的办公室主管克里斯廷·盖斯，我的研究伙伴萨利·艾伦、米克·巴斯、威尔·克拉克、杰里米·丹、塔拉·多诺万、泰迪·霍尔、约翰·科纳吉、迈克尔·奥弗多尔夫、艾米·奥弗多尔夫、内特·雷德蒙德、埃里克·罗思和大卫·桑达尔，他们为我提供了源源不断的有趣理念，在研究过程中我一直向他们咨询，了解了很多原创信息；他们在我的办公室进进出出，为我提供了各种各样的帮助。他们用心地帮我整理数据，修正逻辑，精简语言，力求使我的作品更加完善。

在这里我还要对哈佛商学院及我的同事们致以深深的谢意。感谢克拉克·吉尔伯特教授和史蒂夫·斯皮尔教授富有洞察力的研究，以及其他的教学组成员，包括肯特·鲍文、约瑟夫·鲍尔、汉克·切斯布鲁夫、金·克拉克、汤姆·艾森曼、李·弗莱明、弗朗西斯·弗赖、阿伦·麦科马克、加里·皮萨诺、理查德·罗森布鲁姆、比尔·萨尔曼、邓·萨尔、理查德·特德洛、斯蒂芬·唐克、迈克尔·塔什曼及史蒂芬·惠尔赖特，他们的工作增进了我们对信息的理解，还有麻省理工学院的丽贝卡·亨德森教授、保尔·卡莱尔教授、詹姆斯·厄特巴克教授及埃里克·凡·希佩尔教授，来自斯坦福大学的罗伯特·伯格曼教授，以及来自北卡罗来纳大学的斯图亚特·哈特教授。值得一提的是，哈佛的案例教学模式使我的工作受益颇丰，老师们可以把自己不了解的问题放到课堂上和学生们讨论，在相关案例中向学生发问，然后听一听这些世界上最聪明的人对这些问题的看法。我还要向我的学生们表达我深深的谢意和深切的喜爱，他们每天都十分努力，在互相帮助的同时也在通过各种途径为我提供援助。我们组成了一个没有分界线的学习型系统。

除了在学术界受益，我也得到了商业界优秀的思想家和企业家的帮助。这当中有 Integral 公司的马特·韦尔林登和史蒂夫·金、Chsm 集团的杰弗里·摩尔、Strategyn 公司的安东尼·伍维克、IDC 公司的克劳福德·德尔·普利特、英特尔公司的安迪·格鲁夫、强生公司的肯·多布勒、柯达公司的丹·卡普和威利·希恩、美国应用材料公司的丹尼斯·亨特、思科公司的迈克尔·普策、Tensilica 公司的克里斯·罗恩、美敦力公司的比尔·乔治、

EMC 公司的迈尔·温斯坦、美林公司的迈克尔·帕克和科里·马丁、塞普瑞思半导体有限公司的马克·罗斯，以及盖丹特公司的罗恩·多伦斯、金杰·格雷厄姆、罗德·纳什。我很荣幸曾经受教于以上精英。

我最需要感谢的是我的家人。我的孩子马修、安、迈克尔、斯宾塞和凯蒂，他们在自己的课业中进行的讨论和实践大大提高了我对各种信息的理解。我的妻子克里斯廷是我认识的最聪明的女人，她是个无可挑剔的完美主义者，她的语言天赋和过人的才智体现在这本书的每个概念上。值得注意的是，这些理念都是在她长期承受作为一个母亲的压力及无私为他人服务的状态下诞生的。她的爱照亮了我和她周围的每个人、每一天。

有些人在进行学术研究时就如同隔绝人世、闭门造车。幸运的是，我恰恰是在一个由无私、谦和、机智、有勇有谋的人们组成的组织里完成了本书的大部分内容。我非常荣幸自己身处其中，能为这本书的诞生贡献自己的力量。

克莱顿·克里斯坦森
于马萨诸塞州波士顿

和克莱顿一样，我向许多人致以深深的谢意，他们将自己的经验和聪明才智分享给我们。没有他们的自愿参与，无论是这本书还是我们受人尊敬的职业生涯都将成为泡影。

我在德勤研究中心享受到的是充分的自由，至少就我所知，这样的自由度在咨询业内是无人可比的。公司所做的不只是简单地忍受我的个人承诺——这本书也是其中之一，同时还积极地鼓励我的伙伴们，帮助我通过各种途径建立和分享知识库。我要特别感谢德勤研究中心的领导安·巴克斯特，以及德勤咨询公司战略运营全球主管拉里·斯科特，在他们的帮助下，这个球才滚动起来。同时还要感谢德勤咨询公司和德勤会计师事务所众多同人的热情支持，是他们为我们注入了无限的能量。

现在我还要利用这个不可多得的机会，用短短几句话来感谢克莱顿。我第一次接触克莱顿的作品是在哈佛商学院就读博士学位期间，他的文章有一些十分难得的特点：理论优雅、治学严谨、数据分析很有创见性、管理得当。当我阅读《创新者的窘境》一书时，就像很多读者一样，仿佛有人为我拨开迷雾，让我在昏暗之中突然看到了光明。克莱顿的作品成为我追求的标准，因此，能够参与这项工作，去开发和阐述这些理念，是我的荣幸。在我攻读博士学位期间，我非常高兴拥有克莱顿这样的导师。在我们共同编写这本书的过程中，他是我的导师、搭档，同时我们也结下了相当深厚的友谊。

最后我要向我最感激的人致意：我的妻子安娜贝尔。在我攻读博士学位这些年里，在我从事咨询行业、无暇顾及生活的这些年里，在我全心投入各种项目（主要是这个项目）的这些年里，在我选择了这条貌似古怪的发展道路并遇到各种各样挑战时，感谢她给予的无条件的爱和支持。没有她，我无法追求我的梦想。而如果没有她和我们的女儿夏洛特，我的人生就没有什么值得追求的东西。

迈克尔·雷纳
于安大略省米西索加

注 释

第一章　被迫增长的企业

1. 尽管我们尚未进行全面的整合分析，但是新近出版的 4 本书看似都做了相同的判断：大约只有 1/10 的企业能维持增长。克里斯·祖克和詹姆斯·艾伦在其 2001 年出版的《主营利润》[*Profit from the Core*（Boston : Harvard Business School Press）] 中表明，在 1 854 家企业中，只有 13% 能维持超过 10 年的持续增长。理查德·福斯特和萨拉·卡普兰在同年出版了《创造性破坏》（*Creative Destruction*），这本书记录了他们在 1962—1998 年跟踪调查的 1 008 家企业的情况，他们发现其中只有 160 家（也就是大约 16%）能够在时间的长河中生存下来——仅仅是生存而已。于是他们得出结论：这世上根本没有长盛不衰的企业。吉姆·柯林斯也在 2001 年出版了《从优秀到卓越》（*Good to Great*），该书记录了他对 1 435 家企业进行的长达 30 年（1965—1995）的研究，他发现其中仅有 126 家（占总数的 9%）能够维持卓越的表现超过 10 年。在下文中我们会提到一份由"公司战略委员会"于 1988 年发表的著名报告《失速点》。该报告显示，在《财富》500 强当中，约有 5% 的企业能成功保持增长,另外 4% 的企业能在增长停滞后再次启动新的增长引擎。以上所有研究都支持了我们的论点:乐观估计,只有 10% 的企业能维持增长趋势。

2. 由于这些交易都包含股票,所以在对不同交易的价值进行"真实性"衡量时,会存在模糊性。当一笔交易真正完成时,其价值固然是明确的、固定的,但该笔交易在宣布时的隐含价值也是有用的:它表明了相关方在某个时间点愿意支付和接受的价格。交易宣布后出现的股价变动,往往是其他外部事件的作用,而这些事件与交易本身几无关系。因此,在任何可能的情况下,我们使用的都是交易宣布时的价值,而不是交易完成时的价值。这些交易的资料来源包括:

NCR

"Fatal Attraction (AT&T's Failed Merger with NCR)," *The Economist*, 1996 年 3 月 23 日。

"NCR Spinoff Completes AT&T Restructure Plan," *Bloomberg Business News*, 1997 年 1 月 1 日。

McCaw and AT&T Wireless Sale

The Wall Street Journal, 1994 年 9 月 21 日。

"AT&T Splits Off AT&T Wireless," AT&T news release, 2001 年 7 月 9 日。

AT&T, TCI, and MediaOne

"AT&T Plans Mailing to Sell TCI Customers Phone, Web Services," *The Wall Street Journal*, 1999 年 3 月 10 日。

"The AT&T-MediaOne Deal: What the FCC Missed," *Business Week*, 2000 年 6 月 19 日。

"AT&T Broadband to Merge with Comcast Corporation in $72 Billion Transaction," AT&T news release, 2001 年 12 月 19 日。

"Consumer Groups Still Questioning Comcast-AT&T Cable Merger," Associated Press Newswires, 2002年10月21日。

3. 卡博特公司将其发展重点重新聚焦于核心业务之后，其1991—1995年的股价表现始终超出市场预期。原因有二：一方面是响应市场需求，亚洲和北美洲的汽车销量出现井喷式增长，从而刺激了轮胎产量，相应地对炭黑的需求量也大幅增加；另一方面，从供方市场看，当时美国的另外两大炭黑生产商退出了这个行业，因为他们不愿意在环保领域进行投资，这样一来，卡博特公司在产品定价方面就更有话语权了。需求的大规模增长和供应的大幅削减成就了卡博特公司传统炭黑产品的丰厚利润，这些利好也反映到了公司股价上。然而，1996—2000年，其股价再次下跌，也反映了其增长前景的黯淡。

4. 关于公司倾向于进行无法带来增长的投资，迈克尔·C.延森教授做过一项重要研究，参见 Michael C. Jensen, "The Modern Industrial Revolution, Exit, and the Failure of Internal Control Systems," *Journal of Finance* (July 1993): 831—880。这也是延森教授在美国金融学会（American Finance Association）发表的主席演讲的内容。有趣的是，延森引述的从投资中获得实质性增长的公司，许多都是破坏性创新者，而这也是本书中的一个关键概念。

同延森的研究一样，我们在本书中采用的分析单位也是个体公司，而不是自由市场（资本主义）经济中更大规模的增长创造体系。就公司运行环境而言，具有里程碑意义的开创性作品包括：约瑟夫·熊彼特的《经济发展理论》（*Theory of Economic Development*, Cambridge, MA: Harvard University Press, 1934) 及《资本主义，社会主义与民主》（*Capitalism, Socialism, and Democracy*, New York: London, Harper & Brothers, 1942)。关于自由市场经济在宏观层面创造增长的追踪记录，我们暂且不论，但就个体公司而言，我们认为这方面的记录是相当不足的。我们要追踪公司在竞争性市场中的表现，并希望就此做出贡献。

5. 这个简单的故事在某种程度上又是复杂的，因为市场显然会在任何公司的增长率中加入预期的"衰退"因素。实证分析表明，在市场预期中，没有任何一家公司可以持续增长下去，甚至没有任何一家公司可以永远生存下去。因此，市场会在现价中纳入一个低于当前水平的预期增长率，同时也会纳入公司最终解体的状况。在大多数估值模型中，人们之所以强调终极价值，原因就在这里。这个衰退期是采用回归分析法进行评估的，但评估值差异很大。严格来讲，如果一家公司的预期增长率为5%，衰退期为40年，而在开始进入这40年后，前5年的增长率仍为5%，那么其股价还是会按照公司带给股东的经济回报为基准增长，因为在这个时候，40年的衰退期会被重新计算。然而，由于该限制条件既适用于增长率为5%的公司，也适用于增长率为25%的公司，所以它不会改变我们想要证明的论点。也就是说，市场是一个严酷的监工，而仅仅满足预期并不能带来有意义的回报。

6. 当然，从历史平均水平来看，高速增长的企业通常能获得更大的回报。然而这种情况只是针对那些在前期就已投资的投资者。如果市场能有效贴现，那么只有那些幸运的在企业还没有启动增长引擎之前（也就是在未来的增长预期尚未被折现到当前股价当中时）就购买了公司股票的投资者，才能享受到超过市场平均水平的收益回报。而那些在看到未来增长潜力之后再购买股票的投资者，将无法得到超过市场平均水平的回报。

7. 该处采用的是这些公司在2002年8月21日的普通股的收盘价。选择这个日期，并没有什么特殊的理由：这只是一个该公司做该项分析时的时间。瑞士信贷第一波士顿（CSFB）旗下部门HOLT Associates使用专有方法对这些公司的公开财务数据进行了分析和计算。"未来百分比"是一个衡量指标，表示在公司当前的股价中，有多少股价可归因于该公司当前的现金流，以及有多少股价可归因于投资者对该公司未来增长趋势和业绩的预期。对于"未来百分比"，CSFB/HOLT 给出了如下定义：

> "未来百分比"是指市场赋予公司的总市值与该公司预期未来投资之间的比率。具体来说，"未来百分比"是用总市值（债务加权益）减去现有资产及投资的现值，然后再除以总市值。

按照 CSFB/HOLT 的计算方法，资产的现值包括两部分，一是与资产减值相关的现金流的现值，二是相关的非折旧运营资本所释放的现值。就投资的现金流回报而言，HOLT 采用的估值法包括 40 年衰退期的回报率等同于整个市场的平均回报率。

> 未来百分比 =［总债务 + 权益（市场）- 现有资产的现值］/［总债务 + 权益（市场）］

表 1.1 中的公司并非按照《财富》杂志 500 强公司的排名次序排列的，这是因为有些公司缺乏计算所需的数据。该表中所列选的公司，仅作为例证使用，绝非意在表明任何公司的股价可能上涨或下跌。有关 HOLT 所采用方法的更多信息，请访问 http://www.holtvalue.com。

8. 参见 *Stall Points* (Washington, DC: Corporate Strategy Board, 1998)。

9. 虽然我们在书中只提及了资本市场对企业施加的增长压力，但是除此之外还有很多其他方面的压力来源，我们在此只能提及一二。在企业的成长过程中，员工面临很多晋升机会。因此成长型企业的管理责任和管理能力的增长潜力远远大于那些停滞不前的企业。当企业的成长速度放缓时，管理者就会意识到他们的未来发展空间不再取决于他们的能力和表现，而取决于他们的上级什么时候退休。这种情况一旦发生，很多有能力的员工就会倾向于选择离职，结果必将影响企业的再次起飞。

对新技术的投资也面临重重困难。一家成长中的企业耗尽所有产能后，必须建立新的工厂或门店，这时引进最新技术并不是什么难事。而当一家企业的发展已经停滞，处于产能过剩的状态时，投资新技术的提案往往会被束之高阁，因为新技术的总体资金成本和平均生产成本会被用来与已经折旧的工厂现有产能的边际成本相比较（自然不占优势）。因此，快速增长中的企业明显比增长缓慢的竞争对手具有更大的技术优势。但是这种优势并非源于管理者的远见卓识，仅仅是因为两类企业所处的环境条件不同。

10. 关于这一估计的详尽资料，参见注释 1。

11. 以詹姆斯·布莱恩·奎因的《战略转变：逻辑渐进主义》(*Strategies for Change: Logical Incrementalism*)（Homewood，IL：R.D. Irwin，1980）为例，奎因指出，企业高管要想建立新业务，第一步就是"制造百花齐放的环境"，然后从中挑出最有前途的构想进行雕琢，让其他的"花朵"自然凋谢。基于这个观点，成功创新的关键在于选择一朵正确的"花"去培育，而这样的决策必须依赖敏锐的直觉和丰富的经验。

汤姆·彼得斯在新近的一部著作 [*Thriving on Chaos: Handbook for a Management Revolution*（New York：Knopf/Random House，1987）] 中激励创新型经理人"加快失败"——在小范围内尝试新的商业理念，并以一种能够迅速得到反馈的方式确定理念的可行性。该策略的倡导者敦促企业高管不要惩罚失败者，因为只有通过不断尝试，才能成功推出新业务。

还有人以生物进化做类比：在生物进化中，变异是以一种看似随机的方式出现的。进化论假定，变异生物体的生死取决于它是否适应"选择性环境"，即在"选择性环境"中，变异生物体必须与其他生物体抢占生存所需的资源。因为这些研究人员认为好的和坏的创新都是随机出现的，所以他们建议企业高管着力创建"选择性环境"，以便那些新的、可行的商业理念能尽快脱颖而出。比如，加里·哈默尔主张创建"内部硅谷"。在这样一个环境中，现有架构会以一种新颖的方式，被不断拆卸、重组和测试，以便碰到真正有用的事物。参见 Gary Hamel, *Leading the Revolution* (Boston: Harvard Business School Press, 2001)。

我们并不是挑剔这些著作。鉴于目前的理解状况，它们可能会带来极大的帮助：如果创造创新成果的流程果真是随机的，那么创建一个有助于经理人加快创新步伐和加快理念测试的环境，的确大有助益。但如果这个流程本质上并不是随机的，那么仅仅解决环境问题，实际上是治标不治本。

至于原因，我们不妨看看关于 3M 公司卓越创新能力的研究。要知道，正是这一系列的创新，推动了公司的持续增长。在这些研究中，一个被反复强调的重点就是 3M 公司的"15% 法则"：在 3M 公司，很多员工可将 15% 的工作时间投入到自己感兴趣的点子上，进而为公司构建新的业务增长点。这种工作时间上的"宽裕"，得到了公司广泛的预算支持，而员工则可以利用这些资金，在试验的基础上，为公司打造未来可能的业务增长引擎。

但对 3M 公司的普通工程师来说，这项政策的指导理念是什么呢？她被允许将 15% 的"宽裕"时间用于打造可为公司带来新增长的业务。

她被告知无论想出什么样的点子，都要首先接受内部市场选择压力的测试，然后再接受外部市场选择压力的测试。这些都是有用的信息，但它们并不能帮助该工程师想出新的点子，而即便她想出多个点子，也无法确定哪一个是值得被进一步推进的。就一个组织而言，这是所有层面的经理人和高管面临的困境。从普通工程师到中层经理人，到事业部负责人，再到 CEO，仅仅专注于打造创新环境并对创新成果进行分类是不够的。最终，每个经理人都必须创造一些实质性的东西，而这一创造的成功，则取决于经理人必须做出的决策。

这些方法都会导致"无限回归"。将市场引入组织内部只会强化这样一个问题：对于员工想出的各种点子，经理人以何种方式决定是否让它们接受内部市场选择压力的测试？在组织内部越强调市场因素，这个问题就越难以解决。最终的结果就是，创新者必须判断他们要做什么，以及该怎么做，而在做这些决定时，他们还必须考虑所做事情的可行性。因此，认同创新的随机性并不是增进了解的基石。相反，这会成为障碍。

加里·哈默尔博士是最早研究这一问题的学者之一。在此基础上，克里斯坦森教授发现了这样一种可能性，即创新管理实际上是可以创造可预测的成果的。对于哈默尔博士提供的有益思路，我们在此表示感谢。

12. 向我们介绍这些力量的学者包括哈佛商学院的约瑟夫·鲍尔教授和斯坦福商学院的罗伯特·伯格曼教授。非常感谢他们提供的智力支持。参见 Joseph L. Bower, *Managing the Resource Allocation Process* (Homewood, IL: Richard D. Irwin, 1970); Robert Burgelman and Leonard Sayles, *Inside Corporate Innovation* (New York: Free Press, 1986); 以及 Robert Burgelman, *Strategy Is Destiny* (New York: Free Press, 2002).

13. Clayton M. Christensen and Scott D. Anthony, "What's the BIG

Idea?" Case 9-602-105 (Boston : Harvard Business School, 2001).

14. 我们在这里有意识地使用了"提高成功的可能性"这样的语句，因为在业务建立过程中并不能完全排除一切不确定性。关于这一点，至少有以下三个解释。第一个解释和竞争市场的本质有关。那些能被充分预测其未来发展的企业其实更容易被击败，因此每家企业都乐于使自己的行为方式变得更加难以捉摸。第二个解释是任何可进行大规模结果输出的系统都面临计算方面的挑战。例如，国际象棋就是一个彻底的因势而变的游戏：白方先行一步之后，黑方随时都可以选择认输，但是棋局的变数太大，以至于相应的数据计算量也十分惊人，即使是超级计算机也无法完全预测出所有结果。第三个解释来自复杂性理论。该理论认为，即使是那些没有超出我们计算能力范围的因果系统，也可能产生随机结果。如何界定创新成果的可预测范围，以及如何判断剩下的不确定因素是否对结果有明显的影响，仍是一个重要的、具有实践意义的理论挑战。

15. 某些自然科学现象其实已经证明人类可以提高事物的可预测性。例如，很多科学领域在今天来看已经被叫停，或者面临衰亡——根据清晰的因果关系规律来看这是可以预测的，但是情况也并非完全如此，自然界经常出现很多随机的现象。对古人和早期的科学家来说，这都是不可思议、无法解释的复杂现象。而当人们坚持用科学的方法进行研究后，在提高可预测性方面我们还是取得了巨大的进步。虽说那些高深的理论都在劝谕科学家，这个世界并不完全是靠因果关系而存在的，但至少我们还可以预测这些现象的随机性到底有多强。

比如，传染病在某个时间点看起来是随机传染的。人们并不明白是什么造成了这种传染病。谁会幸存下来，以及谁不会幸存下来，这似乎都是不可预测的。虽然结果看起来是随机的，但导致结果的过程却不是随机的——只不过人们还没有充分了解它而已。就目前的很多癌症来看，病人幸存下来的概率只能用百分比来表达，这同风险投资者的世界是一样的。然而，这并不是因为结果是不可预测的，只是我们还不了解这个过程。

16. 彼得·圣吉把该理论称为"心智模式"，参见 Peter Senge, *The Fifth Discipline* (New York: Bantam Doubleday Dell, 1990)。我们考虑过在本书中使用"模式"这个术语，但最终还是选择使用"理论"一词。我们这样做的目的，就是激励从业人员去重视那些真正有价值的东西。

17. 关于理论建构过程及商业作家和专业学者忽视与违反理论建构过程之基本原则的全面描述，可以参考当前正在被审核的一篇论文《理论建构的过程》("The Process of Theory Building")，该论文由克莱顿·克里斯坦森、保罗·卡莱尔及大卫·桑达尔共同撰写。该论文的纸质版或电子版，可向克里斯坦森教授办公室索取：cchristensen@hbs.edu。关于论文中提到的理论建构模型，我们参考和引用了如下学者的研究成果：E. H. Carr, *What Is History?* (New York: Vintage Books, 1961); K. M. Eisenhardt, "Building Theories from Case Study Research," *Academy of Management Review* 14, no. 4 (1989): 532—550; B. Glaser and A. Straus, *The Discovery of Grounded Theory: Strategies of Qualitative Research* (London: Wiedenfeld and Nicholson, 1967); A. Kaplan, *The Conduct of Inquiry: Methodology for Behavioral Research* (Scranton, PA: Chandler, 1964); R. Kaplan, "The Role for Empirical Research in Management Accounting," *Accounting, Organizations and Society* 4, no. 5 (1986): 429—452; T. Kuhn, *The Structure of Scientific Revolution* (Chicago: University of Chicago Press, 1962); M. Poole and A. Van de Ven, "Using Paradox to Build Management and Organization Theories," *Academy of Management Review* 14, no. 4 (1989): 562—578; K. Popper, *The Logic of Scientific*

Discovery (New York: Basic Books, 1959); F. Roethlisberger, *The Elusive Phenomena* (Boston: Harvard Business School Division of Research, 1977); Arthur Stinchcombe, "The Logic of Scientific Inference," chapter 2 in *Constructing Social Theories* (New York: Harcourt, Brace & World, 1968); Andrew Van de Ven, "Professional Science for a Professional School," in *Breaking the Code of Change*, eds. Michael Beer and Nitin Nohria (Boston: Harvard Business School Press, 2000); Karl E. Weick, "Theory Construction as Disciplined Imagination," *Academy of Management Review* 14, no. 4, (1989): 516—531; 以及 R. Yin, *Case Study Research* (Beverly Hills, CA: Sage Publications, 1984)。

18. 我们在此想要表达的是，一个理论是否成功，衡量的标准是该理论的准确性，也就是管理者在他们当时所处的情境中应用了这条理论后能否全面地预知相关的结果。因此，我们不追求绝对的、柏拉图式的"真实"，我们的标准是从实用的角度出发的。如果我们能帮助管理者得到他们想要的结果，那么我们就是成功的。依据有用性衡量理论的成功是科学哲学中备受尊重的传统。在这一点上，逻辑实证主义学派有过最充分的论述。参见 R. Carnap, *Empiricism, Semantics and Ontology* (Chicago: University of Chicago Press, 1956); W. V. O. Quine, *Two Dogmas of Empiricism* (Cambridge, MA: Harvard University Press, 1961); 以及 W. V. O. Quine, *Epistemology Naturalized* (New York: Columbia University Press, 1969)。

19. 很多管理学研究著作有一个重大缺陷，计量经济学家称之为"从因变量中取样"。很多作者及自认为严谨的学者都急于证明其理论的价值，因此刻意忽略异常现象。在案例分析研究中，他们通过谨慎选择案例来支持自己的理论。在更为正式的学术研究中，他们把一些不符合规定模式的数据点称为"离群值",然后找个理由将其排除在统计分析之外。这两种行为都削弱了他们书中理论的实用性。实际上,研究者应该去发现那些现有理论无法解释的现象,才能够在更精细的分类基础上建立更完善的理论。我们在研究工作中应该研究异常现象,而不是回避异常现象。

对于那些为论文而寻找研究问题——特别是那些潜在的富有成效的研究问题——的博士研究生,我们敦促他们问这样一个问题,即某个"流行"理论在什么时候行不通。举例来说,"流程再造在什么时候是一个坏主意"或者"你有没有想过要把自己最擅长的事情外包出去,然后去做那些自己并不擅长的事情"。提出这样的问题,几乎总能提升原始理论的有效性。这是提升我们的理解力的机会。即便是在那些做得很好且受高度评价的研究中,这种机会也常常存在。比如,吉姆·柯林斯在其知名著作《从优秀到卓越》中就曾得出一个重要结论,成功公司的高管并不是那种具有超凡魅力的光鲜男女,而是尊重他人意见和建议的谦卑人士。参见 Jim Collins, *From Good to Great* (New York : Harper Business, 2001)。对于柯林斯这项研究的有效性,我们可以提这样一个问题:"在什么样的情况下,你确实不需要一个谦卑的、缺乏魅力的 CEO?"我们质疑这种情况的存在,而依据不同的环境,将超凡魅力和谦卑视为美德或恶习,对董事会来说是大有助益的。

20. 非常感谢波士顿咨询公司(Boston Consulting Group)的马修·克里斯坦森(Matthew Christensen)为我们提供了这个来自航空业的案例,使我们能够用一种全新的方法来解释为什么正确分类是提高预知能力的基础。这里我们需要注意的是,在某些情况下,"升空"和"稳定"的机制并不能保证飞行的成功,对研究者来说,发现这些特殊情况十分重要。正是对失败案例的深刻分析,才使得我们能一直获得成功。不幸的是,许多从事管理研究的人似乎不愿意把关注点放到其理论未能准确预测的实例上。他们从事规避异常的研究，而不是寻求异常的研究，结果就导致了恒久的不可预测性。所以，我们认为，商业建构中所感知到的不可预测性，很大程度上正是由那些专注于该类问题研究和分析的人造成的。有时候，我们也会出现同样的问题。但就本书而言，在提出和改进相关理论时，我们的确实实寻找过理论无法预测到的例外或异常情况。通过这种方式，我们大大提升了理论的有效性。但不可否认，异常现象依然存在。对此，我们在本书正文或注释中做了注解。如果读者遇到书中理论所无法解释的异常现象，我们很愿意就此学习，进而共同提升商业建构的可预测性。

21. 举例来说，在研究公司如何应对技术变革时，早期的研究人员建议按属性进行分类，比如渐进式变革和激进式变革，再比如产品变革和流程变革。基于相关性，每个类别都支持一种理论，即初创公司和老牌公司可能会受到变革影响的理论，而相对于早前的分类方案，每一种新方案的预测能力都有所提升。在分类过程的这个阶段，很少存在能达成共识的最佳理论，因为现象的属性太多了。在此过程中，学者广泛观察到，这种困惑在理论建构中是一个重要且不可避免的阶段。参见 Thomas Kuhn, *The Structure of Scientific Revolutions* (Chicago: University of Chicago Press, 1962)。库恩详细记录了在范式出现之前，各种竞争理论的倡导者在这一阶段付出的精力。

此外，在管理和社会科学研究领域，巴尼·G. 格拉泽和安塞姆·L. 施特劳斯出版过一部极具影响力的著作，参见 Barney G. Glaser and Anselm L. Strauss, *The Discovery of Grounded Theory: Strategies of Qualitative Research* (London: Wiedenfeld and Nicholson, 1967)。虽然两位作者将他们的关键概念命名为"扎根理论"，但这本书实际上是关于分类的，因为这个过程对有效理论的构建至关重要。他们在书中所使用的

"实质理论",类似于我们所使用的"基于属性的分类"。他们描述了一个由研究人员组成的知识构建社区最终是如何成功地将他们的理解转化为"形式理论"的,而对于"形式理论"这个术语,我们称作"基于环境的分类"。

22. Clayton M. Christensen, *The Innovator's Dilemma: When New Technologies Cause Great Firms to Fail* (Boston: Harvard Business School Press, 1997).

23. 身为管理者,必须先确定一个理论是否适用于当时的环境,然后再决定是否相信它。有关这个主题,我们推荐一本非常有用的书:罗伯特 K. 殷的《案例研究:设计与方法》(*Case Study Research: Design and Methods*)。根据殷的观点,我们可以说,一个理论的适用范围建立在该理论是否被合理归类的基础上。除此之外,我们找不出其他标尺来判断一个理论到底适合用在哪些地方。至于原因,不妨看一看《创新者的窘境》,该书前几章对磁盘驱动器产业中出现的破坏性创新模式进行了描述。当然,对那些看过这部分内容的读者来说,他们关心的是该理论是否也适用于其他行业。《创新者的窘境》试图解决这些问题,将用于解释磁盘驱动器行业的理论用于解释其他行业的成败情况,发现该理论同样成立,而这些行业包括挖掘机、钢铁、零售、摩托车、会计软件、电动机控制、糖尿病护理、计算机等。选择各种不同的行业正是为了确立该理论所适用的广度。但这并没有打消读者的顾虑,他们仍会问这一理论是否适用于化工、数据库软件等行业。

对任何理论来说,把它应用于一个又一个行业并不能证明它的适用性,因为经理人总觉得他们所处的环境有所不同,进而对该理论的可靠性产生怀疑。只有在对类别内的偶发事件做出明确界定时,一种理论才可以被安心地用于预测。有些学术研究人员用心良苦,不遗余力地阐述

"边界条件",表示他们的发现只有在这样的边界内才是值得信赖的。如此一来,他们就可以对所述主张的有效性进行辩护了。这样也好。但除非他们明确定义了"边界条件"之外的环境,否则他们的理论的有用性就会大打折扣。

24. 关于正确划分类别的重要性,可以参考最近出版的两本研究内容非常扎实的著作。这两本书的作者都是各自领域的专业人士,非常聪明。他们通过令人信服的案例,就同一个问题给出了截然相反的解决方案。若把这两本书放在一起,你会觉得非常有趣。两个研究团队要解决的是同一个根本性问题:实现持续的、盈利性增长的挑战。理查德·福斯特和萨拉·卡普兰在书中表示,如果公司想要持续创造财富,而且想让增速能够更快,那么它们必须愿意从根本上探索新的商业模式,并愿意投身于动荡的资本市场之中。参见 Richard Foster and Sarah Kaplan, *Creative Destruction* (New York: Currency/Doubleday, 2001)。与此同时,在另一本内容缜密的书中,身为贝恩咨询师的两位作者——克里斯·祖克和詹姆斯·艾伦基于同样的现象学证据,认为只有极少数公司能够在相当长的时间内持续获得高于市场平均水平的回报。参见 Chris Zook and James Allen, *Profit from the Core* (Boston: Harvard Business School Press, 2001)。但这本书鼓励公司集中精力发展既有业务,并着力提升既有业务的绩效,而不是在关联度较小的市场打造新的增长业务,尝试以此应对甚至迎合变幻莫测的权益投资者。福特斯和卡普兰是在竞争连续性的大背景下,从渐进主义的历史适合性角度提出他们的观点的,并主张依据当前的紧急情况,进行更彻底的变革;而祖克和艾伦则认为专注是永恒的,且依然是成功的关键。两本书的作者开出了相互排斥的处方。我们应该听从谁的建议呢?现在,面临增长挑战问题的经理人别无选择,只能按照作者的知名度及封皮上的背书来挑选阵营。解决方法是,这两组作者已经给出了有价值的发现，专注于环境的研究人员可以抓住这个重大机会，在他们的研究基础上进一步推进相关研究。现在需要回答的问题是：在什么样的情况下，专注于核心业务或核心相关业务会获得持续利润并会实现持续增长；以及在什么样的情况下，福克斯式的创造性破坏会成为成功之策？

第二章 如何战胜最强的竞争对手

1. 我们在第一章中提到，在理论构建的早期阶段，学者最好是给出分类，也就是按照现象的属性对各个类别进行定义。这类研究是该理论前进道路上的重要垫脚石。在这方面，重要著作之一是：Richard Foster, *Innovation: The Attacker's Advantage* (New York: Summit Books, 1986)。另有一份研究预测，当一项创新需要开发全新的技术能力时，领导者就会失败。参见 Michael L. Tushman and Philip Anderson, "Technological Discontinuities and Organizational Environments," *Administrative Science Quarterly* 31 (1986)。麻省理工学院教授詹姆斯·M.厄特巴克及其同事开展的关于主导设计的研究，尤其有助于推动该理论体系朝着以环境为基础的分类发展。参见 James M. Utterback and William J. Abernathy, "A Dynamic Model of Process and Product Innovation" *Omega* 33, no. 6 (1975): 639—656; 以及 Clayton M. Christensen, Fernando F. Suarez, and James M. Utterback, "Strategies for Survival in Fast-Changing Industries," *Management Science* 44, no. 12 (2001): 207—220。

2. 高要求客户指的是那些愿意为某些产品性能的改进买单的消费者，这些改进包括速度的提高、外形的缩小、可靠性的增强等。低要求客户或无要求客户是指那些以接受差一点儿的性能（速度慢、尺寸大、可靠性差等）换取低价格的消费者。我们之所以在图 2.1 中用直线表示这条轨迹线是因为以经验来看，如果绘制在半张绘图纸上，它们事实上就是直线，反映出我们对改良性能的利用能力呈指数上升趋势——虽然这个上升趋势还是赶不上技术进步的发展趋势。

3. 看到我们的学生和管理者对延续性创新和破坏性创新区别的解读和评论后，我们发现一个有趣的现象：人们在接受新概念、新数据或者新思路时，总是不自觉地将之变形，以便将其套入自己原有的思维模式。因此，很多人将"延续性创新"等同于他们思维框架中的"渐进性创新"，把"破坏性创新"等同于"激进"、"突破"、"跳出传统框架"或"另类"，然后他们把"破坏性理念"（他们是这样形容这个术语的）总结为正确的绩优投资。对此我们表示遗憾，因为我们研究发现的及文中所表达的"破坏"是另一种不同的定义。

4.《创新者的窘境》指出，就老牌公司来说，在面临破坏性创新技术的时候，要创建完全独立的组织，并给予该组织完全不受约束的权限，让它通过全新的业务模式打造全新的业务，而唯有如此，老牌公司才能在本行业中立于不败之地。在微型机颠覆大型主机的时候，IBM 能继续保持它的行业领先地位，原因就在于它是通过一个不同的事业部门参与微型机市场的竞争的。而当个人电脑开始出现时，IBM 为解决这一市场颠覆问题，在佛罗里达州成立了一个拥有自主权的事业部门。惠普之所以能继续保持其在个人电脑打印机领域的领导地位，是因为它成立了一个专门制造和销售喷墨打印机的事业部，而且这个部门完全独立于其位于博伊西的打印机事业部，后者主要负责制造和销售激光打印机。自《创新者的窘境》出版以来，很多面临破坏性的公司都成立了独立的组织部门，以应对破坏性浪潮，进而成为行业的领导者。嘉信理财成为领先的在经纪商；半导体测试设备制造商泰瑞达成为个人电脑测试设备的领导者;英特尔推出了赛扬芯片,重新占领了微处理器低端市场。我们希望,在面临破坏性机遇时,越来越多的老牌公司会通过成立独立的事业部来解决破坏性问题。这原本是最有利于初创公司及其风险资本支持者的策略,但现在看,谋求创建新的业务增长点的行业老牌领导者会更受益。

5. 例外情况出现在日本,多家综合性钢铁企业陆续收购了现有的小型钢铁厂。

6. 经济学的一个基本概念即价格是由供需曲线的交叉点决定的,就可以解释这种现象。价格趋向于边际生产商或最高成本生产商的现金成本,而该生产商的能力是满足需求数量所必需的。当边际生产商为高成本的综合性钢铁企业时,小型钢铁厂可以在钢筋上赚到钱。当边际生产商或最高成本生产商为小型钢铁厂时,钢筋的价格就会暴跌。如下文所述,同样的机制破坏了小型钢铁厂在各个市场层面的盈利能力。

7. 降低成本很少能带来竞争优势,迈克尔·波特对此做了颇有说服力的论述,参见 Michael Porter, "What Is Strategy?" *Harvard Business Review*, November-December 1996, 61—78。

8. 我们特别推荐如下作品:Steven C. Wheelwright and Kim B. Clark, *Revolutionizing New Product Development* (New York: The Free Press, 1992); Stefan Thomke, *Experimentation Matters: Unlocking the Potential of New Technologies for Innovation* (Boston: Harvard Business School Press, 2003); Stefan Thomke and Eric von Hippel, "Customers as Innovators: A New Way to Create Value," *Harvard Business Review*, April 2002, 74—81; 以及 Eric von Hippel, *The Sources of Innovation* (New York: Oxford University Press, 1988)。

9. 这个模型清楚地解释了为什么长期以来美国的主要航空公司一直处在低利润运营水平。作为"新市场破坏者",西南航空公司进入得克萨斯州的航空市场，赢得了过去宁可选择自驾或乘坐巴士也不愿意选择航空出行的旅客。这条航线小心翼翼地在非主流机场起降，远离航空业的巨头们。正是这个行业的"低端破坏者"造成了长期不盈利的状况。这些航空公司包括捷蓝航空、穿越航空、人民快线航空、佛罗里达航空、雷诺航空、中途航空、精神航空、总统航空等。

在其他大多数行业，当领先企业遭到"低端破坏者"攻击时，它们可以逃往高端市场，且仍会在一段时间保持盈利（通常盈利能力还会提升）。综合性钢铁企业会逃往高端市场，远离小型钢铁厂。当折扣店对商品综合市场低利润端的品牌耐用品——五金器具、涂料、玩具、体育用品、厨房用具等——发起攻击时，提供全面服务的百货商店就会逃往高端市场，如服装、家具、化妆品市场等。今天，塔吉特、沃尔玛等折扣百货店正逃往服装、家具、化妆品等高端市场，因为耐用品折扣店如电路城、玩具反斗城、史泰博、家得宝、厨房家私（Kitchens Etc.）等对低端市场发起了攻击。

航空业的问题在于，主要的航空公司无法逃往高端市场。鉴于高昂的固定成本结构，它们不可能放弃低端市场。因此，"破坏者"很容易进入低端市场并发起攻击。然而，一旦其中一家发展壮大到一定程度，主要的航空公司就不会坐视不管——到忍无可忍时，它们就会回头迎击。在航空业的"低端破坏者"中，至今没有一家能够长期幸存下来，原因就在这里。但由于新公司很容易发起低端破坏性行动，所以大型公司永远也无法把低端市场的定价提升到富有吸引力的盈利水平。

10. 理查德·S. 罗森布鲁姆对这一历史做了精彩记述，参见 Richard S. Rosenbloom, "From Gears to Chips: The Transformation of NCR and Harris in the Digital Era," working paper, Harvard Business School Business History Seminar, Boston, 1988。

11. 我们不会无知到认为"采用延续性创新和跳跃式竞争策略是无法创建新增长企业的",只能说这样做的胜算非常低,但是也有人成功过。例如,EMC 公司在 20 世纪 90 年代就曾经以一种独特的产品体系夺走了 IBM 的高端数据存储市场。但是我们只能说,EMC 公司只是在特定的产品领域胜过了 IBM。惠普公司的激光打印机业务对于针式打印机来说属于延续性创新,当时的针式打印机市场由爱普生公司掌控,然而爱普生公司失去了这块市场。相比于活塞式飞机发动机,喷气发动机是一项颠覆性创新,但同时也是一项持续性创新。两家活塞发动机制造商——罗尔斯-罗伊斯和普惠成功实现了向喷气发动机的过渡。其他一些制造商如福特等,则折戟沉沙。作为喷气发动机革命的新进入者,通用电气取得了极大的成功。这里存在一些颠覆理论无法解释的异常现象。虽然我们假定大多数经理人在大多数时候都完全掌控着他们的业务,而且非常称职地管理着这些业务,但不可否认,有时候有些经理人在转变的时候,的确"睡着"了。

12. 这也部分地解释了诸如戴尔之类的公司为什么会成为如此成功的"破坏者",因为它一直不断向高端市场转移,和高成本的工作站及服务器制造商(如太阳微系统公司)竞争。与之相反的是捷威公司,虽然它一开始的业务模式和戴尔相似,却未能取得良好的成绩,因为它没有积极开拓高端市场,而是以当前市场的平均成本生产并按照市场平均价格销售计算机(陷入无差异化的竞争)。我们认为,这一洞见是对迈克尔·波特教授最初提出的两种可行性策略——差异化和低成本——的有益补充。参见 Michael Porter, *Competitive Strategy* (New York: Free Press, 1980)。对破坏性方面的研究为波特的作品增加了一个动态维度。从本质上讲,只有在高成本竞争者被逐出所在的层级市场后,低成本策略才能获得富有吸引力的利润。然后,低成本竞争者还需要转向更高层级的市场，因为这样才能再一次同高成本对手竞争。如果没有跻身更高市场的能力，那么低成本策略就会变成等成本策略。

13. 参见 Clayton M. Christensen, *The Innovator's Dilemma* (Boston: Harvard Business School Press, 1997), 130。

14. 关于价值网络的概念，参见 Clayton M. Christensen, "Value Networks and the Impetus to Innovate," chapter 2 in *The Innovator's Dilemma*。哈佛商学院的理查德·S. 罗森布鲁姆教授在为克里斯坦森的早期研究提供建议时，最先确定了价值网络的存在。在很多方面，价值网络中的情况类似于"纳什均衡"（Nash equilibrium），后者是由诺贝尔奖得主约翰·纳什提出的（影片《美丽心灵》让他变得更加知名）。在"纳什均衡"中，考虑到甲公司对系统内其他所有公司所采取的最优策略即利润最大化策略的理解，它不可能看到比当前其所实施策略更好的策略了。该系统内的其他公司亦是如此。因此，没有任何一家公司有动力改变现状。在这种情况下，整个系统就会处于一种相对不易改变的状态。只要价值网络中的公司处于"纳什均衡"状态，就会产生一种阻力，限制客户开始利用新的创新成果的速度。最近应用"纳什均衡"研究创新利用的作品包括：Bhaskar Chakravorti, *The Slow Pace of Fast Change* (Boston: Harvard Business School Press, 2003)。虽然查克拉沃蒂自己并没有建立这种联系，但他的理念很好，可以把破坏性创新模式的两个方面具象化。这解释了为什么技术创新的步伐会快于客户利用该创新成果的步伐，同时也解释了为什么同"非消费"竞争及创建全新的价值网络从长期来看往往更易于对成熟市场发起攻击。

15. 有人认为，如果破坏性策略没能一举把行业巨头掀翻马下，其影响力就会消失，而进攻者将处处受制。（参见 Constantinos Charitou and Constantinos Markides, "Responses to Disruptive Strategic Innovation,"

MIT Sloan Management Review，Winter 2003，55。)该论断反映了对这一现象的狭隘理解，因为"破坏"是一个过程，而不是一个独立的事件。这种影响力在任何行业都会一直存在。在某些行业，这种影响力可能持续几十年才发挥作用，在另一些行业可能也要好几年，但是它（主要指那些真正能提高利润、赢得竞争优势的影响力）一直就没有停止对行业的影响。同样，其他作家有时候也会注意到，某个行业的领导者实际上并没有在破坏性浪潮中被杀死；相反，他还非常娴熟地抓住了浪潮中的机会。他们据此得出结论：破坏性理论是错误的。这同样是一种错误逻辑。当我们看到一架飞机起飞时，这不能证明万有引力定律是错误的。飞行中的飞机仍受重力的约束，只不过工程师找到了应对重力的方法。一家公司之所以能在破坏性浪潮中取得成功，原因就在于管理层找到了应对破坏性力量的方法。

16. 参见 Clayton M. Christensen and Richard S. Tedlow, "Patterns of Disruption in Retailing," *Harvard Business Review*，January—February 2000，42—45。

17. 从根本上来说，沃尔玛的业务模式能够做到使资产周转速度快过凯马特。这就使它能够在与凯马特相同的毛利润标准的基础上赚取更多的回报，从而使沃尔玛拥有更高的延续性增长速率。

18. 为什么对大型综合性百货公司来说，面对破坏性竞争时选择逃跑比留守迎战更容易？因为在短期内想要提高库存和资产的周转速度非常困难。综合性百货公司销售的产品范围非常广泛（每类产品的库存量也很大），这就不可避免地降低了其库存周转速度。折扣商的供货范围更小，并且主要集中在周转速度最快的项目上，同时它们的物理陈列方式是把所有货物陈列在市场上，不像大型综合百货公司那样需要支付仓库成本。因此，当使用破坏性竞争策略的折扣商从低端市场开始进攻时，大型综合百货公司无法轻易舍弃利润、提高周转速度,于是它们只能选择向利润尚存的高端市场转型。

19. 低端市场破坏性竞争在经济学家熊彼特眼中就是"创造性破坏行为"的一个直接范例。低端市场破坏性竞争导致一个行业的成本被逐渐降低,但是它是新手挑战巨头的一件利器。新市场破坏性竞争则相反,在破坏原有市场之前,它需要经历一段持续性的创新——开发新的消费市场。

20. 关于破坏性技术对宏观经济影响的更深层次的探讨,参见Clayton M. Christensen, Stuart L. Hart, and Thomas Craig, "The Great Disruption," *Foreign Affairs* 80, no.2 (March-April 2001): 80—95; 以及 Stuart L. Hart and Clayton M. Christensen, "The Great Leap: Driving Innovation from the Base of the Pyramid," *MIT Sloan Management Review*, Fall 2002, 51—56。《外交》杂志上的论文称,颠覆是20世纪60年代至80年代日本经济奇迹的根本动力。同其他公司一样,这些颠覆者——索尼、丰田、日本制铁、佳能、精工、本田等——都转向了高端市场,目前在各自市场生产世界上品质最高的产品。如同那些被它们颠覆的欧美企业一样,日本的巨头公司现在也被困在了高端市场,无法实现增长。美国的领先公司被困在高端市场,但美国经济并没有因此而陷入长期停滞状态,究其原因,还是人们可以离开这些公司,可以在经济下行期间挑选风险资本,进而启动新一轮的破坏性增长。反观日本经济,由于缺乏风险资本基础设施,而且劳动市场也缺乏流动性,所以无法像美国经济一样增长。由此,日本一度玩起破坏性游戏,并获得了丰厚收益。但现在,它被困住了。日本宏观经济的不景气,可能确实存在微观经济根源。发表在《麻省理工学院斯隆管理评论》上的这篇论文,是建立在《外交》这篇论文的基础之上的。它认为,现在发展中国家是很多破坏性创新的理想初级市场,而且这种破坏性也是可行的经济发展政策。

21. 我们在这一段中的措辞非常重要。若消费者无法通过性能参数区分产品价值,就只能根据价格做出选择。但是,我们不会认为当消费者选择了低价格的产品,竞争的轴心就只是基于成本。我们应该问的是,消费者是否愿意支付更高的价格来换取功能的增加、性能的稳定及便利性的增强。只要消费者愿意支付高价来回报产品改良,就证明了产品的性能发展还没有超过消费者的使用能力。当消费者对这些参数的改进需求为零时,竞争的基础才真正是基于成本的竞争。

22. 我们强调"产品"策略这一术语,是因为市场上看似有两种其他类型的低端市场破坏性策略:一个是针对惠普品牌的贴牌策略(即贴有零售商商标而非厂商商标),另一个是在线零售商路线,类似戴尔电脑的低成本破坏性策略。

23. 实际上,在此我们要评估第四种策略,即为惠普及其子系统供应商制造组件进行销售。我们将在第四章和第五章用更多篇幅详述该主题。

24. 事实上,松下在20世纪90年代就曾试图以这样的持续性策略打入市场。在机电产品组装领域,尽管公司拥有强大的松下品牌和世界级的能力,但它还是铩羽而归,只抢占了极少的市场份额。

第三章 用户希望购买什么样的产品

1. 参见 Dorothy Leonard, *Wellsprings of Knowledge*(Boston:Harvard Business School Press, 1996),第七章。

2. 有些研究者主张:市场细分实际上并不重要,因为客户需求应该得到个性化的解决。虽然可能如此,但想完成这个任务还是需要一些时间的。我们将在第五章和第六章中说明，在很多情境下这是不可能完成的任务。换句话说，市场细分一直都很重要。

3. 在这里我们非常感谢我们的两位同事，最初是他们向我们介绍了关于市场结构的这种思考方法。第一位是位于伊利诺伊州本森维尔的盖奇食品公司（Gage Foods）的CEO理查德·佩迪。"待完成的工作"（JTBD, jobs to be done）便是理查德贡献给我们的。第二位是安东尼·伍维克，他是位于佛罗里达州的创新咨询公司Strategyn的创始人。在日常咨询工作中，安东尼提出并使用了一个非常类似的理念，即"客户需求的结果"（outcomes that customers are seeking）。安东尼就这一理念发表过很多篇文章，其中包括："Turn Customer Input into Innovation," *Harvard Business Review*, January 2002, 91—98。安东尼利用这些理念帮助他的公司客户开发相关产品，并把这些产品同公司客户所要做的工作联系起来。我们还要感谢大卫·桑达尔——在担任克里斯坦森教授的研究助理期间，他帮助完成了对本章所依据的很多初始理念的研究。

4. 为保护公司的专属权益，我们在很多细节方面做了更改，但保留了该项研究及其结论的基本特征。

5. 本段揭示了一个嵌套系统：人们的主要任务是要获得能够顺利完成这一任务的"结果"。因此，我们在关于市场细分的研究作品中如果提到"结果"这个术语，就表示那些需要达成的"独立任务"，例如持续较长时间、不要制造混乱，都是为了更好地完成"任务"。

6. 即使在近代所谓"个人市场"的市场潮流中，也普遍存在这个问题。"个人市场"驱动企业定制一种能帮助客户完成"多种任务"的产品，但是定制的价格较高。此外，它往往无法理解客户做出购买决定时的优先逻辑是受"结果"驱动的。市场研究工具就像地理编码一样复杂，它们关注的是人的属性，因而无法为客户提供有意义的市场细分方案——每

注释

一个客户都有很多"需要完成的任务"。实际上，无论是个人还是公司，他们所做的工作都存在很多共性，这表明瞄准单一营销市场的策略往往是不可行的或是不理想的。

  7. 心理学研究表明，消费者经常通过查找产品目录来寻找他们想要得到的"结果"，这也就证明了我们都是感性的，只有当一个产品能够满足我们的需求时，我们才会主动去了解它。比如，因研究知觉理论而赢得广泛尊重的心理学家詹姆斯·J. 吉布森，就论述过"能供性"（affordances）。这个概念同我们所用的术语——"工作"或"结果"是一样的。吉布森表示，"环境的能供性是指它所给予的……它所提供或供应的，而无论它们是好是坏"。吉布森称，我们并不是以事物的基本特性来看待这个世界的，比如某个事物是黄色的或它的体积是 24 盎司；我们是以结果来看待这个世界的："当我们看事物时，我们感知到的是它们的结果，而不是它们的特性。就实验来看，如果需要的话，我们可以区分各种差异维度，但事物提供给我们的，通常是我们所关注的东西。"以地面为例，重要的是它为我们提供了一个平台，让我们站立、行走、建造等。我们不会因地面的颜色或水分含量而"聘用"它。用吉布森的话说，产品的能供性是指产品能让用户获得的效果。参见 James J. Gibson, *The Ecological Approach to Visual Perception* (Boston: Houghton Mifflin, 1979), 127。

  8. "杀手级应用"被认为是创新的"圣杯"。关于"杀手级应用"这一术语的广泛普及，参见 Larry Downes and Chunka Mui, *Unleashing the Killer App* (Boston: Harvard Business School Press, 1998)。不幸的是，这方面的很多记述只是简单罗列了历史上成功的"杀手级应用"。在我们看来，关于这类应用的严谨研究，应当展示这样一个事实，即它们之所以成为"杀手级应用"，是因为这种产品或服务直接服务于很多人正试图完成的工作。也就是说，讨论中的这种创新可以帮助他们以一种更便捷的方式开展工作，而且还可以帮助他们把工作做得更好。

9. 我们在注释3中提到的伍维克先生领导的那家公司，就有专门的方法对那些依照产品用途划分的市场进行分类，并对市场规模进行测量。

10. 这一信息出自2000年7月对米奇·舒尔霍夫的一次采访。舒尔霍夫担任索尼美国公司CEO一职达20余年，且在相当长的时间内担任索尼公司董事。

11. 在此必须强调，我们绝对没有获得文中提及的任何企业或产品的内部消息，也没有对这些产品或"任务"进行过任何正式的市场研究。我们只是为了更好地阐述基于情境的分类理论，证明那些和"客户任务"息息相关的产品拥有着更清晰和确定的未来前景，而过去那些浅尝辄止的创新方案则做不到这一点。举例来说，考虑到RIM重点抓企业客户而不是个人客户的销售策略，所以从职责上讲，这是公司首席信息官的工作：确保公司的知识型工作者能够实时地进行沟通和联系，而且不能找任何借口。如果把这样的练习应用于这项工作，也非常有用。

12. 在本书编写过程中，RIM和诺基亚已经公开宣布合作，RIM将授权诺基亚在其手机上使用无线电子邮件软件。这个合作对双方来说意义重大，因为它们的产品在很多方面都是完成同一种工作的。用户是否更希望黑莓最终取代其他手机完成"任务"？又或者如同诺基亚—RIM联盟所为，将黑莓产品植入其他品牌手机后，黑莓是否更有前途？我们将在第五章和第六章中阐述这些问题。

13. 我们在这个主题上走得很远，因为未来尚未到来。做出这种启发式的分析，是为了更好地阐述我们的基础理论。无线手持设备的厂商们非常有可能投身于一哄而上的无差别竞争，不断复制其他竞争对手的最新功能和技术，使整个行业陷入无差别的全能型产品量产大战。如果真发生这种情况，我们希望读者不要武断地下结论，认为"克里斯坦森和雷纳说错了"。我们认为，虽然功能的错位和抄袭是不可避免的，但是只要每家厂商都能专注于各自专长的"任务"，开发相应的功能，只要其市场宣传定位仍然放在各自专长的"任务"上，就能够获得快速增长。因为它们不是在彼此抢占市场，而是在和能够完成同样"任务"的其他工具争夺客户。

14. 参见 Leonard, *Wellsprings of Knowledge*；Eric von Hippel, *The Sources of Innovation* (New York: Oxford University Press, 1988)；以及 Stefan Thomke, *Experimentation Matters: Unlocking the Potential of New Technologies for Innovation* (Boston: Harvard Business School Press, 2003)。

15. 从概念上讲，所有用户都认为他们需要一个能装在公文包或手袋里的小巧的全能型设备；从技术上讲，添加功能要付出其他代价。软件技术的进步使得量身打造多用途的一体化平台变为可能。但我们的观点还是，即使在这样的情况下，一家企业还是应该使用单一的硬件平台，在上面针对不同的"任务"拓展多样化的软件产品。然而，我们的主张是，即便在这种情况下，公司最好使用单一硬件平台去营销针对不同工作的、以软件定义的最优化产品。在很长的一段时间内，集各种功能于一体的、可同时满足多项工作需求（规划、联络、玩乐等）的电子设备，最终可能会成为瑞士军刀式的产品：一把非常好的刀、一把糟糕的剪刀、一个微不足道的开瓶器及一把寒酸的螺丝刀。只要客户"需要完成的任务"还会在相互独立的时间点和空间点出现，那么我们预计大多数客户仍会随身携带多种工作设备，而这种情况会一直持续到可帮助完成所有工作的通用型设备出现。

16. 这一情况的典型案例就是直觉公司依靠 QuickBooks 破坏了小型企业财务软件的市场。直到 20 世纪 90 年代早期，小型企业所使用的还只是由会计自行编写、自己使用的财务软件。当时的软件公司根据产品细分市场,因此它们都以其他开发财务软件的企业为竞争对手。这样的视角决定了它们会采用军备竞赛的方式超越竞争对手:加速功能的开发和性能的研究,研发新的报表和分析功能。这个行业逐渐陷入无差别竞争格局,生产出全能型产品,互相模仿产品特性。

直觉公司的市场人员则习惯于观察他们的用户,看他们用 Quicken 个人财务软件解决什么问题。在这个过程中,他们有了惊人的发现,很多 Quicken 用户会用他们的软件来跟踪自身的财务状况,主要用来跟踪现金流情况。这些小企业主亲力亲为地管理着企业的方方面面,根本不需要软件公司开发的财务报表或分析报告。直觉公司针对这项工作(现金流预警功能)开发出了 QuickBooks 产品,取得了有目共睹的成绩。不到两年时间,公司凭借和竞争对手功能完全不同的破坏性产品占据了 85% 的市场份额。

17. 在研究和撰写市场营销问题的人中,西奥多·莱维特是这一观点的主要支持者。克里斯坦森还记得他在读 MBA 时听西奥多·莱维特说的一句话:"人们不想买一个 1/4 英寸的钻头。他们只想要一个 1/4 英寸的洞。"用我们的话来讲,他们有工作要做,而且他们会用某个东西来做这项工作。关于莱维特对这些原则的最著名的解释,参见 Theodore Levitt, "Marketing Myopia," *Harvard Business Review*, September 1975, reprint 75507。

18. 关于如何测量依照产品用途划分的细分市场的规模,可参考 Anthony W. Ulwick, "Turn Customer Input into Innovation," *Harvard Business Review*, January 2002, 91—98。

19. 在这里非常感谢 BIG 公司创始人兼 CEO 迈克·柯林斯。该部分的很多理念都与他的评论有关。迈克看过本章的初稿,并对本章内容提出了极有帮助的建议和意见。

20. 有一些（但不是全部）"分类杀手"零售模式（例如家得宝和劳氏）能够成功破坏先入者的市场，原因在于它们的破坏计划都是围绕"客户任务"组织安排的。

21. 很多市场人员常常无意识地按照产品和用户这种机遇属性的分类方法细分市场，因为他们对待自己的品牌就像对待自己的产品一样。这样的品牌通常会沦落到有名无实的地步，因为所有广告都希望将品牌的内涵尽量弹性化，使之适应更大范围的市场，能在同一品牌下包容更多的产品系列，很多品牌因此失去了和"特定任务"的关联。在这种情况下，客户仍然感到迷茫，不知道应该选用哪种产品完成他们在特定情境中的"特定任务"。

第四章　我们的产品适合哪些用户

1. 经济学家对这种现象的论述不胜枚举。当产品性能超出用户的使用能力范围时，用户对新增性能的边际体验感受就会逐渐削弱。随着客户对新增性能的使用能力和消费能力的提升，他们会逐渐愿意接受边际价格。当延续性改进带来的边际价格提升空间被压缩到零时，我们建议不要提升边际性能。

2. 前文提到，技术本身很少具备延续属性或破坏属性。创新的破坏性只能相对于其他公司的业务模式、客户群及其他技术而言。

3. 图 4.2 的数据由美国心脏协会国家中心提供。这些数据只针对住院病人，因此门诊病人或其他非住院病例的心脏支架手术并未包含在内。这就意味着图 4.2 中的心脏支架手术施术次数被严重低估了。随着时间的推移，低估的数量会越来越大。

4. 除了文中所列的案例，这方面的例子还有很多。例如，综合股票经纪商（如美林）就在其自身的价值网络中不断向上突破，争取更有价值的客户，它们的增长上限和盈利底线也在随之上升。虽然网络折扣券商们正在想办法提供更好的服务，但目前并没有让美林感到痛苦。

5. 参见 Clark Gilbert and Joseph L. Bower, "Disruptive Change: When Trying Harder Is Part of the Problem," *Harvard Business Review*, May 2002, 94—101; 以及 Clark Gilbert, "Can Competing Frames Co-exist? The Paradox of Threatened Response," working paper 02-056, Boston, Harvard Business School, 2002。

6. Daniel Kahneman and Amos Tversky, "Choice, Values, and Frames," *American Psychologist* 39 (1984): 341—350。卡尼曼和特沃斯基就这些问题发表了大量作品。该参考只是其中的一个例子。

7. 许多学者都对"威胁僵化"现象进行了研究，其中比较有名的是简·达顿和她的同事的研究。相关研究参见 Jane E. Dutton and Susan E. Jackson, "Categorizing Strategic Issues: Links to Organizational Action," *Academy of Management Review* 12 (1987): 76—90; 以及 Jane E. Dutton, "The Making of Organizational Opportunities—An Interpretive Pathway to Organizational Change," *Research in Organizational Behavior* 15 (1992): 195—226。

8. 亚瑟·斯廷奇科姆非常雄辩地阐述了这一主张，即获取正确的初始条件，是确保后续事件如愿发生的关键所在。参见 Arthur Stinchcombe, "Social Structure and Organizations," *Handbook of Organizations*, ed. James March (Chicago: McNally, 1965), 142—193。

9. Clark Gilbert, "Pandesic—The Challenges of a New Business Venture," case 9-399-129 (Boston: Harvard Business School, 2000).

第五章　选择正确的生产架构

1. 我们要感谢以下富有思考力的研究者为核心竞争力的研究所做的贡献，包括C. K. 普拉哈拉德和加里·哈默尔。这包括C. K. Prahalad and Gary Hamel,"The Core Competence of the Corporation," *Harvard Business Review*, May-June 1990, 79—91；以及Geoffrey Moore, *Living on the Fault Line* (New York: HarperBusiness, 2002)。值得注意的是，"核心竞争力"这个术语最初是由C. K. 普拉哈拉德和加里·哈默尔在他们的开创性作品中提出的，实际上是为多元化公司辩护。基于对企业广泛的既有能力的研究，他们提出了多元化的观点。我们认为，他们的研究和理论发展是备受尊重的，与伊迪丝·彭罗斯于1959年出版的作品《企业成长理论》是一脉相承的。参见Edith Penrose, *The Theory of the Growth of the Firm* (New York: Wiley)。这条思路非常强大也非常有用。值得注意的是，他俩最初发明"核心竞争力"这个词语时，实际上是针对多元化企业提出来的。从广义上说，他们是从多元化（建立在对现有功能的进一步开发的基础上）的角度提到这个概念的。

2. 可以说，IBM在整合环节、操作系统设计及制造能力方面都有比英特尔和微软更深厚的技术底蕴。因此，这个决定更多是建立在核心的基础上，而不是竞争力的基础上。IBM的外包决定建立在新增长业务经理的正确判断之上，他们需要一个能大幅降低管理成本的组织结构。这样一来，企业在面临竞争对手不断加速的新产品开发步伐时，能够继续保有可观的利润，而不是被原有的内部研发流程中复杂的交互式产品的冗长研发周期拖累。

3. 在过去的10年里，关于这些概念的重要研究如雨后春笋般涌现出来。我们发现下面这些成果特别有用：Rebecca Henderson and

Kim B. Clark, "Architectural Innovation: The Reconfiguration of Existing Product Technologies and the Failure of Established Firms," *Administrative Science Quarterly* 35 (1990): 9—30; K. Monteverde, "Technical Dialog as an Incentive for Vertical Integration in the Semiconductor Industry," *Management Science* 41 (1995): 1624—1638; Karl Ulrich, "The Role of Product Architecture in the Manufacturing Firm," *Research Policy* 24 (1995): 419-440; Ron Sanchez and J. T. Mahoney, "Modularity, Flexibility and Knowledge Management in Product and Organization Design," *Strategic Management Journal* 17 (1996): 63—76; 以及 Carliss Baldwin and Kim B. Clark, *Design Rules: The Power of Modularity* (Cambridge, MA: MIT Press, 2000)。

4. 这里描述的是交互式模式的一种极端现象，我们选择了图谱范围中比较极端的例子，主要是为了尽可能清晰地表达这一概念。在复杂的产品系统中，各个接口间在不同时期的交互程度不尽相同。交互式产品架构所面临的挑战也可以通过部分引入供应商来解决。

5. 很多读者将"破坏"和"突破"相提并论。这一点非常重要，因为我们想要建立对事物的了解和预测能力，而不是混淆概念。之前几乎所有著作中提到"突破性技术"这一术语，在本书中都指在技术进步过程中的延续性影响。有些延续性创新是简单的、逐年升级的创新，另一些延续性创新则是剧烈的、突破性地向上飞跃。然而，从可预测的角度来看，延续式的和突破式的技术创新并没有本质上的区别，因为两种类型的技术都会产生延续性的影响，都是先入者的成功武器。

6. 艾尔弗雷德·钱德勒教授在其经典作品《看得见的手》中指出，在很多行业的早期阶段，垂直整合对行业发展至关重要。参见 Alfred Chandler, *The Visible Hand* (Cambridge, MA: Belknap Press, 1977)。

7. 经济学家对于"实用性"的理解，或者说是客户在购买和使用某种产品时感受到的满意程度，很好地描述了行业发展过程中竞争基础是如何转变的。边际实用性对客户来说就是在购买更好的产品时能够感受到满意度的提升。只要他们使用产品时的满意度不断上升，他们就愿意为此支付更高的价格。换句话说，边际价格的提升等同于边际实用性的提升。当客户无法全面利用产品的改进功能时，边际实用性便降为零，结果客户就不再愿意为购买更好的产品而支付更高的价格了。

8. 最早描述这一现象的作品包括：Sanchez and Mahoney, "Modularity, Flexibility and Knowledge Management in Product and Organization Design"。

9. 注释3中引用的卡利斯·鲍德温教授和金·B.克拉克的开创性作品，以令人信服的、有效的方式对模块化流程进行了描述。对于那些有兴趣进一步研究该流程的人，我们推荐本书。

10. 关于IBM历史的大量研究都会反对我们关于"竞争促使IBM开放产品架构"的论断，认为是美国政府的反垄断诉讼促使IBM开放了产品架构。反垄断行动的确对IBM产生了影响，但是我们认为，不论是否有政府介入，竞争性和破坏性的市场力量都会颠覆IBM的垄断地位。

11. 在荣膺普利策奖的、关于通用数据公司产品开发的《新机器的灵魂》中，作者特雷西·基德尔描述了在微型机产业的竞争基础开始发生变化时，生活所呈现出的样子。参见 Tracy Kidder, *The Soul of a New Machine* (New York: Avon Books, 1981)。

12. 麻省理工学院教授查尔斯·法恩也就这个主题写过一部重要著作，参见 Charles Fine, *Clockspeed* (Reading, MA: Perseus Books, 1998)。法恩观察到，产业在某种"双螺旋"循环中会经历整合和非整合周期。我们希望这里的这个模式和第六章中的模式可以进一步证实和丰富法恩的发现。

13. 信贷行业的产业结构优化为这些作用力的存在提供了清晰的案例。联合银行（如 J. P. 摩根）在最复杂的信贷市场享有强大的竞争优势。整合就是它们的有力武器，能够聚合出巨大、繁复的金融方案，服务于那些结构复杂、要求苛刻的环球级客户。针对这些客户是无法通过固定的公式和标准来制订借贷方案的，只能依靠经验丰富的信贷经理的判断来完成。然而，信用评分技术和资产证券化正在扰乱和瓦解简单的贷款层级市场。在这些层级中，贷款人知道且可以准确测量相关属性，确定借款人是否会偿还贷款。关于借款人的可核查信息，比如他们在居住地生活了多久，他们在工作单位工作了多久，他们的收入是多少，他们是否按时支付账单，等等，会被汇总起来，然后按照相关算法做出贷款决定。信用评分植根于 20 世纪 60 年代最简单的贷款层级市场——百货商店决定发行它们自己的信用卡。接着，对大银行来说，不幸的是，这些"破坏者"为追求利润，无可阻挡地转向高端市场——先是一般消费者信用卡贷款市场，然后是汽车贷款和抵押贷款市场，现在是小企业贷款市场。由此一来，在贷款行业，这些比较简单的层级市场就基本上被瓦解了。专业的非银行公司开始出现，并在这些层级市场提供增值服务。在最复杂的贷款层级市场，整合是一大优势，但在过度服务的层级市场，它却是劣势。

14. 我们的结论支持了斯坦·J. 利博维茨和史蒂芬·E. 马戈利斯在《赢家、输家和微软：高科技领域的竞争与反垄断》中的结论。参见 Stan J. Liebowitz and Stephen E. Margolis, *Winners, Losers & Microsoft: Competition and Antitrust in High Technology* (Oakland, CA: Independent Institute, 1999)。

15. 关于这一点的另一个完美解释是：苹果计算机推动了这一切，

以便发展成多媒体娱乐方面的掌门人。其交互式整合型的操作系统和应用程序为这一市场中的用户提供了前所未有的便利。

16. 在经济学家看来，专业性、可测量性及可预测性是判定能否形成高效市场的"充分信息"，这个市场的每个部门各自为政、远距离作业，通过产品接口互相联系。资本主义的基本信条是：推动市场竞争的无形之手的作用高于管理层的监管机制所起的作用。这就是为什么当模块化接口出现时，整个行业会立即变成分散型的接口生产模式。然而，当达到专业性、可测量性和可预测性标准的产品并不存在时，高效市场就无法启动。在这种情况下，内部监管和协调机制就强于合作性的市场竞争机制。这是塔伦·卡纳教授和他的同事的获奖研究成果的重要基础。该研究成果表明，在发展中经济体中，多元化企业集团的表现优于专注于单一业务的独立公司；而在发达经济体中，情况则恰好相反。参见 Tarun Khanna and Krishna G. Palepu, "Why Focused Strategies May Be Wrong for Emerging Markets," *Harvard Business Review*, July-August 1997, 41—51; 以及 Tarun Khanna and Jan Rivkin, "Estimating the Performance Effects of Business Groups in Emerging Markets," *Strategic Management Journal* 22 (2001): 45—74。

在模块化条件尚不成熟的时候，组织整合至关重要。一组有助于理解这个问题的重要概念是由交易成本经济学派提出的，最早可以追溯到罗纳德·科斯的作品，参见 R. H. Coase, "The Nature of the Firm," *Econometrica* 4 (1937): 386—405。科斯认为，公司之所以成立，是因为原本"独立"的各方在合同谈判和执行方面的成本变得"过于高昂"。奥利弗·威廉姆森最近开展的关于交易成本是公司边界的决定性因素的研究，具有开创意义。参见 O. E. Williamson, *Markets and Hierarchies* (New York: Free Press, 1975); "Transaction Cost Economics," in *The*

Economic Institutions of Capitalism, ed., O. E. Williamson (New York: Free Press, 1985), 15—42; 以及 "Transaction-Cost Economics: The Governance of Contractual Relations," in *Organizational Economics*, ed., J. B. Barney and W. G. Ouichi (San Francisco: Jossey-Bass, 1986)。特别的一点是，交易成本经济学被用于解释公司扩大经营范围的各种方式：要么通过非相关性多元化 [参见 C. W. L. Hill, et al., "Cooperative Versus Competitive Structures in Related and Unrelated Diversified Firms," *Organization Science* 3, no. 4 (1992): 501—521]；要么通过相关性多元化 [参见 D. J. Teece, "Economics of Scope and the Scope of the Enterprise," *Journal of Economic Behavior and Organization* 1 (1980): 223—247; 以及 D. J. Teece, "Toward an Economic Theory of the Multiproduct Firm," *Journal of Economic Behavior and Organization* 3 (1982), 39—63]；要么通过垂直整合 [参见 K. Arrow, *The Limits of Organization* (New York: W. W. Norton, 1974); B.R. G. Klein, et al., "Vertical Integration, Appropriable Rents and Competitive Contracting Process," *Journal of Law and Economics* 21 (1978) 297—326; 以及 K. R. Harrigan, "Vertical Integration and Corporate Strategy," *Academy of Management Journal* 28, no. 2 (1985): 397—425]。更笼统地讲，这一研究方向被称为"市场失灵"范式，用以解释企业边界的变化 [参见 K. N. M. Dundas, and P. R. Richardson, "Corporate Strategy and the Concept of Market Failure," *Strategic Management Journal* 1, no. 2 (1980): 177—188]。我们希望，通过更准确地描述那些引发缔约困难的因素，以进一步推进这一研究思路。要知道，这些缔约困难问题，也是交易成本经济学派的核心问题。

17. 在理解工程的复杂性及意外后果方面，即便现有的本地交换运营商（ILEC）比不上竞争性的本地交换运营商（CLEC），但从组织上讲，它们的工程师更有能力解决难题，因为他们可以诉诸组织机制，而不像后者的工程师一样，必须依赖烦琐的甚至是不完整的事前合同。

18. 参见 Jeffrey Lee Funk, *The Mobile Internet: How Japan Dialed Up and the West Disconnected* (Hong Kong: ISI Publications, 2001)。这确实是一项极具洞察力的研究，我们从中可以发现很多洞见。芬克用他自己的语言向我们展示了都科摩和 J-Phone 在日本取得极大成功的另一个重要原因，即它们遵循了我们在本书第三章和第四章中描述的模式。它们最初瞄准的客户大多是非互联网用户（十几岁的女孩），并致力于帮助她们更好地完成她们已经准备去做的事情：跟朋友分享乐趣。相比之下，新进入这个市场的西方公司则想着把高端产品和服务卖给现有的手机客户（他们的手机主要用于商务活动）和现有的电话线上网用户。关于这一开发的内部视角记述，参见 Mari Matsunaga, *The Birth of I-Mode: An Analogue Account of the Mobile Internet* (Singapore: Chuang Yi Publishing, 2001)。松永真理是都科摩 i-mode 服务开发的关键人物之一。

19. 参见 "Integrate to Innovate," a Deloitte Research study by Michael E. Raynor and Clayton M. Christensen。请访问 http://www.dc.com/vcd，或发送邮件至 delresearch@dc.com 索取。

20. 一些熟悉欧美手机行业不同发展经历的读者可能会对本段提出反对意见。很早以前，欧洲流行一种被称为 GSM 的标准协议，使用该标准的手机用户可以在任何国家使用手机。欧洲手机市场的增长速度和渗透深度远超实施多项标准的北美手机市场。很多分析家认为，欧洲国家这种快速执行统一标准的策略起到了规避同业标准浪费的效果。我们认为单一标准的优势被过度夸大，而在美国和欧洲之间具备显著特点的其他重要区别则被避而不谈。

首先，单一标准的好处似乎主要体现在供给侧而不是需求侧。也就是说，通过制定单一标准，欧洲的网络设备和手机制造商可以实现比北美市场制造商更高的规模经济效益。在这种规模效益下，消费者很可能会享受到更低的价格。不过，你要比较的并不是欧洲和北美的移动电话成本（这些服务之间并不存在相互竞争的关系），而是各个市场的移动电话和有线电话的成本。这里需要注意的是，有线电话包括本地和长途电话服务，而欧洲在这方面的成本要比北美的高得多。由此，作为有线电话的替代者，无线电话在欧洲的吸引力要远高于北美。就我们所知，这一假定的跨国使用的需求侧好处，并没有出现在欧洲消费者的使用模式中。因而，我们认为：欧洲市场的移动电话业务能够取得相对的成功，一个非常重要的原因并不是瑞典的女学生在西班牙度假时可以使用她们的手机，而是移动电话易用性的相对提高，以及移动电话相对于有线电话的成本优势。

其次，一个更重要的原因或许是，在手机使用方面，欧洲监管机构规定的是"拨打方付费"，而北美监管机构采取的是"接听方付费"的政策。换句话说，在欧洲，如果你拨打某个人的移动电话，那么你就要付这笔电话费，而对接听的人来说，则是免费的。在北美，如果有人拨打你的移动电话，那么你就需要来付这笔电话费。因此，欧洲人更愿意给出他们的移动电话号码，进而提升了移动电话使用的可能性。关于这个话题的更多信息，参见 Strategis Group, "Calling Party Pays Case Study Analysis; ITU-BDT Telecommunication Regulatory Database"; 以及 ITU Web site: http://www.itu.int/ITU-D/ict/statistics。

梳理所有这些贡献因素（GSM 标准、比有线电话相对较低的价格和拨打方付费规定）的影响，以及其他可能的影响因素，不是一项无关紧要的工作。但我们要说的是，单一标准的影响明显是被高估了，而且显然也不是欧洲市场移动电话渗透率高于北美市场的主要原因。

第六章　如何避免货品化

1.我们可以通过两种方式思考产品或服务的价值链。从流程的角度来看，它是制造或供给产品的增值环节。例如，设计、组件制造、装配、市场推广、销售、分销等都属于价值链上的常见流程。我们也可以通过产品中使用的组件或"材料清单"观察其价值链的状况。例如，发动机活塞、底盘、制动系统、电子元件等都属于汽车价值链上的组件。用两种方式观察分析价值链，对我们来说很有帮助，因为价值链有时也可能表现为"不规则片段"的形式，也就是说，无论从哪个级别分析，价值链的表现形式都十分复杂。尤其是通过流程角度（这个流程定义了该产品的价值链）分析一个特定产品时，各种组件都必须被考虑其中。然而每种组件都有其自身的制造流程，因此这个产品价值链的分析过程就更加复杂。问题在于我们想要关注哪个层级。

2.这个讨论主要建立在迈克尔·波特教授的五种影响力框架及其对价值链鉴定的基础之上。分析家们经常援引波特的五大影响力框架判断哪些企业在增值链上拥有最大的盈利能力。本书第五章和第六章中提供的模型就从很多角度针对五大影响力框架提供了一个动态的表现形式，证明这五大影响力的作用强度也会随时间的推移而改变。该模型显示，财富增长点会随着我们描述的不同情境，以能够被预测的方式在价值链上的不同阶段流动和转移。

3.从常规观察情况来看，当一个行业中绝大多数大企业都在蓬勃发展时，很有可能是因为产品的功能和可靠性还不能够满足大多数客户的需求。因此，它们生产专利性架构的产品并借此在竞争中坐享强大的成本优势。此外，当它们将新的改良型产品推向市场时，新产品因为更靠近用户的需求，而为企业创造了巨大的溢价空间。这包括贝尔电话系统、马克卡车、卡特彼勒的土方工程设备、施乐影印机、诺基亚和摩托罗拉的移动电话设备、英特尔微处理器、微软操作系统、思科路由器、EDS或 IBM 的 IT 咨询业务、哈佛商学院及其他很多公司。

4."子系统"这个术语在下文中通常是指：通过组装一系列功能性组件和材料，形成的一个新系统，该系统将被用于终端系统的运作。

5.我们要再一次引用迈克尔·波特教授提到过的两种可行的"常规"策略：差异化竞争和低成本竞争。我们的模型描述了一种机制，在这种机制的作用下，这两个策略都不可能成为延续性策略。低成本策略只能在大多数低成本竞争者还无法满足客户需求时奏效。供需曲线的交集点决定价格的高低，价格高低同时也建立在边际制造商的现金成本基础之上。当边际制造商的成本较高时，低成本的"破坏者"就能够赚到高额利润。但是当高成本的竞争者离开，整个市场充斥低成本供应商的模块化产品时，低成本策略就变成了"相同成本"策略。

6.不是所有的组件或子系统都能为客户提供特别的性能。那些受到性能驱动的都是"性能导向型"组件和子系统。在个人电脑领域，微处理器、操作系统、应用程序一直属于"性能导向"的子系统。

7.在计算机行业中，组装商们是如何赢利的，后台子系统供应商又是如何"捡便宜"的？分析家们对此做出了估计（"Deconstructing the Computer Industry," *Business Week*, 23 November 1992, 90—96）。正如我们在本章最后一部分提到的，戴尔的大部分利润来自直接面对客户的零售渠道，而不是产品组装业务。

8.只需稍做思考，很容易就能发现投资管理行业一直饱受折磨，问题在于按照行业定义的产品线分类，往往和盈利及增长能力毫不相干。因此它们为"科技公司"建立了投资基金，为"保健企业"建立了其他基金。在这些投资组合里，有"破坏者"也有"被破坏者"；有濒临货品化的公司,也有处于反货品化边缘的公司;等等。瑞士信贷第一波士顿首席投资策略师迈克尔·莫布森最近就这一话题写过一篇文章。该文章是建立在我们在本书前言部分概述的理论构建模型的基础之上的,是投资领域极富洞察力的一篇文章。参见 Michael Mauboussin, "No Context: The Importance of Circumstance-Based Categorization," *The Consiliant Observer*, New York: Credit Suisse First Boston, 2003 年 1 月 14 日。

9. 那些熟悉磁盘驱动器行业的读者可能会看出,我们认为行业最赚钱的环节在磁头和磁盘制造领域,而领先的磁头和磁盘制造商(如 Read-Rite 和 Komag)却并非红得发紫,似乎我们的看法和现实相互矛盾。其实这些制造商(尤其是希捷)之所以没有飞黄腾达,是因为它们为了眼前利益,只整合了自身的磁头和磁盘制造业务,放弃了对独立供应商的整合。

10. IBM 的确曾在 3.5 英寸磁盘驱动器上获利,但是当时它是处在市场的最高级别,产品的性能在这个级别里还"不够完善",达不到高端客户的需求,因此 IBM 必须按照互相依赖的交互式架构设计产品。

11. 关于这些进展的更完整的描述,参见 Clayton M. Christensen, Matt Verlinden, and George Westerman, "Disruption, Disintegration and the Dissipation of Differentiability," *Industrial and Corporate Change* 11, no. 5 (2002): 955—993。哈佛商学院最先概述这一分析的工作论文是在 1998 年和 1999 年完成的,后被广泛传阅。

12. 在这一段中我们谨慎地使用了现在将来时态。因为当我们把这个信息第一次写出来并提交给出版商时,还是处于预测状态。后来,就像模型中预测的那样,IBM 的 3.5 英寸磁盘驱动业务的利润急剧下滑。然而,IBM 选择了将整块磁盘驱动业务出售给日立,让其他公司有机会在磁盘驱动的高端市场领域销售以性能为导向的高利润产品。

13. 我们曾在其他地方写道，哈佛商学院拥有一个可在管理教育领域全面实施这一策略的绝佳机会——前提是它愿意抓住这个机会。就各大商学院的案例研究而言，绝大多数是哈佛商学院撰写和出版的，其中很多文章已被商学院教授用作课程组件。就合作架构而言，这是一种相互依赖的设计。当前，在职管理培训和企业大学（它们是非一体化的模块课程汇编机构）正在颠覆传统的 MBA 项目，哈佛商学院可以抓住这个机会，通过下属出版机构实现商业模式的颠覆：不仅销售可作为基本课程组件使用的案例研究和文章，而且要销售可作为课程模块使用的增值子系统。就这些课程的设计目的而言，应该是让企业环境中的管理培训师以便捷的方式定制优秀教材，然后按需交付，确保教学内容有针对性。参见 Clayton M. Christensen, Michael E. Raynor, and Matthew Verlinden, "Skate to Where the Money Will Be,"*Harvard Business Review*，2001 年 11 月。

14. 以惠普为例，这就意味着惠普品牌如果是从目前的起点向高端市场突破，就会拥有强大的品牌力量。这也意味着如果英特尔和微软从当前起点向低端市场进军，惠普的品牌力量将被削弱。

15. 我们非常感谢克里斯坦森教授的一名哈佛 MBA 学生阿兰娜·史蒂文斯，是她在一篇名为《品牌之屋还是产品之屋》（"A House of Brands or a Branded House?"）的研究论文里提出了这一系列深刻见解。她注意到：很多零售产品目录上的品牌力量正逐渐从产品本身移向渠道。食品和护理产品的知名品牌制造商（如联合利华和宝洁）都在努力提升品牌竞争力，因为它们的产品已经过于完善。在英国，破坏性渠道品牌［如特易购（Tesco）和 Sainsbury's 超市］在每种产品的低价竞争中取得决定性胜利后，便开始向高端市场转移。在美国，品牌产品占据了大部分商场的货架，也为此支付了高额的进场费。在过于完善的产品类别中，品牌价值已经转往分销渠道（如家得宝、史泰博）。当产品的功能和可靠性都已经十分完善，唯一需要提高的是购买和使用的便捷性时，品牌力量就开始转向渠道了。宝洁采取的策略看起来是很明智的。它针对新市场推出了一系列破坏性产品：一方面，这为公司向高端市场转移提供了所需动力；另一方面，这保留了其自身在高端品牌中的影响力。比如，它推出的 Dryel 品牌家用干洗系统就是新市场的破坏性产品，因为基于这一产品，人们不再像过去一样，只有通过收费高昂的专业人士才能干洗衣服。这种自己动手的干洗系统尚不足够好，所以要建立一个赚钱的品牌，可能还需要一段时间的产品积淀。再者，就像索尼的固态电子产品使得折扣商店能与电器商店竞争一样，宝洁的 Dryel 干洗机也给了沃尔玛一个向高端市场转移的媒介，使得它能够与干洗企业竞争。宝洁推出的佳洁士品牌的自用牙齿美白系统，也是新市场的破坏性产品，因为在过去，这项服务也只有专业人士才能够提供。在此感谢克里斯坦森教授早前的学生、宝洁全球品牌经理大卫·丁坦法思，感谢他为我们提供的这方面信息。

16. 我们和学生们一起探讨了这个猜想，其中一些打扮时髦的学生就会问这些理论是否适用于高档奢侈品牌，比如古驰，以及其他产品分类，比如化妆品。真正了解我们的人可能会发现，穿戴时尚品牌并不是我们生活中要完成的使命。当然，我们承认，即使我们不去留意那些高档时尚品牌，它们依然会继续赚钱。我们又能做什么呢？

17. 汽车装配商想要在当前控制的流程导向的价值链上保持竞争力，就需要向新的破坏性产业结构转型——整合供应链和客户接口，从而更有效地挖掘模块化产品本身的潜力。

18. 本书读者中有一部分是对资本市场的效率和投资者调整投资组合的能力抱有十足信心的，他们在这些决策里看不出会有什么悲剧性的后果。在资产剥离后，这两家汽车巨头的股东们发现他们拥有的是汽车设计和装配公司的股票，以及高性能子系统供应商的股票。因为本书的写作是从通用汽车和福特这样的企业中的管理者的角度出发来考虑问题的，所以我们把这些决策定义为不幸的决定。

19. 我们在这里说"通常"，是因为有例外（大部分而非全部被证实为真实情况）。例如，我们在本章中指出，同一增值链上可能并存两个模块化阶段，比如 DRAM 的记忆芯片可以安装在模块化的个人电脑中。也有例子证明两个交互型的系统架构需要被整合起来，例如要在企业自身的交互架构式业务流程中引入 SAP 公司出品的 ERP 软件。事实上，双方的产品都没有达到模块化和一定的可配置程度，这就意味着安装 SAP 软件需要投入大量的技术资源和组织资源。

第七章 你的组织是否有能力实现破坏性增长

1. 关于这个主题的最重要的研究之一，参见 Dorothy Leonard-Barton, "Core Capabilities and Core Rigidities: A Paradox in Managing New Product Development," *Strategic Management Journal* 13 (1992): 111—125。

2. 这一章中的概念意图在受尊崇的传统学术基础上建立关于企业组织能力的研究，这在学术界被称作"以资源为基础看待企业"（简称 RBV）。这个传统把资源看作一项企业最重要的资产，并试图通过资源补充的差异来解释企业间表现和增长的差异。参见 K. R. Conner, "A Historical Comparison of Resource-Based Theory and Five Schools of Thought Within IO Economics: Do We Have a New Theory of the Firm?" *Journal of Management* 17, no. 1 (1991): 121—154。这方面的开创性作品包括: E. T. Penrose, *The Theory of the Growth of the Firm* (London: Basil Blackwell,

1959);以及 B. Wernerfelt,"A Resource-Based View of the Firm,"*Strategic Management Journal* 5 (1984):171—180。最近的作品包括:M. Peteraf, "The Cornerstones of Competitive Advantage:A Resource-Based View," *Strategic Management Journal* 14, no. 3 (1993):179—192;以及 J. Barney, "The Resource-Based Theory of the Firm," *Organization Science* 7, no. 5 (1996):469。

我们对"资源"的定义要比很多资源基础观(RBV)研究人员的定义狭窄得多。我们利用额外的概念——流程和价值——来捕捉公司能力的其他重要组成要素,而对于这些要素,有的人则选择把它们归入资源类别。参见 D. Teece and G. Pisano,"The Dynamic Capabilities of Firms:An Introduction," *Industrial and Corporate Change* 3, no. 3 (1994):537—556;R. M. Grant, "The Resource-Based Theory of Competitive Advantage," *California Management Review* 33, no. 3 (1991):114—135;以及 J. Barney, "Organizational Culture:Can It Be a Source of Sustained Competitive Advantage?" *Academy of Management Review* 11, no. 3 (1986):656—665。我们认为,在很多情况下,关于现象定义的争论,实际上是分类的失败。《创新者的窘境》(第二版)对本章中提出的框架和理论做了初步总结。该模型最初发表在克莱顿·克里斯坦森和迈克尔·奥弗多尔夫合撰的文章中,参见 Clayton Christensen and Michael Overdorf,"Meeting the Challenge of Disruptive Change," *Harvard Business Review*, March–April 2000。

3. RHR 国际公司管理心理学家的调查发现证实了这一估计。RHR 最近报告说,多达 40% 的新聘用的高管表现不佳、选择辞职或在任职两年内被解雇。

4. Tom Wolfe, *The Right Stuff* (New York:Farrar, Straus, and Giroux, 1979).

5. 与前文的论断一致，坚实的理论能预见工作的实施，早期关于如何聘请合适人选到合适岗位的研究将潜在管理者按特性分类。要知道，早期航空研究人员观察到，羽毛、翅膀和飞行的能力特性之间有密切的关系，但他们也只能得出有关密切关系或联系，而不是因果关系的论断。只有当研究人员找出根本的因果机制，然后了解实践者可能遇到的不同情况，才能达到高度的可预测性。在这种情况下，许多合适能力的特性在任务中可能与成功与否密切相关，但不是成功的根本因果机制。

6. 参见 Morgan McCall, *High Flyers: Developing the Next Generation of Leaders* (Boston: Harvard Business School Press, 1998)。本书提供了一个令人耳目一新的视角，并以缜密的思维方式讲述了经理人是如何学习的，以及如何评估经理人是否有能力成功解决前方所面临的挑战。对从业者来说，如何在合适的时间把合适的人安排到合适的岗位上，是一个至关重要的问题。如果你对该问题感兴趣，我们强烈推荐本书。

7 当然，投资项目在发展后期需要那些在扩展业务及之后，在有效地运作组织方面经验丰富的高管。许多新企业经过一阵单个产品成功的热潮之后便昙花一现，原因之一就在于创始人缺乏直觉和经验，没能开发出适当的流程，来反复创造更好的产品、提高产量，并以可靠的方式辅助实施。

8. 在流程方面，我们认为最合乎逻辑和最全面的描述来自大卫·加尔文，参见 David Garvin, "The Processes of Organization and Management," *Sloan Management Review*, Summer 1998。在使用"流程"这个术语时，我们认为它包含加尔文定义的所有类型的流程。

9. 在各种标签下，许多学者都对"流程"这个概念做了长篇论述，并将其视为组织能力和竞争优势的重要基石。R. R. 尼尔森和 S. G. 温特的著作，可以说是这方面最具影响力的作品之一，参见 R. R. Nelson

and S. G. Winter, *An Evolutionary Theory of Economic Change* (Cambridge, MA: Belknap Press, 1982)。尼尔森和温特在书中使用的是"惯例"（routines）一词，而非"流程"，但其基本概念是一样的。他们认为，通过开发更好的惯例，一家企业可以建立起相对于其他企业的竞争优势，而这种对超一流的惯例的开发，只有通过对有效行为的忠实复制才可以实现。好的惯例一旦建立起来，就很难再改变。参见 M. T. Hannan and J. Freeman, "The Population Ecology of Organizations," *American Journal of Sociology* 82, no. 5 (1977): 929—964。下面这些作品探讨和展现了流程概念的力量（对于这种力量，学界有各种不同的叫法，比如组织能力、动态能力、核心能力等），并将其视为竞争优势的来源。这方面的作品包括：D. J. Collis, "A Resource-Based Analysis of Global Competition: The Case of the Bearings Industry," *Strategic Management Journal* 12 (1991): 49—68; D. Teece and G. Pisano, "The Dynamic Capabilities of Firms: An Introduction," *Industrial and Corporate Change* 3, no. 3 (1994): 537—556; 以及 C. K. Prahalad and G. Hamel, "The Core Competence of the Corporation," *Harvard Business Review*, May-June 1990, 79—91。

我们的观点是，虽然这一领域的研究极富洞察力（比如我们在注释 3 中提到的有关资源基础观的研究），但也存在一定的局限性——要么把"流程"的定义扩大化，将与竞争优势相关的所有可能的决定因素都包括在内，要么为了知识上的完备性，将有关企业能力的重要因素从研究中剔除。有关这方面的更多信息，参见 A. Nanda, "Resources, Capabilities, and Competencies," in *Organizational Learning and Competitive Advantage*, eds. B. Moingeon and A. Edmondson (New York: The Free Press, 1996), 93—120。

10. 参见 Leonard-Barton, "Core Capabilities and Core Rigidities"。

11. 参见 C. Wickham Skinner, "The Focused Factory," *Harvard Business Review*, 1974 年 5—6 月。

12. 通用汽车 OnStar 信息通信服务创始人兼总裁切特·胡贝尔为后人思考了区分资源（人员）和流程的关键意义："我的一个最大收获是意识到企业内部需要的是创业精神，而不是个人主义。个人要像花样游泳运动员那样协作，这样组织才能维持正常运转。"

13. 第八章深度审查了价值观对资源分配和战略决策的影响。

14. 例如，丰田以珂罗娜模式进入北美市场，这种产品是为低消费群体设计的。随着初级市场充斥了日产、本田和马自达生产的外表类似的车型，低成本竞争者之间的竞争拉低了利润率。丰田开发出更先进的汽车，把目标放在更高消费层次的市场，以提高其利润率。其汽车家族成员包括花冠、佳美、4-Runner、阿瓦隆、雷克萨斯等也被陆续推出，来回应同样的竞争压力。丰田通过向高阶市场转移保持了健康的利润率。在这个过程中，丰田不得不增加运作成本来设计、制造和支持这一档次的汽车。公司随后决定退出初级市场，因为相比改变后的成本结构，在低端市场可赚取的利润低得让人难以接受。

15. 丰田近期推出了"回声"（Echo）车型，试图通过 1.4 万美元的定价重新进入入门级市场——这不由得让人想起美国汽车制造商每隔一段时间就重建低端市场地位的努力。要取得成功，丰田管理层就得逆流而上，接受严峻挑战。丰田高层决定推出这一新车型，但要成功地实施这一策略，他们就得说服包括经销商在内的丰田系统里的很多人，让他们相信：以更低的利润出售更多的汽车，比卖出更多的凯美瑞、亚洲龙和雷克萨斯，更有助于提升公司的利润和股权价值。丰田逆流而上，最终能否取得成功，只有时间才能告诉我们确切答案了。

16. 参见 Edgar Schein, *Organizational Culture and Leadership* (San

Francisco：Jossey-Bass，1988）。关于组织文化发展的描述，我们在很大程度上借鉴了沙因的研究。

17. 哈佛大学的迈克尔·塔什曼教授和斯坦福大学的查尔斯·赖利教授深入研究了这种管理方式在建立他们所谓的"运作灵活的组织"中的必要性。他们认为仅仅分拆出一个独立组织，来开展与主流组织价值观不符的重要破坏性创新是不够的。原因是，企业分拆出独立组织后，高管们往往会将破坏性因素从议程中剔除，再专注于核心业务的管理。塔什曼和赖利断言，要创建一个真正灵活的组织，两个不同的组织需要设置在一个业务部门。管理破坏性和延续性组织的责任在组织中的地位不能一概而论，必须理清其关系。相反，它们所在的团队或业务部门的管理层应密切注意，哪些问题应该由整个集团综合对待，哪些问题应该自主对待。参见 Michael L. Tushman and Charles A. O'Reilly, *Winning Through Innovation: A Practical Guide to Leading Organizational Change and Renewal* (Boston: Harvard Business School Press, 2002)。

18. 历史上，一些资本支持雄厚的初创投资项目，特别是在电信和医疗保健行业，都选择发展延续性突破创新策略，以达到快速超过延续性发展曲线上的领先企业，然后很快就融入这些在曲线上已落后但地位稳固的大企业行列。这一策略生效了，并不是因为大企业的价值观限制它们开展同样的创新目标，而是因为大企业的流程没有初创企业迅速。这是一个久经考验的赚钱方式，但不是创建新增长企业的可行路线。无论是通过收购产品还是通过排挤新竞争对手，大企业最终会将改革后的产品纳入自己的生产线，而最初开发这种产品的投资项目已不存在。

19. 道康宁公司成立的Xiameter子公司恰好就是这种情况的例子之一。Xiameter模式可靠性强，销售和分销业务开销低，使公司的标准有机硅产品价格像日用品一样低，却能获得丰厚的利润。客户如需要成本较高的服务指导他们的购买决策，可以通过道康宁的主流销售和分销结构来购买硅产品。

20. 我们做出这项论断只是为了说明问题。在写这本书时，广告目录邮购和在线零售作为一股破坏性零售浪潮已根基稳固，所以如果一家百货公司试图创建新的大规模增长型在线业务，它必须依赖延续性发展策略。相对于创建在线零售的公司，它只能作为新入选手进入市场。即使是像梅西百货这样的零售业巨头，与已经在破坏性轨道上稳步发展的企业竞争也可能惨遭失败。收购已羽翼丰满的破坏性公司是百货公司唯一能够跟上潮流的方式，就像西尔斯收购 Lands' End。

21. 像美林证券、高盛公司还为其主流全面服务经纪业务中的现有客户设置了以互联网为基础的交易系统。结果，该技术的实施保持了这些业务部门的价值观或成本结构。事实上，实施网上交易的能力可能增加了公司结构中的成本，因为这个额外的选择，并没有取代传统的经纪业务途径。

22. 一系列有趣的研究都得出了同样的结论，比如 Rakesh Khurana, *Searching for a Corporate Savior: The Irrational Quest for Charismatic CEOs* (Princeton, NJ: Princeton University Press, 2003)。库拉纳发现，让一个备受瞩目的"超级明星"经理人——用我们的话说，就是拥有很多令人羡慕的优秀品质的人——空降公司，其失败的概率远超大多数人的想象。

23. 克拉克和惠尔赖特将一个重量级团队定义为［参见 Kim B. Clark and Steven C. Wheelwright, "Organizing and Leading Heavyweight Development Teams," *California Management Review* 34 (Spring 1992): 9—28］：成员通常非常敬业且合作密切，每个成员的责任不是代表团队中自己所属的运作小组，而是作为综合管理人员，承担整个项目成功的责任，并积极参与各个运作小组成员的决策和工作。当他们合作完成项目时，他们将采用新的互动、协调和决策的方式，为将来的新企业不断取得成功创造新流程、新能力。随着新业务或产品线不断增长，这些工作方式会慢慢被制度化。

24. 引出本段结论的根本性的概念突破，源自丽贝卡·M. 亨德森和金·B. 克拉克的开创性研究，参见 Rebecca M. Henderson and Kim B. Clark, "Architectural Innovation: The Reconfiguration of Existing Systems and the Failure of Established Firms," *Administrative Science Quarterly* 35 (1990): 9—30。在我们看来，这项研究将流程研究中的理论建构状态从"基于属性的分类"提升到"基于环境的分类"。他们的基本观点是，在一段时期内，负责设计新产品（公司遵循的产品开发流程）的人的互动、沟通和协同模式将会反映出产品架构内产品组件的互动模式。在这一架构长期不变的环境中，习惯性流程将会进一步促进成功所需的各种互动。但在研发组织需要对这一架构进行重大改变的环境中，由于不同的人需要就不同的话题在不同的时间点进行交流，所以同样的习惯性流程就会阻碍成功的步伐。

在许多方面，图 7.1 纵轴上的有关流程变更的诊断及推荐建议，源于亨德森和克拉克的研究成果。横轴上的有关组织价值的诊断及推荐建议，源于《创新者的窘境》，而后者又是建立在我们在他处引用的鲍尔教授和伯格曼教授的研究之上的。这一研究似乎也把理论状态从"基于属性的分类"提升到"基于环境的分类"。

25. 我们观察到，管理者都倾向于寻找一个放之四海而皆准的方法来应对他们面临的挑战，而不是对症下药地针对具体问题寻求解决方案，这种现象不禁让人感叹。对于这个问题，一些管理者在 20 世纪 90 年代似乎就得出结论：重量级团队就是"问题的答案"。他们把整个发展组织重组为重量级开发团队，来开发所有项目。几年后，大部分管理者发现，虽然组建重量级团队对速度和协作有益，但运行成本很高。这样他们又把整个组织还原成原来的轻量级团队模式。文中提到的一些企业也遭遇了这些问题，他们还不清楚在何种情形下采用何种团队模式。

26. 参见 Charles A. Holloway, Steven C. Wheelwright, and Nicole Tempest, "Cisco Systems, Inc.: Acquisition Integration for Manufacturing," Case OIT26 (Palo Alto and Boston: Stanford University Graduate School of Business and Harvard Business School, 1998)。

27. 我们知道用这样的陈述有其危险性。更准确的陈述可能是，在撰写本书时，似乎没有人能为网上银行设计出可行的破坏性策略。比如，电子贸易银行（E*Trade Bank）有可能会成功打造一家破坏性的低端银行。在注释21中，我们引用了哈佛商学院弗朗西斯·弗雷教授和多位共同作者正在撰写的一系列论文，其研究主题是新的客户服务渠道的影响。在为客户增加了自动取款机服务、电话服务和在线服务后，老牌银行并不能中断先前的服务渠道，比如柜员、贷款专员等。因此，弗雷表示，低成本服务渠道的供应实际上是增加了成本的，因为这些渠道是累加的而不是替代性的。由于没有传统的基础设施，也没有人对人的服务成本，电子贸易银行实际上是有可能创建一个低成本的商业模式的，而这个商业模式的成本之低，使得它能够以贴现价格获取富有吸引力的回报，从而赢得那些被过度服务的客户的业务。

28. 零售商的库存周转率并不容易提高（参见第二章，注释18）。如果周转率提高，那么对库存周转结构相对僵化的零售商来说，转向高利润产品会明显改善投资回报率；但如果转向低利润产品，那么投资回报率会立即受到冲击。这个世界到处都充斥着这种严重不对称的现象。

注释

第八章　策略开发流程的管理

1.关于这两种不同流程共存的问题，亨利·明茨伯格和詹姆斯·沃特斯有过经典论述，参见 Henry Mintzberg and James Waters, "Of Strategies, Deliberate and Emergent," *Strategic Management Journal* 6 (1985): 257。斯坦福商学院的罗伯特·伯格曼教授可能是这个领域最知名的学者之一，本章也引用了他的论文的很多内容。他的两篇重要论文是："Intraorganizational Ecology of Strategy Making and Organizational Adaptation: Theory and Field Research," *Organization Science* 2, no.3 (August 1991): 239—262；以及 "Strategy as Vector and the Inertia of Coevolutionary Lock-in," *Administrative Science Quarterly* 47 (2002): 325—357。伯格曼在最近出版的《战略就是命运》一书中总结了他的很多发现，参见 Robert A. Burgelman, *Strategy Is Destiny* (New York: Free Press, 2002)。哥伦比亚商学院教授丽塔·麦格拉斯和沃顿商学院教授伊恩·麦克米伦也研究过这些问题。什么样的策略开发流程在什么样的环境中是合适的，对于这个问题的理解，麦格拉斯和麦克米伦的论文特别有帮助，参见 Rita McGrath and Ian MacMillan, "Discovery-Driven Planning," *Harvard Business Review*, July-August 1995。最后，我们还大量借鉴了阿玛尔·毕海德教授的研究成果，参见 Amar Bhide, *The Origin and Evolution of New Business* (Oxford and New York: Oxford University Press, 2000)。

2.Mintzberg and Waters, "Of Strategies," 258.

3.这也是对传统的制定策略的"正确"方法思想的一种背离。通常情况下，商业学者会采取"非此即彼"的方法制定策略流程。亨利·明茨伯格和伊戈尔·安索夫曾就"自下而上"和"自上而下"理论在《战略管理期刊》(vol. 11, 1990, and vol. 12, 1991)中不断对这个问题进行争辩, 引起许多赞叹和非议之声。

4.Andrew Grove, *Only the Paranoid Survive* (New York: Doubleday, 1996), 146.

5.关于组织层面内竞争性另类投资的资源配置问题, 哈佛商学院的约瑟夫·鲍尔教授和斯坦福商学院的罗伯特·伯格曼教授是领先的研究学者。参见 Joseph L. Bower, *Managing the Resource Allocation Process* (Boston: Harvard Business School Press, 1970); 以及 Robert A. Burgelman and Leonard Sayles, *Inside Corporate Innovation* (New York: Free Press, 1986)。

6.这样的淘汰过滤机制对企业策略可行性的影响可能非常深远。例如, 在将核心技术平台运用到一系列市场产品的能力方面, 3M公司是现代历史上最具创新精神的企业之一。然而, 它坚决要求所有新产品达到相对较高的毛利率, 使公司将注意力集中在规模较小、非主流的高价产品市场, 这样除少数特例外, 大多数新产品都无法拓展大众市场业务。

7.关于这段历史的记述, 参见 Robert A. Burgelman, "Fading Memories: A Process Study of Strategic Business Exit in Dynamic Environments," *Administrative Science Quarterly* 29 (1994): 24—56; 以及 Grove, *Only the Paranoid Survive*。

8.EPROM 是一种可清除、可编程的只读存储器电路。就像其微处理器业务, 英特尔公司的 EPROM 生产线出自应急型策略流程, 而不是谋划型策略流程。

9.高管们有充分的理由继续投资于 DRAM。例如, 管理层认为, DRAM 是个"技术驱动器", 因此 DRAM 保持其竞争力非常重要, 这样有助于企业在其他产品线上同样具备竞争力。

10. Grove, *Only the Paranoid Survive*.

11. 微处理器是一种新市场破坏性技术，因为它把逻辑带入应用程序，和之前广泛用于大型、小型计算机的大型印刷电路板的逻辑电路的规模和成本相比，这是前所未有的突破。但与英特尔的商业模式相比，微处理器属于延续性创新。该产品帮助英特尔公司按照自己的商业模式赚取高额利润，这样早已备好的资源可以被快速分配。这说明了一个很重要的原则：破坏性只相对于公司商业模式及其竞争对手而言。

12. 关于这方面的强有力的证据，参见 Amar Bhide, *The Origin and Evolution of New Businesses* (New York：Oxford University Press，2000)。

13. Mintzberg and Waters, "Of Strategies," 271.

14. 在许多演讲和文章中，约翰·西利·布朗博士都阐述过这样一个观点：我们很难预测人们最终会如何利用那些改变我们工作和生活的破坏性技术。我们向读者推荐布朗博士的所有作品。他深刻地影响了我们的思想，部分作品包括：J. S. Brown, ed., *Seeing Differently：Insights on Innovation* (Boston：Harvard Business School Publishing，1997)；J. S. Brown, "Changing the Game of Corporate Research：Learning to Thrive in the Fog of Reality," in *Technological Innovation：Oversights and Foresights*, eds. Raghu Garud, Praveen Rattan Nayyar, and Zur Baruch Shapira (New York：Cambridge University Press，1997)，95—110；以及 J. S. Brown and Paul Duguid, *The Social Life of Information* (Boston：Harvard Business School Press，2000)。

15. 如第四章所言，大部分这类公司正试图将破坏性创新（如手持设备）挤进规模庞大的、明显的主流笔记本电脑市场。确实，这一策略被证明耗资巨大，因此都失败了。

16. 一个重要的理论观点被称为"资源依赖"，这个观点认为是组织外部的实体控制了该组织的能力范围。这些实体的客户和投资者提供了组织发展所需的资源。管理者不能做不符合外部资源提供者利益的事情，否则他们将切断资源供应，导致公司倒闭。参见 Jeffrey Pfeffer and Gerald R. Salancik, *The External Control of Organizations: A Resource Dependence Perspective* (New York: Harper & Row, 1978)。《创新者的窘境》就这一问题做了大篇幅论述，同时指出，在面对资源依赖时，变革管理机制要创建独立的、可依赖于其他资源的组织。这里所说的"其他资源"，是由那些重视破坏性产品的人或机构提供的。

17. 著名社会学家亚瑟·斯廷奇科姆广泛论述过初始条件的重要性，因为它们决定着后续发生的一系列决定和事件。

18. Clayton Christensen, "Materials Technology Corp.," Case 9-694-075 (Boston: Harvard Business School, 1994); Clayton Christensen, "Linking Strategy and Innovation: Materials Technology Corp.," Case 9-696-082 (Boston: Harvard Business School, 1996).

19. 对于克里斯坦森来说，对这些问题的学术研究已明确显示，MTC 技术是一项突破性的延续性创新：该公司试图将更好的产品带入已确立的市场，这个技术上的突破需要开发和设计两个环节相互依存。MTC 把本书中提到的许多选择都做错了，结果虽然公司存活了下来且获得了利润，却走了许多弯路。

20. 参见 Rita Gunther McGrath and Ian C. MacMillan, "Discovery-Driven Planning," *Harvard Business Review*, July-August 1995, 44—56。在管理新创业务方面，麦格拉斯教授和麦克米伦教授写过许多很有用的文章，而上面提到的这篇就颇具代表性。我们鼓励你们分别去哥伦比亚商学院和沃顿商学院拜访两位教授，以获得更多的好点子。在这篇文章中，两位作者使用的是"基于平台的规划"（platform-based planning）

注释

这一术语。而我们把这一流程称为"深思熟虑的战略规划",以便与本章中其他地方使用的语言保持一致。

21. 我们担心,随着风险投资公司中经验尚浅的分析师越来越多,他们只在MBA课程中学习了谋划型策略,因而不自觉地要求更严格的氛围、更准确的数据和证据来证明商业策略的正确性。然后他们向投资公司的管理团队施压,要他们"执行"任务。直到初始投资被浪费殆尽,创始人被解雇,他们才恢复到应急模式。这时就只能通过应急模式来寻找一个可行的策略。

第九章 钱能载舟,亦能覆舟

1. 将合适的资金用于合适的机会,这是一个颇具挑战性的问题,许多书也专门就此做过论述。我们认为,下面3本书是很有帮助的: Mark Van Osnabrugge and Robert J. Robinson, *Angel Investing: Matching Startup Funds with Startup Companies: The Guide for Entrepreneurs, Individual Investors, and Venture Capitalists* (San Francisco: Jossey-Bass, 2000); David Amis and Howard Stevenson, *Winning Angels: The Seven Fundamentals of Early-Stage Investing* (London: Financial Times Prentice Hall, 2001); 以及 Henry Chesbrough, *Open Innovation: The New Imperative for Creating and Profiting from Technology* (Boston: Harvard Business School Press, 2003)。

2. 一系列学术研究探讨了"先发制人"的问题会在"变大变快"(简称GBF)策略的环境中,以"竞赛行为"的方式表现出来。这一领域的想法是,在某些情况下,最好积极实施特定策略,甚至要冒着追求次优等策略的风险,因为确立一个重要市场地位后获利可观。GBF策略的利益驱动力是用户强大的网络效应或客户必须因转变而付出高额成本等其他原因。这一学派的论点清晰、明确，令人信服，并有力证明了对增长过于有耐心也可能损害业务的长远潜力。

哈佛商学院威廉·萨尔曼教授也对这个问题进行了广泛研究。他在跟我们的对话中指出，有时风险资本投资者会集体得出结论，认为某个"类别"有着广阔前景，但就该类别而言，当中的哪些公司会取得成功，他们甚至都还没有达成共识。不过，这并不妨碍资本大规模流入这个新兴产业，培植出很多将来根本不可能存活下来的初创公司，而且这些公司的估值也不合逻辑。他指出，当投资者和创业者被裹挟进这样的旋流之后，他们几乎别无他选，只能在竞争中不断加大投资力度。在泡沫破裂时，大多数投资者和创业者都会以失败而告终，而从整体来看，风险投资行业在这些旋流中实际上是亏损的。不想失去一切的唯一方法，就是不断加码，投入比其他人更多的财力和人力。

挑战就在于，你要确定自己是不是处于这样的情境中。两位学者在其令人信服的研究中特别表示，作为成功的两个最重要的决定性因素，网络效应和转换成本所发挥的作用远没有人们想象得那么大。参见 Stan J. Liebowitz and Stephen E. Margolis, *The Economics of QWERTY: History, Theory, Policy*, ed. Peter Lewin (New York: New York University Press, 2002)。大桥弘举例说，在 VCR 市场，索尼在获客方面的投资不足，暗示该公司如果不断加码"竞赛式"投资，最终可能会赢得胜利。参见 Hiroshi Ohashi, "The Role of Network Externalities in the U.S. VCR Market 1976—1986," University of British Columbia working paper, available from SSRN。经济建模表明，若能控制好产品质量，那么在网络效应出现时，企业比在网络效应出现前更加积极地加大获客投资，实际上是有意义的。

然而，这种除了产品质量其他条件不变的假定，多少带有一点英雄主义，因为它假定了耐心及避免竞赛式投资的根本原因。正如利博维茨及其同事（*The Economics of QWERTY*）所展示的，在录像带格式战（Betamax对VHS）中，决定客户选择的关键性因素是录制时长：尽管索尼的Betamax上市更早，而且其视频质量更佳，但它的录制时长却不超过两个小时——这是录制由网络电视播放的电影的最低时间要求。事实证明，这最终成为消费者选用产品的关键驱动因素。杰伟世（JVC）的VHS标准可以确保两个小时的录制时长，而且也满足了消费者对视频质量的最低要求。基于这种更实用的功能，VHS一举超越了Betamax的先动优势。如果索尼采取更激进的营销策略，它的市场份额可能会增加，但能否打败性能更佳的VHS产品，就值得怀疑了。

尽管给出了上述注意事项，但我们还是要认识到，最佳竞赛行为的确可能会带来可观回报，而用我们自己的话来说，就是提供一种特定的产品或服务，满足客户在某个方面的特别要求。具体到网络效应，就是这种产品对我有用，对其他很多人也都有用。在某种程度上，这样的竞争性要求会破坏企业的盈利能力，因此也就是更需要企业在利润方面保持耐心。

本书的目的在于帮助企业经理人持续打造新的业务增长点，所以我们认为，相比于其他一些人——比如那些可能着眼于大类别策略的风险资本投资者，他们不太可能会陷入"又好又快增长"的竞争旋流之中。

3. 用作者兼风险投资者杰弗里·摩尔的话来说，这是"龙卷风"到来的时刻。参见Geoffrey A. Moore, *Inside the Tornado* (New York: Harper Business, 1995) and *Living on the Fault Line* (New York: Harper Business, 2000)。

4. 我们再次向读者推荐斯坦福商学院罗伯特·伯格曼教授撰写的关于英特尔的案例研究。这是一个非常出色的研究案例，篇幅很长，讲的是英特尔的战略开发和实施流程。伯格曼在文章中强调说，在微处理器制胜战略出来之后，安迪·格鲁夫和戈登·摩尔立即采取积极行动，将公司所有的投资都放到了这一战略上。在他看来，这是非常重要的。

5. 参见 Alfred Rappaport and Michael Mauboussin，*Expectations Investing: Reading Stock Prices for Better Returns* (Boston: Harvard Business School Press, 2001)。我们在第一章就已提到这一点，但在这里还是要强调。由于市场贴现价格将未来的增长按比例体现在当前股价上，企业利润如果按照投资者的预期速度增长，就只能赚取市场平均水平的股东回报率。的确，纵观它们的历史，增长速度快的企业给予股东的回报率比那些增长缓慢的企业更高。但在历史上实现高于平均水平回报率的股东，是那些当市场认识到其对企业的增长预测太低时仍然能继续持股的人。

6. 削减成本能使企业获得投资者都始料未及的强大现金流，当然也为股东创造价值。我们把这些归为延续性创新，因为它能使顶尖企业按照自己的获利方式赚更多的钱。由于投资者通常可以预测到企业正在进行的效率改进，此处陈述只是反映了这样的现实：通过超出投资者对运作效率的预期增加股东价值，的确提升了股价，但升值速度缓慢。要使股价大幅提升，需要有破坏性创新。

7. 延续性创新中的情况往往如此，在产品推出之前要积极投资，以确保渠道得到合理填补，并且使产量满足预期的需求。但破坏性创新情况却并非如此。

8. 参见 Corporate Strategy Board，*Stall Points* (Washington, DC: The Corporate Strategy Board, 1998)。

9. 罗伯特·卡普兰教授和他同事就这一主题出版了一系列重要的著作。在那些著作中，他们提倡使用一种被称为"平衡计分卡"的工具，而不是财务报表，来判断一个组织的长期战略是否健康。

10. 我们认为，管理者应该让理论指导自己的行动，而不是等到有说服力的数据出现。我们当然希望读者不要误解我们的意思，认为我们是在建议管理者跟着感觉走，而不需要数据的指引。详细评测企业已有业务的经营业绩，并以这些数据为基础做决策，对保证盈利曲线的延续性来说至关重要。当人们以探索为导向规划新的破坏性业务时，为产出建立虚拟财务模型有助于规划者了解哪些是最重要的假设。我们提出按理论指引来做决策，主要是基于一个信念，就是良好的理论可以帮助管理者把数据和战略意义结合起来，并在数据中认清形势，否则单看数据很难说明什么。

11. 如在第六章中探讨的，我们希望，作为一个新的市场破坏因素，在职管理教育能成为一个模块化的、非集成的行业，其盈利能力并非来自课程的设计与搭配。然而，大部分商学院都试图通过设计和为大型企业提供定制的管理者培训课程，而在这一市场上竞争。我们认为，商学院需要大量理论支撑。它们不能只是简单地销售案例和文章，创造增值课程模块才是更好的策略，这样能帮助成千上万的企业培训人员迅速收集优秀课件，帮助员工在合适的时间和地点学习他们需要学习的内容。让这些任教员以吸引人的、有趣的方式教授这些材料也很关键，因为在职学员根本不愿意在商学院教授的课堂上坐着听这些内容。

12. 评估合并和收购活动的影响的文献资料可谓汗牛充栋，并且其条理性都惊人地清晰。许多研究显示，大部分兼并企业都会破坏被收购企业的价值。相关文献包括：Michael Porter "From Competitive Advantage to Competitive Strategy," *Harvard Business Review* 65, no. 3 (1987), 43—59; J. B. Young, "A Conclusive Investigation into the Causative Elements of Failure in Acquisitions and Mergers," in *Handbook of Mergers, Acquisitions*; *Buyouts*, ed. S. J. Lee and R. D. Colman (Englewood Cliffs,

NJ: Prentice-Hall, 1981), 605—628。往好里说, 唯一的赢家可能是卖方。相关文献包括: G. A. Jarrell, J. A. Brickley, and J. M. Netter, "The Market for Corporate Control: The Empirical Evidence Since 1980," *Journal of Economic Perspectives* 2 (1988): 21—48; M. C. Jensen and R. S. Ruback, "The Market for Corporate Control: The Scientific Evidence," *Journal of Financial Economics* 11 (1983): 5—50。即使收购目标从传统的战略眼光看是"精心选择"的,仍有大量的证据表明执行中遇到的困难可能威胁到预期的收益。

相关文献包括: Anthony B. Buono and James L. Bowditch, *The Human Side of Mergers and Acquisitions: Managing Collisions Between People, Cultures, and Organizations* (San Francisco: Jossey-Bass, 1988); D. J. Ravenscraft and F. M. Scherer, "The Profitabiliy of Mergers," *International Journal of Industrial Organization* 7(1989): 101—116。

13. 我们想强调的是,我们并不认为收购能解决企业的发展问题。正如我们在文中说明的,即使是成功地收购成熟的业务,也不能改变一家企业的增长轨迹,它只是使企业的收入平稳缓慢增长。在20世纪90年代末,思科采取的并购策略同我们描述的强生公司医疗设备及诊断部门的并购策略是截然不同的。思科推出的分组交换路由器引发了一波强大的破坏性浪潮,让它赢得了相对于朗讯和北电网络的优势——后面这两家公司为语音电话制造电路交换设备。思科的大多数并购活动都与其自身的业务模式及市场地位有关,因为这可以帮助它又好又快地转向高端市场。思科并没有为新的破坏性增长业务搭建平台。

14. 这是唐纳德·N. 苏尔教授最近出版的一本书的结论之一,参见 Donald N. Sull, *Revival of the Fittest* (Boston: Harvard Business School Press, 2003)。

15. 事实上，我们担心，正是这种推理使得惠普的高层人员把企业的业务部门组合成庞大的组织。毫无疑问，此次重组促进了成本的削减。但我们认为，它只能加剧企业与自己的价值观的斗争，而此时重新启动企业的增长非常重要。而且，"小"或"大"并不适合作为分类标准来衡量到底是合并带来的收益大，还是小规模的分散型组织更有优势（这就是好的理论如此重要的原因）。合并可以极大地节约成本，但正如我们在本章中指出的，它也会破坏企业的价值观，使之无法发掘潜在的破坏性机遇。规模较小的组织或由大机构分裂而成的一系列较小组织，可能更容易接受破坏性价值观带来的挑战。但我们在第五章和第六章中指出，组织也必须解决结构相互依赖性的要求，这往往需要更大、一体化更完善的组织。我们认为，组织这么做不是为了交换而做出无奈的妥协，而是认识所处情形，并使用适当的方法解决最迫切的问题。

16. 经常有人问我们，一项风险投资可以承受多大的资金损失，要花多长时间才能赢利。这当然不能有硬性规定，因为每项业务的固定成本不同。移动电话是一种破坏性的增长业务，所以需要大规模的固定成本投资，因此可能会比许多企业承受的损失更大。在提出这些建议时，我们只希望给管理者提供指导原则以降低损失。

17. 关于本田经验的概述，参见《创新者的窘境》（英文版），第153—156页。该处内容源于伊夫林·塔特姆·克里斯坦森和理查德·坦纳·帕斯卡莱的案例研究，参见 Evelyn Tatum Christensen and Richard Tanner Pascale, "Honda (B)," Case 9-384-050 (Boston: Harvard Business School, 1983)。

18. 寻求意想不到的成功，而不是谋求修正计划的偏差，这是彼得·F. 德鲁克在其经典著作《创新与企业家精神》中所阐述的最重要的原则之一。参见 Peter F. Drucker, *Innovation and Entrepreneurship* (New York:

Harper & Row, 1985)。

19. 在事情变糟糕时，这种立即重新聚焦核心业务，甚至放弃旨在解决核心业务失灵问题的长期方案的倾向，被行为心理学家称为"威胁僵化"。关于这方面的更多内容，参见第四章。

20. 关于菲奥里的详细从业经历，参见 Clayton M. Christensen and Tara Donovan, "Nick Fiore: Healer or Hitman? (A)" Case 9-601-062 (Boston: Harvard Business School, 2000)。

21. 尼克·菲奥里博士对哈佛商学院学生的演讲，2003 年 2 月 26 日。

22. 威廉·萨尔曼教授在哈佛商学院研究风险资本的投资"泡沫"现象达 20 年之久。他指出，当许多风险投资人认为他们在一个投资"类别"中需要占据有利地位时，就会患上"资本市场近视"——完全无视其他企业的投资行为是否会影响他们个人的投资成功率。当大量可用的风险资本集中于一个行业后，投资人在其中感觉到大规模经济和强大的网络效应，资金和被投资的企业被迫加入"竞赛"行动。企业力求大幅提高开支，因为一家企业的相对消费率及相关执行能力决定了该企业能否取得成功。萨尔曼指出，一旦开始这样的比赛，投资基金没有选择，如果它们想进入该领域，就只能加入竞赛。

23. 大宗的金钱投资，因其急于追求利润和增长，非常适合螺旋发展第一阶段，这时企业需要把重点放在一个已经明朗的成功战略上。有趣的是，过去 10 年中最成功的投资公司之一贝恩资本公司，非常有效地完成了这一过渡。贝恩一开始都是在进行相当小的风险投资。例如，它为史泰博办公用品超市提供了资金。第一次投资如此成功，以至于只要贝恩不拒绝，投资者就会不断往里扔钱。这意味着企业的价值观发生了改变，它再也不能优先考虑小规模投资。但是，与风险投资基金在泡沫中的行为不同，随着自身规模变大，贝恩停止了天使投资业务。它成为一个后期私募证券投资商，并继续表现优异。在前文提到的理论模式中，随着这些投资基金的增长，它们自身的情况也在变化。在一种情境中获得成功的策略可能导致另一种情境中的灾难。贝恩资本随着情境的变化不断改变策略，而许多风险投资基金则没有。

第十章　高管在领导新增长业务时所扮演的角色

1. 在本章中，我们将使用"高管"这个术语指代处在如董事长、副董事长、CEO 或总裁职位的男性和女性。能够发挥我们在本章中描述的领导作用的高管需要有能力和信心来宣布：在特定的增长性业务环境中，人们可以不遵循某些公司条例。

2. 正如在第八章中提到的，索尼公司是我们所知道的唯一一个连续建立破坏性业务的例子，1950—1982 年，它启动了一连串破坏性的新增长业务。惠普公司也至少开展了两次破坏性新增长业务，它推出了以微处理器为基础的计算机和喷墨打印机。最近，直觉公司一直积极寻求通过破坏性手段创造新增长业务。但对绝大多数企业来说，破坏最多是一次性事件。

3. 请参照罗伯特·伯格曼的《战略就是命运》一书，这是一部非常有见地的企业编年史，其中阐述了那些有着深刻影响的战略决策在英特尔公司的各个管理层中演化的过程。

4. "走动式管理"一类的实践是由汤姆·彼得斯和罗伯特·沃特曼在其经典管理著作《追求卓越》中介绍推广的，这正是对这一挑战的回应。这种方法希望高管们通过走动，意识到什么是重要的问题，这样他们就能得到正确的信息以便做出完美决策。

5. 有些人断言，顶级管理者仍然需要参与决定主要的花费，因为他们的信托责任重大，不能做出超出企业能力范围的花费。但即使是这样的决定，也可以通过适当的流程来处理。

6. 这是一个教学案例概述，参见 Clayton Christensen and Rebecca Voorheis, "Managing Innovation at Nypro, Inc. (A)," Case 9-696-061 (Boston: Harvard Business School, 1995); 以及 "Managing Innovation at Nypro, Inc. (B)," Case 9-697-057 (Boston: Harvard Business School, 1996)。

7. 在叙述这段故事时，我们使用的是讨论对象的语言。兰克顿不了解我们的研究，因此他受自己的直觉而不是我们的意见指导，但他的直觉与我们看待这些情况的方式极其一致。

8. 有趣的是，尽管该公司已经错过（到目前为止）赶上这个多品种、小批量制造中的破坏性增长浪潮的机会，但公司运行得很好。它遵循了我们在第六章中阐述的模式，从后端出发，从制造组件发展为制造内部交互型部件，甚至向最终产品的组装发展。它的收入在1997—2002年暴涨3倍，达到近10亿美元,在这段时间内，几个主要竞争对手却纷纷落马。

9. 对这些公司的破坏性本质的分析，见图2.4和第二章最后一部分。

10. 还有一些值得注意的问题是，我们没有对比创始人与代理者领导的破坏性创新的相对成功率。基于我们迄今所做的分析，创始人主导的破坏性创新相对于代理人的来说，成功率更高。究竟是谁拥有更多筹码，无法确定。基于一些不幸但可以理解的原因，我们很难从失败的业务中获得其创新信息。

11. 参见 Clayton M. Christensen, Mark Johnson, and Darrell K. Rigby, "Foundations for Growth: How to Identify and Build Disruptive New Businesses," *MIT Sloan Management Review*, Spring 2002, 22—31。我们在此对达雷

尔·里格比表示感谢,感谢他在创建增长引擎方面给出的研究洞见。

12. 在预算过程中,有一个很好用的工具,即整合性项目规划（aggregate project planning）。史蒂芬·C. 惠尔赖特和金·B. 克拉克在他们的著作中对这一方法做了描述,参见 Steven C. Wheelwright and Kim B. Clark, *Revolutionizing Product Development* (New York: Free Press, 1992)。 克莱顿·克里斯坦森将这一概念延伸到了企业资源配置流程中,参见 Clayton Christensen, "Using Aggregate Project Planning to Link Strategy, Innovation, and the Resource Allocation Process," Note 9-301-041 (Boston: Harvard Business School, 2000)。

13. 参见 Rita G. McGrath and Ian MacMillan, "Discovery-Driven Planning," *Harvard Business Review*, July-August 1995, 44—54。